Historische Belarus-Studien

Herausgegeben von Thomas M. Bohn

Band 11

2025

Harrassowitz Verlag · Wiesbaden

Thomas M. Bohn

Weißrussland oder Belarus?
Die Weiße Ruß
in Historiographie und Kartographie

2025

Harrassowitz Verlag · Wiesbaden

Umschlagabbildung: Ausschnitt aus einem Flugblatt von 1773 mit dem Untertitel „The Troelfth Cake / Le Gateau des Rois, London Printed for Robt Sayer ar tthe [sic] Golden Buck facing Fetter Lane End of Fleet Steet", vgl. S. 62, Abb. 1.

Bibliografische Information der Deutschen Nationalbibliothek
Die Deutsche Nationalbibliothek verzeichnet diese Publikation in der Deutschen Nationalbibliografie; detaillierte bibliografische Daten sind im Internet über https://dnb.de abrufbar.

Bibliographic information published by the Deutsche Nationalbibliothek
The Deutsche Nationalbibliothek lists this publication in the Deutsche Nationalbibliografie; detailed bibliographic data are available on the Internet at https://dnb.de.

Informationen zum Verlagsprogramm finden Sie unter
http://www.harrassowitz-verlag.de

© Otto Harrassowitz GmbH & Co. KG, Wiesbaden 2025
Kreuzberger Ring 7c-d, 65205 Wiesbaden, produktsicherheit.verlag@harrassowitz.de
Das Werk einschließlich aller seiner Teile ist urheberrechtlich geschützt.
Jede Verwertung außerhalb der engen Grenzen des Urheberrechtsgesetzes ist ohne Zustimmung des Verlages unzulässig und strafbar. Das gilt insbesondere für Vervielfältigungen jeder Art, Übersetzungen, Mikroverfilmungen und für die Einspeicherung in elektronische Systeme.
Gedruckt auf alterungsbeständigem Papier.
Druck und Verarbeitung: docupoint GmbH
Printed in Germany
ISSN 2197-800X   eISSN 2940-4037
ISBN 978-3-447-12380-8   eISBN 978-3-447-39677-6

Inhalt

Abbildungsverzeichnis VI

Ortsnamenkonkordanz VII

Einleitung 1

1. Die Lokalisierung der Weißen Ruß im Norden: Novgorod im 13./14. Jahrhundert 7
   1.1. Alba Ruscia 7
   1.2. Weizzen Reussen 9

2. Die Verortung Weiß-Rutheniens im Osten: Moskau im 15./16. Jahrhundert 21
   2.1. Polen und Moskowien 21
   2.2. Litauen und Russland 31

3. Die Situierung Weiß-Reußens im Westen: Smolensk im 17./18. Jahrhundert 39
   3.1. Litauische Ruß 39
   3.2. Große, Kleine und Weiße Ruß 51

4. Die Positionierung Weiß-Rußlands am Rand: Mogilev im 19. Jahrhundert 61
   4.1. Nordwestgebiet 61
   4.2. Westrussen und Litwinen 89

5. Die Territorialisierung der Weißen Ruß im Zentrum: Minsk im 20. Jahrhundert 117
   5.1. Belarusische oder Belorussische Sowjetrepublik 117
   5.2. Weißrussland und Weißruthenien 135

Zusammenfassung 149

Auswahlbibliographie 151

Abbildungsverzeichnis

Historische Karten

Karte 1 a: Die Ebstorfer Weltkarte	10/11
Karte 1 b: Osteuropa auf der Ebstorfer Weltkarte	11
Karte 2 a: Fra Mauros Weltkarte	16/17
Karte 2 b: Russland auf Fra Mauros Weltkarte	18
Karte 3 a: Olaus Magnus' Seekarte	24/25
Karte 3 b: Das Baltikum auf Olaus Magnus' Seekarte	26
Karte 4: Die Radziwill-Karte	41
Karte 5: Erckerts ethnographische Karte	76/77
Karte 6: Karskijs ethnographische Karte	104/105
Karte 7: Karte der Belarusischen Volksrepublik	122/123

Geschichtskarten

Territorialisierung der Belarus' 1921 bis 1945	127

Abbildungen

Abb. 1: Karikatur auf die erste Teilung Polen-Litauens	62
Abb. 2: Porträt von Bauern aus dem Gouvernement Mogilev	74
Abb. 3: Der polnische Name der Weißen Ruß	95
Abb. 4: Der russische Name der Weißen Ruß	97
Abb. 5: Porträt von Bauern aus dem Gouvernement Minsk	109
Abb. 6 a: Die Eigenbezeichnung der Weißen Ruß (Lateinschrift)	115
Abb. 6 a: Die Eigenbezeichnung der Weißen Ruß (Kyrillisch)	115
Abb. 7: Karikatur auf den Frieden von Riga	126

Tabellen

Tabelle 1: Bevölkerung West-Polesiens 1862	70
Tabelle 2: Bevölkerung West-Polesiens 1897	106

Ortsnamenkonkordanz

Städte

Belarusisch	Deutsch	Litauisch	Polnisch	Russisch	Ukrainisch
Brėst, Berasc'e	Brest, Brest-Litowsk	Brestas, Lietuvos Brasta	Brześć, Brześć Litewski, Brześć nad Bugiem	Brest, Berest'e, Brest-Litovsk	Berestja, Brest-Lytov'sk
Čarnihaŭ	Tschernihiw, Tschernigow	Černihivas	Czernihów	Černigov	Černihiv
Halič	Halytsch, Galitsch	Haličas	Halicz	Galič	Halyč
Homel'	Homel, Gomel	Gomelis	Homel	Gomel'	Homel'
Hrodna	Hrodna, Grodno	Gardinas	Grodno	Grodno	Hrodno
Kaŭnas, Koŭna	Kaunas, Kauen	Kaunas	Kowno	Kauns, Kovno	Kaunas, Kovno
Kieŭ	Kyjiw, Kiew	Kyjivas	Kijów	Kiev	Kyjiv
L'voŭ	Lwiw, Lemberg	Lvovas	Lwów	L'vov	L'viv
Mahilëŭ,	Mahiljou, Mogiljow	Mogiliavas	Mohylew	Mogilev	Mohyl'ov
Maskva	Moskau	Maskva	Moskwa	Moskva	Moskva
Mazyr	Masyr, Mozyr	Mozyrius	Mozyrz	Mozyr'	Mozyr
Minsk Mensk	Minsk	Minskas	Mińsk	Minsk	Min'sk
Mscislaŭ	Mszislau, Mistislawl	Mstislavlis	Mstislavl'	Mścisław	Mstyslav
Njasviž	Njaswisch	Nesvyžius	Nesviž	Nieśwież	Nesvyž
Noŭharad-Severski	Nowhorod-Siwerskyj, Nowgorod-Sewerski	Novgorodas-Severskis	Nowogród Siewierski	Novgorod-Severskij	Novhorod-Siver'skyj
Navahrudak	Nawahrudak Nowogrudok	Naugardukas	Nowogródek	Novogrudok	Novohrudok
Orša	Orscha	Oršà	Orsza	Orša	Orša

Belarusisch	Deutsch	Litauisch	Polnisch	Russisch	Ukrainisch
Pinsk	Pinsk	Pinskas	Pińsk	Pinsk	Pin'sk Pyn'sk
Polack	Polazk Polozk	Polockas	Połock	Polock	Poloc'k
Pskoŭ	Pskow Pleskau	Pskovas	Psków	Pskov	Pskov
Smalensk	Smolensk	Smolenskas	Smoleńsk	Smolensk	Smolen'sk
Trakaj	Trakai Traken	Trakai	Troki	Trakaj	Trakaj Troky
Turaŭ	Turau	Turava	Turów	Turov	Turiv
Varšava	Warschau	Varšuva	Warszawa	Varšava	Varšava
Vicebsk	Wizebsk Witebsk	Vitebskas	Witebsk	Vitebsk	Vitebs'k
Vjaliki Noŭharad, Noŭharad	Weliki Nowgorod, Nowgorod	Didysis Naugardas, Naugardas	Nowogród Wielki, Nowogród	Velikij Novgorod, Novgorod	Velykyj Novhorod, Novhorod
Vil'njus, Vil'na	Vilnius, Wilna	Vilnius	Wilno	Vil'njus, Vil'na	Vil'njus. Vil'no

Flüsse

Belarusisch	Deutsch	Litauisch	Polnisch	Russisch	Ukrainisch
Bjarézina	Bjaresina Beresina	Berezina	Berezyna	Berezina	Berezina
Buh, Zachodni Buh	Bug	Vakarinis Bugas	Bug	Zapadnyj Bug	Zachidnyj Buh, Buh
Dnjapro	Dnepr Djnepr	Dniepras	Dnier	Dnepr	Dnipro
Don	Don	Donas	Don	Don	Don, Din
Naraŭ	Narew	Narevas	Narew	Narev	Narva
Nëman	Memel	Nemunas	Niemen	Neman	Niman
Prypjac'	Prypjat Pripjet	Pripetė	Prypeć	Pripjat	Pryp'jat'
Visla	Weichsel	Vysla	Wisła	Visla	Visla
Zachodnjaja Dzvina	Düna	Dauguva	Dźwina	Zapadnaja Dvina	Zachidna Dvina

Einleitung

Als Leopold von Ranke vor 200 Jahren das Credo des deutschen Historismus formulierte, richtete er den Fokus auf die lateinische Christenheit. Seitdem befragen Historiker*innen Quellen aus der Vergangenheit danach, „wie es eigentlich gewesen". Ungeachtet dessen folgte die professionelle Geschichtswissenschaft zugleich auch Rankes fatalem Diktum: „… in der That gehen uns Neuyork und Lima näher an, als Kiew und Smolensk."[1] Dementsprechend gilt das kyrillische Alphabet als exotisch, und die orthodoxe Welt wird als eine Angelegenheit der Osteuropaforschung angesehen. Lange wurde dem Zarenreich und der Sowjetunion allenfalls ein politisches Interesse gezollt. Die Fixierung auf Moskau und St. Petersburg hatte dabei eine Vernachlässigung der Region zwischen Kyjiv und Smolensk zur Folge. Immerhin wurde der Ukraine als Kosakenland und Kornkammer eine gewisse Aufmerksamkeit zuteil. „Weißrussland" blieb in der Öffentlichkeit aber bis 1990 eine Terra incognita. Zum einen standen „die Russen" in der Wahrnehmung immer obenan. Zum anderen unterliegt die alternative Bezeichnung „Weißruthenien" dem nationalsozialistischen Missbrauch. Im Zeitalter der Weltkriege entsprang die Fokussierung auf die „Pripjet-Sümpfe" oder den „Urwald von Białowieża" noch imperialistischen Wildnisphantasien. Nach 1945 verschob sich die Perspektive zumindest hinter dem Eisernen Vorhang auf die Völkerfreundschaft der Deutschen Demokratischen Republik mit „Belorussland". In der Bundesrepublik Deutschland sorgten erst die Tschernobylhilfe und dann die Zwangsarbeiterentschädigung für eine Neuorientierung. Letzten Endes brachten aber nur die Landeskundigen den fremdartigen Begriff Беларусь (*Belarus'*) mit Aleksandr Lukašenko oder der „letzten Diktatur Europas" in Einklang.

Ungeachtet dessen hatten die Regierungen dieser Welt im Wendejahr 1991 auf die Gründung eines neuen Staates in der Mitte Europas zu reagieren. Das betraf im deutschsprachigen Raum die Bundesrepublik Deutschland, die Republik Österreich und die Schweizerische Eidgenossenschaft gleichermaßen. Auf der einen Seite beschränkten sich die österreichische und die schweizerische Liste der Staatsbezeichnungen von Anfang an auf den amtlichen Ausdruck „Republik Belarus" und seine Kurzform „Belarus". Auf der anderen Seite unterschied das bundesdeutsche Länderverzeichnis bis 2021 zwischen „Belarus … im amtlichen zwischenstaatlichen Schriftverkehr" und „Weißrussland … für den innerstaatlichen Schriftverkehr sowie die Beschriftung von Landkarten". Unter diesen Voraussetzungen listet der „Duden", das in internationaler Kooperation fortgeführte „Rechtschreibwörterbuch der deutschen Sprache", neben dem Neologismus „Belarus" immer noch die frühere Staatsbezeichnung „Weißrussland". Neben den linguistisch streitbaren Schreibweisen „belarussisch, Belarusse, Belarussin" finden sich die etymologisch bedenklichen Redewendungen „weißrussisch, Weißrusse, Weißrussin". Solange die kulturellen Grundlagen der Republik Belarus in der „Großen Politik der europä-

---

[1] Leopold Ranke: Geschichten der germanischen und romanischen Völker von 1494 bis 1535. Bd. I. Leipzig/Berlin 1824, S. VI und S. XXXIX.

ischen Kabinette" verkannt werden, muss sich die Wissenschaft über den Sinn und Unsinn dieser Regelungen verständigen.[2]

Im Sommer und Herbst der weiß-rot-weißen Revolution von 2020 wurde die Republik Belarus nachhaltig von der Weltöffentlichkeit zur Kenntnis genommen. Indem sich die Bevölkerung in einem wochenlangen Massenspektakel auf die Farben der Belarusischen Volksrepublik des Jahres 1918 berief, löste sich ihr Land augenfällig aus dem Schatten der Sowjetunion. Die farbenfrohen Proteste gegen die Manipulation der Präsidentenwahl durch das Lukašenko-Regime markierten in eindringlicher Weise das Auseinandertreten von Staat und Gesellschaft. Auf diese Weise begann eine eigenständige Nation die politische Bühne Europas zu betreten. Indes schlug das Regime mit Gewalt zurück. Die Repressionen gegen die Opposition und die Anbiederung an Vladimir Putin in Zeiten des Krieges gegen die Ukraine sorgten dafür, dass die Republik Belarus wieder hinter dem Horizont der „russischen Welt" (*russkij mir*) verschwand.

Aus diesem Grund will dieses Buch nicht mehr und nicht weniger als Interesse für Städte wie Brėst, Hrodna, Polack, Vicebsk, Mahilëŭ, Homel' und Minsk wecken. Zur Orientierung in der Gegenwart und für die Gestaltung der Zukunft bedarf es einer simplen Bestandsaufnahme: Unter welcher Beschriftung finden sich diese Städte in alten Landkarten wieder? Oder: Wie wurde das Territorium, zu dem sie gehörten, im historischen Schriftverkehr bezeichnet? Im Rahmen der seitens der deutschen Politik 2022 verkündeten Zeitenwende geht es darum, Kriterien für die Neujustierung der Mental Maps zu gewinnen.

*

Unter den Voraussetzungen von Putins Geschichtspolitik stellt sich die Frage, ob sich die drei ostslavischen Staaten – die Russische Föderation (*Rossijskaja Federacija*), die Republik Belarus (*Rėspublika Belarus'*) und die Ukraine (*Ukrajina*) – überhaupt um das Erbe der „Kiewer Rus" streiten sollen, wie das mittelalterliche Reich von Kiev/Kyjiv im Deutschen gemeinhin genannt wird. Erinnerungskulturell lässt sich zwar ohne weiteres für jeden der drei Staaten eine tausendjährige Kontinuität beschreiben, geschichtswissenschaftlich relevant sind aber eher die unterschiedlichen Entwicklungspfade, die vor fünfhundert Jahren für eine Ausdifferenzierung von drei Ethnogenesen sorgten. Wenn Putin den Anspruch vertritt, die „russische Welt" zu vertreten, ist zu klären, was es mit der Ukraine einerseits und der „Weißen Ruß" oder *Belarus'* andererseits auf sich hat. Russland als Vielvölkerreich gibt es jedenfalls erst ab dem 16. Jahrhundert.

Die Bezeichnung *Rus'* (Русь) galt ursprünglich den skandinavischen Fernkaufleuten, die im 9. Jahrhundert auf dem Weg zum Schwarzen Meer entlang des Dnepr Burgsiedlungen errichtet und die Dynastie der Rurikiden begründet hatten. Mit ihrer Assimilation an die ostslavischen Stämme ging die Übertragung des Namens auf das von ihnen beherrschte Land und seine Bewohner einher. Geistige Einheit stiftete die 988 erfolgte Annahme des orthodoxen Christentums aus Byzanz. Erst nach dem im 12. Jahrhundert einsetzenden Zerfall des Kiewer Reichs in Teilfürstentümer begannen die orthodoxen Ostslaven getrennte Entwicklungspfade einzuschlagen. Die einen erlebten seit 1223 Einfälle der Mongolen und ab 1325/26 den Aufstieg des Großfürstentums Moskau, der 1721 in die Begründung des Petersburger Imperiums mündete. Die anderen gerieten unter den Einfluss des Großfürstentums Litauen beziehungsweise

---

2 Vgl. Thomas M. Bohn/Marion Rutz (Hrsg.): Belarus-Reisen. Empfehlungen aus der deutschen Wissenschaft. Wiesbaden 2020.

der 1385/86 dynastisch begründeten und 1569 noch einmal staatsrechtlich verankerten Polnisch-Litauischen Union.

Gemäß der byzantinischen Schreibweise *Rhos* (Ρως) setzte sich unter der Federführung Moskaus für die Gebiete der griechisch-orthodoxen Hemisphäre die Eigenbezeichnung *Rossija* (Россия) durch. Im Kontext der katholischen Kirche und der lateinischen Sprache wurde der Begriff *Rusʹ* (Русь) hingegen mit den Termini *Russia* oder *Ruthenia* umschrieben. Während dafür in der deutschen Übersetzung im Mittelalter noch das Wort *Reußen* Verwendung fand, entwickelte sich in der Frühen Neuzeit ein Ländername, der – entsprechend der Rechtschreibreform von 1996 – *Rußland* (alter Stil) oder *Russland* (neuer Stil) lautet. Im Polnischen spiegelt sich die Unterscheidung von Ruthenien und Russland in den schlichten Bezeichnungen *Ruś* und *Rosja* wider.

Vor diesem Hintergrund ist für das lateinische Abendland noch eine terminologische Ausdifferenzierung der ostslavischen Gebiete *Russia alba*, *Russia rubra* und *Russia nigra* zu verzeichnen. Während der Begriff *Russia alba* oder *Weiß-Reußen* auf die Mission des Deutschen Ordens im nordöstlichen Europa zurückgeht, bezeichneten polnische Chronisten mit *Russia alba* oder *Ruś biała* die ostslavischen Territorien des alten Litauen, mit *Russia rubra* oder *Ruś czerwona* („Rot-Reußen") Ostgalizien und mit *Russia nigra* oder *Ruś czarna* („Schwarz-Reußen") die Gegend von Nowogródek (Navahrudak) im Südwesten der heutigen Hauptstadt Minsk. Unabhängig davon wurden unter dem Begriff *Ukrajina*, der sich ursprünglich nur auf das „Grenzgebiet" zu den Steppenvölkern oder das Land der Kosaken bezogen hatte, auch die Landschaften Wolhynien und Podolien zusammengefasst.

Über die Herkunft und Bedeutung des Namens „Weiße Rusʹ" oder *Belarusʹ* ist viel spekuliert worden. Etymologisch ist er zwischen polnisch *Ruś biała* oder *Białoruś* und russisch *Belaja Rusʹ* oder *Belorussija* angesiedelt. Darüber hinaus gibt es keine überzeugenden Erklärungen: Die Bezugnahme auf die physische Erscheinung und die helle Kleidung der Bevölkerung entspricht allenfalls einem Stereotyp. Ebenso willkürlich ist die inhaltliche Abgrenzung von Ländereien oder Untertanen, die „schwarz" genannt werden, weil sie der Abgabenpflicht unterliegen. Sicher ist nur eines: die Übersetzung „Weißrussland" (neuer Stil) geht schon deshalb am Kern der Sache vorbei, weil es sich um eine Bezeichnung handelt, die im Laufe der Zeit auf ganz unterschiedliche Regionen bezogen wurde. Bevor am Ende des Ersten Weltkrieges Minsk in den Mittelpunkt rückte, waren in den Jahrhunderten zuvor Gebiete um Novgorod, Moskau, Smolensk und Mogilev gemeint. Für das Zarenreich spielte die Unterscheidung zwischen „Großer Rusʹ" oder „Groß-Russland" (*Velikaja Rusʹ*/*Velikaja Rossija*), „Kleiner Rusʹ" oder „Kleinrussland" (*Malaja Rusʹ*/*Malorossija*) und „Weißer Rusʹ" oder „Weißrußland" (*Belaja Rusʹ*/*Belorussija*) erst dann eine Rolle, als die Expansion nach Westen mit dem Anspruch auf das Erbe des Kiewer Reichs begründet werden konnte.

Im Deutschen bietet sich für das Wort *Belaja Rusʹ* aufgrund der Aussprache mit einem betontem „u" und einem scharfem „s" die Umschrift „Weiße Ruß" an. Um die traditionelle Verbundenheit der Region zum Großfürstentum Litauen zu unterstreichen, kann als Übersetzung der polnischen Redeweisen *Ruś biała* oder *Białoruś* auch „Wcißruthenien" in Betracht gezogen werden. Außerdem sprechen die im Zarenreich etablierten Schreibweisen *Belorussija* und *Malorossija* dafür, zwischen „Weißrußland" auf der einen und „Kleinrussland" oder der Ukraine auf der anderen Seite zu unterscheiden. Abweichend davon ließen sich Vertreter der Nationalbewegung an der Wende vom 19. zum 20. Jahrhundert von der „einfachen

Sprache" (*prosta mova*) der Bauern motivieren, einen eigenen Landesnamen zu kreieren und diesen sowohl in lateinischer als auch in kyrillischer Schrift zu formuliren: *Biełaruś* und Беларусь.

In Zeiten des Genderns ist zu beachten, dass das für Land und Leute kreierte Wort *Русь* mit einem Weichheitszeichen endet, das mit einem Apostroph transliteriert wird (*Rus'*). Dieses Weichheitszeichen vermittelt dem Begriff *Belarus'* ein weibliches Geschlecht. Es ist daher angemessen, die gängige Redeweise „die" Kiewer Rus auf die Republik Belarus oder „die" *Belarus'* zu übertragen. Ausgehend vom Landesnamen ist auch an die Bezeichnung der Ethnie und der Sprache zu denken. In Anlehnung an die international salonfähige englische Vokabel *Belarusian* bieten sich die Schreibweisen *Belaruse, Belarusin, belarusisch* an. Leider hatte die Reduzierung des Eszett in der deutschen Sprache fatale Folgen. Der exakten Aussprache halber müsste es *Belaruße, Belarußin, belarußisch* lauten. Daraus ergibt sich folgende Konsequenz: Wenn in diesem Buch über die Konstituierung einer historischen Landschaft oder die Etablierung einer politischen Idee gesprochen wird, findet „die Weiße Ruß" als Denkfigur Verwendung. Der Name *Biełaruś* respektive *Belarus'* soll dann zu seinem Recht kommen, wenn es um die Perspektive der Native Speaker geht.

*

Ausgehend von den substanziellen Vorarbeiten Alexander Solovievs[3] und angelehnt an die materialgesättigten Standardwerke von Oleg Łatyszonek[4] und Aleś Bely[5] ist es an der Zeit, eine Diskursgeschichte der Weißen Ruß zu schreiben, die über das Mittelalter und die Frühe Neuzeit hinausgeht[6]. Orientierung dafür bieten Studien zur Historiographie von Rainer Lindner[7], zur Ethnographie von Vasil' Bandarčyk[8] und zur Kartographie von Stanisław

---

[3] A. V. Solov'ev: Belaja i Černaja Rus'. (Opyt istoriko-političeskogo analiza). In: Sbornik Russkogo Archeologičeskogo Obščestva v Korolevstve Jugoslavii 3 (1940), S. 29-66; ders.: Velikaja, Malaja i Belaja Rus'. In: Voprosy istorii (1947) Nr. 7, S. 24-38; ders. (Alexandre V. Soloviev): Weiß, Schwarz- und Rotreußen. Versuch einer historisch-politischen Analyse. In: Jahrbücher für Geschichte Osteuropas NF 7 (1959) 1, S. 1-33. Vgl. G. Il'inskij: K voprosu o proischoždenii nazvanija „Belaja Rus'". In: Slavia. Časopis pro slovanskou filologii 6 (1927/28), S. 388-393; N. P. Vakar: The Name „White Russia". In: The American Slavonic and East European Review (1949) 8, S. 201-213; P. Karpivin: Pachodžanne nazvaŭ „Rus'", „Belaja Rus'", „Čornaja Rus' i „Čyrvonaja Rus'". In: Vesci Akadėmii navuk BSSR (1956) Nr. 3, S. 53-66. Vgl. auch: About the Origin of the Name „White Russia". Material for Historical Research and Study of the Subject. Comp. by Wiktor Ostrowski. London 1975; Imja tvaë Belaja Rus'. Uklad. H. M. Sahanovič. Minsk 1991.
[4] Oleg Łatyszonek: From White Russia to Belarus. In: Annus Albaruthenicus/Hod Belaruski 5 (2004), S. 13-47; ders.: Od Rusinów Białych do Białorusinów: u źródeł białoruskiej idei narodowej. Białystok 2006.
[5] Aleś Bely: Chronika Belaj Rusi: Imahalohija Belarusi XII-XVIII stst. 2. vyd., papraŭl. i dapoŭn. Smalensk 2013.
[6] Vgl. Histaryčny atlas Belarusi. T. 1: Belarus' ad staražytnych časoŭ da knaca XVIII st. Varšava/Minsk 2008; Vjaliki histaryčny atlas Belarusi. T. 1-4. Minsk 2009–2018. Vgl. auch E. E. Širjaev: Belarus': Rus' belaja, Rus' černaja i Litva v kartach. Minsk 1991.
[7] Rainer Lindner: Historiker und Herrschaft. Nationsbildung und Geschichtspolitik in Weißrussland im 19. und 20. Jahrhundert. München 1999.
[8] V. K. Bandarčyk: Historyja belaruskaj ėtnahrafii XIX st. Minsk 1964; ders.: Historyja belaruskaj ėtnahrafii. Pačatak XX st. Minsk 1970.

Alexandrowicz[9], Vytautas Petronis[10] und Steven Seegel[11]. Ergänzend dazu verfasste Igor' Barinov eine Monographie zur Rezeption der Weißen Ruß in der deutschen Kultur und Politik der Zwischenkriegszeit.[12] Hervorzuheben sind noch populäre Skizzen zu den militärischen und diplomatischen Verwicklungen um die Grenzverläufe seit der Frühen Neuzeit von Michail Mitin und Leonid Spatkaj.[13] Darüber hinaus lieferte Sergej Chomič eine Gesamtdarstellung zur Entwicklung des modernen Staatgebiets[14] und Diana Siebert eine Spezialstudie zur Territorialisierung der Belarusischen Sozialistischen Sowjetrepublik in der Zwischenkriegszeit[15].

Eine historiographische und kartographische Studie ist per se multiperspektivisch angelegt. Daher gilt es die kulturellen und politischen Faktoren in Betracht zu ziehen, die im Laufe der Zeit die Schreibweise von Orts- und Personennamen beeinflussen. Da sich der Fokus auf das Mental Mapping der Ostslaven richtet, findet in diesem Buch die jüdische Diaspora in Polen-Litauen oder im zarischen Ansiedlungsrayon nicht die Berücksichtigung, die ihr in alltagsgeschichtlicher Perspektive zukommen muss. Wenn geographische Begriffe in den Quellen in unterschiedlichen Schreibweisen auftauchen und sich in ihren Bedeutungen teilweise widersprechen, gestaltet sich eine Vereinheitlichung naturgemäß problematisch. In Anlehnung an die Enzyklopädien und Staatenbeschreibung der Aufklärung wird die Weiße Ruß daher mit Bindestrich-Worten umschrieben, die einem sich über die Jahrhunderte hinweg vollziehenden Bedeutungswandel entsprechen, nämlich Weiß-Ruthenien, Weiß-Reußen, Weiß-Rußland. Um der russländisch-imperialen Begriffsfassung „Weißrußland" (*Belorussija*) und der volkssprachlich-nationalen Wortschöpfung „*Belarus*" gerecht zu werden, empfiehlt sich für das Lange 19. Jahrhundert eine Unterscheidung zwischen der „weißrußischen" und der „belarußischen" Option. Zur Kennzeichnung der Quellensprache wird dabei mit Anführungsstrichen gearbeitet. Wenn aus heutiger Sicht auf die Region geschaut wird, findet die Schreibweise „belarusisch" ohne Anführungsstriche Anwendung. Diese Aktualisierung gilt auch für die „Ukraine" respektive das dazugehörige Attribut „ukrainisch".

---

9 St. Alexandrowicz: Kartografia Wielkiego Księstwa Litewskiego od XV do połowy XVIII wieku. Cartographia Magni Ducatus Lithuaniae XV - XVIII saeculorum. Wyd. 3 popr. i uzup. Warszawa 2012. Belarusisch: Stanislaŭ Aleksandrovič: Kartahrafija Vjalikaha Knjastva Litoŭskaha ad XV da sjarėdziny XVIII stahoddzja. Minsk 2021; Stanisław Alexandrowicz/ Jarosław Łuczyński/Jarosław Skryki: Historia kartografii ziem polskich do końca XVIII wieku. Warszawa 2017. Vgl. auch Karol Buczek: The History of Polish Cartography from the 15th to the 18th Century. Translated by Andrzej Potocki. Wrocław/ Warszawa/ Kraków 1966.
10 Vytautas Petronis: Constructing Lithuania. Ethnic Mapping in Tsarist Russia, ca. 1800–1914. Stockholm 2007. Vgl. auch Tomaš Nenartovič: Kaiserlich-russische, deutsche, polnische, litauische, belarussische und sowjetische kartographische Vorstellungen und territoriale Projekte zur Kontaktregion von Wilna 1795–1939. München 2016.
11 Steven Seegel: Mapping Europe's Borderlands. Russian Cartography in the Age of Empire. Chicago/ London 2012.
12 I. I. Barinov: Albaruthenica incognita. Neizvestnye stranicy germano-belorusskich otnošenij 1914–1944. Moskva/S.-Peterburg 2024.
13 M. S. Mitin: Belaja Rus'. Chronika upotreblenija termina. Kritičeskij analiz. Riga 2017; Leonid Vladimirovič Spatkaj: Rubcy na tele Belarusi. Kogda i kak izmenjalis' granicy našich gosudarstv. O. O. 2018.
14 Sergej Chomič: Territorija i gosudarstvennye granicy Belarusi v XX veke: ot nezaveršennoj ėtničeskoj samoidentifikacii i vnešnepolitičeskogo proizvola k sovremennomu status quo. Minsk 2011.
15 Diana Siebert: Die Territorialisierung der Belarus als BSSR 1918–1941. Politische Willkür, Geografismus oder Ethnizismus? Wiesbaden 2024.

Im Übrigen wird der Eindeutigkeit halber bei der Umschrift aus dem Kyrillischen die wissenschaftliche Transliteration gebraucht. Während bei Personennamen eine kontextbezogene Variante verwendet wird, orientiert sich die Wiedergabe der Ortsnamen an der Quellensprache, berücksichtigt in jedem Kapitel bei der ersten Nennung aber auch die heutige Landessprache. Lediglich für die Städte „Moskau" (Moskva) und „St. Petersburg" (Sankt-Peterburg) wird die herkömmliche Bezeichnung beibehalten. Abweichend von der wissenschaftlichen Transliteration werden die im Deutschen etablierten Schreibweisen „Kiewer Rus" und „Moskauer Reich" benutzt. Die Stadt „Kiew" findet aber als „Kiev", „Kijów" und „Kyjiv" Erwähnung. Flüsse werden der im Deutschen üblichen Schreibweise angepasst. Details sind der beigefügten Ortsnamenkonkordanz zu entnehmen.

1. Die Lokalisierung der Weißen Ruß im Norden: Novgorod im 13./14. Jahrhundert

1.1. Alba Ruscia

Im Jahre 1979 wartete der US-amerikanische Mediävist und Bibliothekar Marvin Colker (1927–1920) mit einem sensationellen Fund auf. In der unvollständigen Handschrift eines anonymen Franziskaners, den es nach 1255 nach Irland verschlagen hatte, vermutete Colker eine erste schriftliche Erwähnung des amerikanischen Kontinents. Das, was der Wissenschaftler dabei übersah, war die Entdeckung der Weißen Ruß durch den zuvor mit der Mission im Baltikum betrauten Ordensbruder.

Der aus dem späten 13. Jahrhundert stammende Text mit dem Titel „Anfang mit der Beschreibung der Erde" (*Incipiunt Descripciones Terrarum*) ist im Codex 347 der Bibliothek des Trinity College Dublin überliefert. Bei dem Text handelt es sich um eine aus 30 Abschnitten bestehende Einleitung zu einem nicht erhaltenen Traktat über die Tataren, die seit dem „Mongolensturm" der Jahre 1237 bis 1241 eine ernstzunehmende Gefahr für die Christenheit darstellten. Colker fiel bei der Lektüre insbesondere der Abschnitt 19 auf, in dem beiläufig eine große Insel nördlich von Norwegen benannt wird. Ob es sich um eine Entdeckung Amerikas handelte, war die Frage, mit der er die Veröffentlichung des Textes im Original und in englischer Übersetzung begründete.[1]

Um die Herkunft, Entwicklung und Gewohnheiten der Tataren zu erkunden, nimmt der anonyme Autor zunächst eine Unterscheidung der Kontinente Asien, Afrika und Europa vor. Sein christliches Weltbild wird im Wesentlichen von der Gegenüberstellung von Ost- und Westkirche, von Orient und Okzident bestimmt.[2] Eingangs wird die Gefahr der Tataren noch dadurch relativiert, dass die asiatische Mongolei als ihre Heimat beschrieben wird. Am Ende wird dann aber die Frage gestellt, ob sie für das apokalyptische Motiv von Gog und Magog stehen. Denn aus zeitgenössischer Perspektive bedrohen sie von Norden aus den Mittelpunkt der Welt, nämlich das Heilige Land.[3]

Aus dem Text geht hervor, dass er während der Herrschaft des böhmischen Königs Ottokar II. Přemysl (ca. 1233–1278) verfasst wurde. Der Autor war nach eigenem Bekunden als Missionar bei den Jatwingern – einem baltischen Stamm zwischen Narew und Memel – zweimal an prominenter Stelle als Zeitzeuge zugegen, einmal 1253 bei der Krönung des kurz zuvor getauften litauischen Fürsten Mindaugas (ca. 1203–1263) und ein weiteres Mal bei Ottokars Zug gegen die Samländer, der 1254/55 mit der Gründung der Stadt Königsberg (Kaliningrad) endete. Da weder Mindaugas um 1260 erfolgter Abfall vom katholischen Glauben noch seine Ermordung 1263

---
1   Marvin Colker: America Rediscovered in the Thirteenth Century? In: Speculum. A Survey of Medieval Studies 54 (1979) Nr. 4, S. 712-726, insbesondere S. 717.
2   Ebd., S. 720/721.
3   Ebd., S. 725/726.

Erwähnung finden, ging der Herausgeber Colker davon aus, dass sich der Erfahrungshorizont des anonymen Autors auf die Zeit um 1255 bezog. Der Text muss dann vor dem Tod Ottokars 1278 zum Abschluss gekommen sein.[4]

Da Colker weniger am östlichen Europa interessiert war als der von ihm edierte Autor, kam er nicht auf die Idee, neben der hypothetischen Entdeckung Amerikas in der tatsächlichen Erfindung der Weißen Ruß eine Sensation zu sehen. Im 25. Abschnitt der Quelle kommt die Bezeichnung „Alba Ruscia", die von Colker als „White Russia" übersetzt wurde, auch nur beiläufig ins Spiel. An der entsprechenden Stelle geht es im Wesentlichen um das mit der Missionierung wohl nur mittelbar verbundene Anliegen von Fernkaufleuten („Gästen") in Karelien: „Einer von diesen, der meinen Gefährten Bruder Vaislanus in der Weißen Ruß (*Alba Ruscia*) predigen hörte, bedrängte ihn, mit ihm zu den genannten Kareliern zu gehen, und versicherte, dass er sie ohne Zweifel durch die Taufe zum wahren Gott bekehren und dort wünschenswerterweise Kirchen bauen würde."[5] In diesem Textauszug wird ein Begleiter des anonymen Autors namens Vaislanus als Missionar der Weißen Ruß benannt. Die Frage nach dessen Identität beantwortet der belarusische Mediävist Aleksej Martynjuk mit einem Hinweis auf den Franziskaner Velasco, der zu einer Gesandtschaft von Papst Innozenz' IV. (1195–1254) gehörte, die 1253 im Streit zwischen Ottokar II. Přemysl und dem ungarischen König Bela IV. (1206–1270) um die Herzogwürde von Österreich und der Steiermark vermittelte.[6]

Fasst man die Einsatzorte des Franziskaners Vaislanus respektive Velasco zusammen, dann lässt sich die Weiße Ruß in dem Machtvakuum lokalisieren, das nach dem Mongoleneinfall Mitte des 14. Jahrhunderts entstanden war: Das Gebiet fand sich irgendwo zwischen dem kurzlebigen Königreich Galizien, dem noch heidnischen litauischen Fürstentum – das in den 1320er Jahren Kiev (Kyjiv) erobern und 1362 inkorporieren sollte – und der orthodoxen Novgoroder Republik, die unter Aleksandr Nevskij 1240 die Schweden und 1242 den Deutschen Orden in die Schranken gewiesen hatte.

Eine weitere Spur hinterließ die Vorstellung von der Weißen Ruß in Ungarn. Im Kontext der ansonsten wenig erfolgreichen dynastischen Politik Belas IV. hatte der päpstliche Legat Opizio de Mezzano 1253 Danilo Romanovič von Galizien (1201–1264) zum „König von Reußen" (*Rex Russiae*) erhoben. Zwar blieb diese Option politisch ohne Konsequenzen, doch sollte sie erinnerungskulturell noch einmal in der Vita der Heiligen Kunigunde (Kinga) von Polen (1224–1292), der Tochter Belas IV., eine Rolle spielen. In der Vita wurde Belas jüngerer Bruder Koloman (1208–1241), der um 1214 zum König von Galizien und Lodomerien (lateinisch für Wolhynien) gekrönt worden war, nämlich als „König der Weißruthenen" (*rex Ruthenorum Alborum*) bezeichnet.[7] Angesichts

---

4 Ebd., S. 714/715.
5 Zitat: *Ex hiis unus [hospites], audiens fratrem Vaislanum socium meum in Alba Ruscia predicantem, sollicitabat eum ut cum ipso intraret ad prefatos Carilos, asserens, quod absque dubio deo uero eosdem acquireret per baptismum et pro uoto ibidem ecclesias fabricaret.* Englische Übersetzung: *One of those [merchants] who had visited, hearing my companion Vaislanus preaching in White Russia (Alba Ruscia), urged him to go with him to the Karelians and said that Vaislanus would convert them and produce churches in their region.* Ebd., S. 716 und 725.
6 A. V. Martynjuk: Kto i kogda vpervye proizns na latyni i po-nemecki „Belaja Rus"? In: Alba Ruscia: belorusskie zemli na perekrestke kul'tur i civilizacij (X-XVI vv.). Moskva 2015, S. 27-38, hier 30-32; ders.: Do Gerberštejna: Avstrija i Vostočnaja Evropa v sisteme personal'nych svjazej i kul'turnych kontaktov (XIII – načalo XVI veka). Moskva 2019, S. 345-349.
7 Vita b[eatae] Kingae (Kyngae, Kunigundis, Cunegundis). In: Catalogus fontium historiae hungaricae aevo ducum et regum ex stirpe arpad descentium ab anno Christi DCCC usque ad annum MCCCI. Collegit Albinus Franciscus Gombos. B. III. Budapest 1938, Nr. 5025, 2452-2456, hier 253.

1.2. Weizzen Reussen

In deutschen Landen erlangte das nordöstliche Europa im 14. Jahrhundert in doppelter Hinsicht eine besondere Bedeutung, zum einen durch den Handel der Hanse an der Ostsee und zum anderen durch die Mission des Deutschen Ordens im Baltikum. Die Hanse hatte sich in der Mitte des 12. Jahrhunderts als eine Gemeinschaft von Kaufleuten gebildet und vertrat seit der Mitte des 14. Jahrhunderts einen einflussreichen Städtebund. Konzentrierte sich die Hanse im 13. Jahrhundert noch auf die Gotlandfahrten, übernahm sie im 14. Jahrhundert das Monopol im Handel mit Groß-Novgorod. Gleichzeitig schenkten auch die Kreuzritter der Ostsee-Region ihre Aufmerksamkeit. Der um 1190 im Heiligen Land gegründete Deutsche Orden folgte 1226 einem Hilferuf Konrads von Masowien (ca. 1187/1188–1247) zum Kampf gegen die Prußen (Pruzzen) um das Kulmerland und begann 1330 mit der Errichtung des Deutschordensstaats. Dabei fand der Orden bei west- und mitteleuropäischen Kreuzrittern Unterstützung, die sich bei sogenannten Preußenfahrten oder Litauerreisen im Kampf gegen die „Heiden" bewähren wollten.

Die vor diesem Hintergrund vorgenommene Fokussierung auf den Nordosten sollte zu Beginn des 15. Jahrhunderts auf dem Konstanzer Konzil noch einmal einen Widerhall finden. Indessen hatte sich am Ende des 14. Jahrhunderts mit der Expansion der Osmanen bereits eine neue Bedrohung für das Christentum aus dem Südosten Europas angekündigt, die sogenannte „Türkengefahr". Die Osmanen schlugen 1396 an der bulgarischen Donaufestung Nikopolis (Nikopol) ein Kreuzfahrerheer vernichtend und führten 1453 mit der Eroberung Konstantinopels (Istanbul) das Ende des Byzantinischen Reiches herbei.

*

Den weitgespannten Handelsbeziehungen der Hanse geschuldet schlug sich die kartographische Erfassung Ostmittel- und Osteuropas in einmaliger Weise auf der Weltkarte des Benediktinerinnen-Klosters von Ebstorf in der Lüneburger Heide nieder (Karte 1 a). Die aus der Zeit um 1300 stammende Karte ist heute nur noch in Rekonstruktionen erhalten. Den Verzierungen des Bildrahmens zufolge liegt die Welt in den Händen Jesu Christi, dessen Haupt über den Dingen steht. Im Zentrum der Karte ist die Heilige Stadt Jerusalem abgebildet, Europa befindet sich in der linken unteren Ecke. Im Einzugsbereich von „Russia" (Reußen) liegen die Fürstensitze „Novgardus" (Novgorod, heute: Russland) und „Kiwen" (Kiev/Kyjiv, heute: Ukraine), aber auch die Handelsstädte „Ploseke" (Polock/Polack, heute: *Belarus'*) und „Smalentike" (Smolensk, heute: Russland). Neben dem Koordinatennetz der Städte dienen die Flüsse, in diesem Falle die Verkehrsadern Dnepr und Düna, als Strukturelemente. Als konstitutiv für die Region erachtet die Ebstorfer Weltkarte darüber hinaus die Tierwelt. So fungieren der Elch und der Ur als Symbole für das Gebiet, auf dem sich die heutige Republik Belarus befindet (Karte 1 b). Hierbei handelt es sich um Gattungen, die durch Körpergröße und Gestalt beeindrucken, und deren von Wäldern und Sümpfen gekennzeichneter Lebensraum nichts anderes suggeriert als Wildnis.[8]

---

8 [Die Ebstorfer Weltkarte – um 1300]. Leuphana Universität Lüneburg, Hyperimage, https://warnke.web.leuphana.de/hyperimage/EbsKart/#O9999/ (letzter Zugriff: 11.6.2024). Vgl. Jerzy Strelczyk: Der Proceß

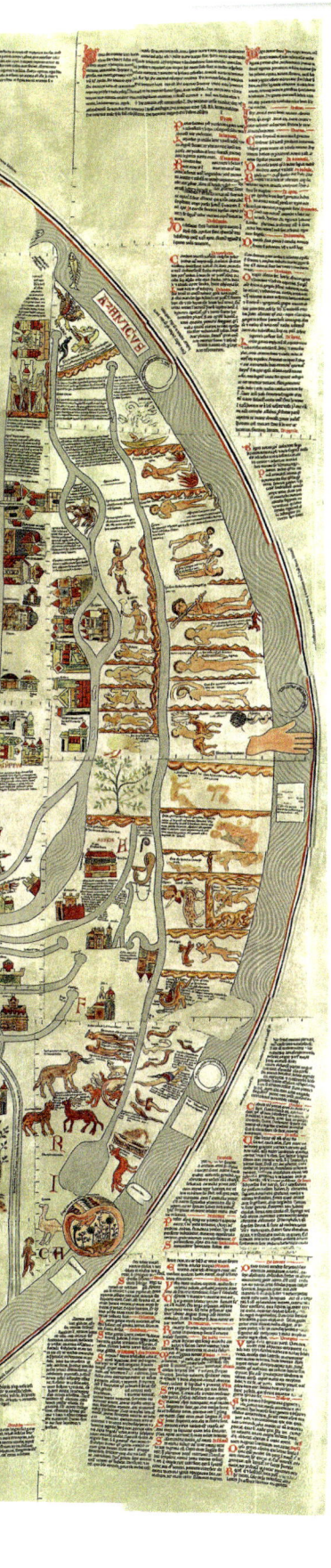

◀ Karte 1 a: Die Ebstorfer Weltkarte

▼ Karte 1 b: Osteuropa auf der Ebstorfer Weltkarte

Quelle: Wikimedia Commons, https://commons.wikimedia.org/wiki/File%3AEbstorfer-stich2.jpg (letzter Zugriff: 11.6.2024).

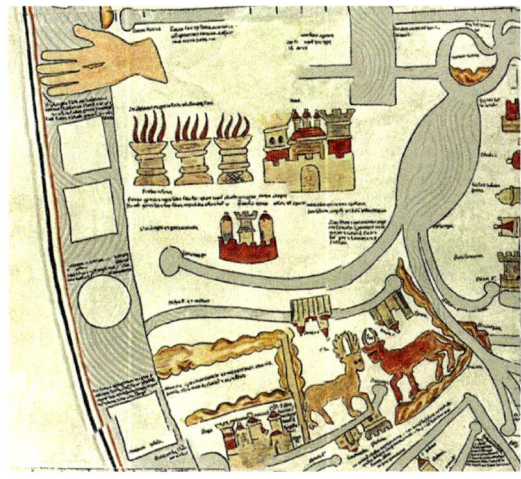

Im Laufe des 14. Jahrhunderts wurde der Blick auf das nordöstliche Europa zunehmend von den Kreuzrittern dominiert, die ihre „Heidenfahrten" wegen der Undurchdringlichkeit der Wälder und der Unpassierbarkeit der Feuchtgebiete vor allem im Winter antraten und das verschneite Baltikum in weißer Pracht erlebten. Darüber, wie sie den Boden mit dem Blut ihrer Feinde tränkten, ließen sie ihre Dichter Lieder singen.

Beispielsweise glorifizierte der Wappendichter Peter Suchenwirt (ca. 1320–1395) die gewaltsame Missionierung des Baltikums durch den Deutschen Orden, als er den Herzog Albrecht III. von Österreich (1349/50-1395) 1377 nach Preußen begleitete. Ganz konkret thematisierte er die Preußenreisen des Abenteurers Friedrich von Kreisbach (Friedrich von Chreuzpeck; gest. 1360) und des Ritters Hans von Traun (ca. 1320–1370). Beide beteiligten sich 1349 an der Belagerung der Burg Izborsk bei Pleskau (Pskov), das sich 1348 von Novgorod emanzipiert hatte. In diesem Kontext spricht Suchenwirt analog zu „Preuzzen" (d.h. Pruzzen/Prußen oder Preußen) von „Weizzen Reuzzen", womit die heidnischen Weißen Reußen oder deren Heimat Weiß-Reußen, sprich die Pleskauer und Novgoroder Herrschaft gemeint sind.

Peter Suchenwirt über Friedrich von Kreisbach:

> „Von Preußen geht es gegen Livland / Mit stolzen Helden feurig, / Danach gegen Weiß-Reußen (*Weizzen Reuzzen*)/ Zur Eisenburg [Izborsk] wegen der Abenteuer, / Dann ein großes Scharmützel / geschah, da ist wohl von zu reden."[9]

Peter Suchenwirt über Hans von Traun:

> „Als die Reise zu Ende ging, / ritt er mit derselben Stetigkeit / von Preußen nach Livland, / Da man nach Weiß-Reußen (*Weizzen Reuzzen*) / wacker mit stolzen Helden reist. / Die Weißen Reußen (*Weizzen Reuzzen*) hatten Mut / zu reisen gegen die Christen, / die wollte Gott vor der Zeit; […] Bis ritterlich gestürmt war / Eisenburg [Izborsk] die gute Stadt / in Weiß-Reußen (*Weizzen Reuzzen*), …"[10]

---

der Aktualisierung Polens und Osteuropas im Verständnis der gelehrten Kreise des 13. Jahrhunderts (mit besonderer Berücksichtigung der Otia imperialia des Gervasius von Tilbury und der Ebstorfer Weltkarte). In: Hartmut Kugler (Hrsg.): Ein Weltbild vor Columbus. Die Ebstorfer Weltkarte. Interdisziplinäres Colloquium 1988. Weinheim 1991, S. 146-166.

9 Zitat: *Von Preuzzen hin gen Lyflant / Mit stolzen helden heuzzen, / Da nach gen Weizzen Reuzzen / Zur <vur> Eysenburk für <vur> der geheuer, / Dan ein grozze schumphsenteuer <schumpfenteuer> / Geschach, da wol ist von ze reden.* Von hern Fridreichen dem Chreuzzpekch [Von dem Herrn Fridrich dem Chreutzpeckh]. In: Peter Suchenwirt's Werke aus dem vierzehnten Jahrhunderte. Ein Beytrag zu Zeit- und Sittengeschichte. Zum ersten Mahle in der Ursprache aus Handschriften herausgegeben, und mit einer Einleitung, historischen Bemerkungen und einem Wörterbuche begleitet von Alois Pimisser. Wien 1827, S. 43-47, hier S. 46, Zeile 224-229, insbesondere 226. Auszüge mit den relevanen Zitaten: Aus Peter Suchenwirt, Heinrich dem Teichner und anderen deutschen Dichtern. In: Scriptores Rerum Prussicarum. Die Geschichtsquellen der preußischen Vorzeit bis zum Untergang der Ordensherrschaft. Hrsg. v. Theodor Hirsch, Max Töppen, Ernst Strehlke. Bd. II. Leipzig 1863, Beilage V, S. 155-178, hier 156/57.

10 Zitat: *Da di rais ein ende het, / Da rait er an der selben stet / Gen Lyfflant hin von Preuzzen, / Da man gen Weizzen Reuzzen / Raist mit stolzen helden früt. / Di Weizzen Reuzzen heten mut / Tze raisen auf di christen, /Di wolt got vor in fristen; […] Da ritterlich gestürmet wart / Eysenwurch di güten stat / In Weizzen Reuzzen, …*Von Hern Hansen dem Trawner [Von Herrn Hansen dem Trauner (Hans von Traun). In: Peter Suchenwirt's Werke aus dem vierzehnten Jahrhunderte, S. 56-63, Zeilen 179-186 und 204-206, insbesondere Zeilen 182, 184, 206. Auszüge mit den relevanten Zitaten: Aus Peter Suchenwirt, Heinrich dem Teichner und anderen deutschen Dichtern, S. 155-178, hier 160.

1.2. Weizzen Reussen

Dass die Bezeichnung „Weizzen Reuzzen" einer Sprachregelung entsprang, die am Ende des 14. und zu Anfang des 15. Jahrhunderts nicht nur gang und gebe war, sondern bereits eine Lautverschiebung von „Reußen" zu „Rußen" vorwegnahm, erschließt sich aus einem Hilfeersuchen des Hochmeisters des Deutschen Ordens Heinrich von Plauen (1370–1429). Dieser wandte sich im Mai 1413 an Johann von Luxemburg (1296–1346), den König von Böhmen und Titularkönig von Polen, weil der litauische Großfürst Witold (Vytautas, 1354/55-1430) sich „mit den Pleskauern und Groß-Novgorodern und allen Rußischsprachigen (*mit den Pleskouwern und den Grossen Nougardern un der ganczen Russchen czungen*)" verbündet hatte und nun „mit den Weißen Rußen (*mit den Wissen Russen*)" in den Krieg ziehen wolle.[11]

*

Jeglichem Missionsgedanken zuwider hatte sich die lateinische Christenheit seit 1378 durch konkurrierende Papstansprüche in Rom und Avignon auch mit dem Großen Abendländischen Schisma auseinanderzusetzen. Zur Überwindung des Schismas und zur Reform der Kirche wurde unter der Ägide des Königs und späteren Kaisers Sigismund von Luxemburg (1368–1437) das Konstanzer Konzil (1414–1418) einberufen. Mit seinen bis zu 70.000 Besuchern war die Kirchenversammlung nicht nur ein Forum für theologische Debatten, sondern auch eine interkulturelle Informationsbörse. Erfasst wurde sowohl der nördliche Horizont an der Ostsee, wo sich der Deutsche Orden und die Hanse in der Wildnis mit den „Weißen Reußen" auseinandersetzten, als auch die südliche Hemisphäre um das Schwarze Meer, in der die griechisch-orthodoxe Kirche auf den Fundamenten der klassischen Antike beheimatet war, und in der sich mit der „Türkengefahr" das Vordringen des Islam auf der Balkanhalbinsel ankündigte.

Informiert sind wir über das Geschehen durch Materialien, die von Ullrich Richental (1365–1437) stammen. Der Sohn eines Konstanzer Stadtschreibers war seines Zeichens Kaufmann und agierte daher weitgehend unabhängig. Allerdings sind die wohl ursprünglich in lateinischer Sprache geschriebenen Originale nicht überliefert. Erhalten sind vielmehr Abschriften in deutscher Sprache aus den 1460er Jahren, die von dem Verfasser der Konstanzer Chronik, Gebhard Dacher (ca. 1425–1471), popularisiert wurden. Unterschieden werden bei der Überlieferung von Richentals Chronik die um 1460 entstandene Aulendorfer Handschrift, die mit einem Ich-Erzähler noch einen Eindruck der Authentizität vermittelt (A-Version), die um 1465 entstandene Fassung der Konstanzer Stadtkanzlei (K-Version) und die um 1470 entstandene Handschrift des Klosters St. Georgen bei Villingen (G-Version).[12] Daher ist nicht verwunderlich, dass Personen und Orte in unterschiedlichen Schreibweisen und Zuordnungen auftauchen. In diesem Zusammenhang ist festzuhalten, dass im Okzident nicht nur die gelehrte Welt, sondern auch das gemeine Publikum eine Vorstellung von den „Weißen" und den „Roten Reußen" hatte, die von den „echten" oder eigentlichen „Reußen" getrennt wurden, die unter den Einfluss des Großfürstentums Moskau geraten waren.

Zu den Gästen aus dem Nordosten gehörten hochrangige Gesandte, die unter anderem im Auftrag des inzwischen zum Katholizismus bekehrten litauischen Großfürsten Witold unterwegs waren. Dazu zählte auch der in litauischen Diensten stehende „griechische" Kiever

---
11   Codex epistolaris Vitoldi Magni ducis Lithaniae 1376–1430. Collectus opera Antonii Prochaska. Cracoviae 1882 (Monumenta medii aevi historica. Res gestas Poloniae illustrantia VI), S. 262.
12   Chronik des Konstanzer Konzils 1414–1418 von Ulrich Richental. Historisch-kritische Edition. Bd. 1: A-Version. Bd. 2: K-Version. Bd. 3: G-Version. Eingeleitet, kommentiert und hrsg. v. Martin Buck. Ostfildern 2020.

Erzbischof Grigorij Camblak (ca. 1364–1420), der aus Bulgarien stammte und keinesfalls die Anerkennung des Konstantinopler Patriarchen erlangt hatte. Interessant ist dabei, dass die Kompilatoren der Konstanzer Chronik sowohl in „Weiß-Reußen" als auch in „Rot-Reußen" ein eigenständiges Fürstentum vermuteten: „Auch zogen ein Gesandte von Herzog Witold von Litauen, … von den Herzogen aus Weiß-Reußen (*wißen Rüßen*) <und Rot-Reußen (*roten Rüssen/Reyssen*)>."[13] Damit wurden die „Weißen" und die „Roten Reußen" zwischen dem Großfürstentum Litauen und der Diözese von Kiev (Kyjiv) verortet, zwischen den Katholiken aus dem Nordosten, den Orthodoxen aus dem Osten und den Moslems aus dem Südosten.

Insgesamt gesehen wurde ein weit ins östliche Europa hineinreichendes Bild des Heiligen Römischen Reich deutscher Nation gezeichnet. Dazu gehörten die Länder der hochmittelalterlichen Ostsiedlung, der sogenannten „Ostkolonisaton", das Königreich Böhmen, das Königreich Ungarn, das Königreich Polen, aber auch das Großfürstentum Litauen inklusive „Reußen-Land", nämlich das „echte" Reußen, „Rot-Reußen" und „Weiß-Reußen". Mit der Bezeichnung „Reußen-Land" wurde zugleich der Begriff „Rußland" präformiert:

> „Germanen, das sind deutsche Leute <K-Version: das sind Deutschland und die Deutschsprechenden>; dazu gehört das Römische Reich, das Königreich Böhmen, das Königreich Ungarn, das Königreich Polen, Litauen, das Reußen-Land: echtes Reußen, Rot-Reußen, Weiß-Reußen (*recht Rüßen, rot Rüßen, wiß Rüßen*). Das Land und die Stadt Groß-Novgorod, die christlich ist, was die Düna begreift bis nach Griechenland <K-Version: die Herzogtum zu Litauen in Reußen-Land (*ruschiß land*). Das sind vier Herzogtümer: echtes Reußen, Rot-Reußen, Weiß-Reußen, Smolensk, und das die Düna begrifft bis nach Griechenland:> …"[14]

Kirchlich-jurisdiktionell wurde „Weiß-Reußen" dem Erzbischof von Kiev zugeordnet, geographisch in der Gegend von Smolensk verortet:

> „Danach am Samstag, am 18. Tag des Monats Februar, kam der hochwürdige Herr Grigorij, Metropolit von Kiev, angeritten aus dem Land der Weißen Reußen (*land zu wißen Rüßen*) bei Smolensk. Der hatte 10 Bischöfe unter sich und hielt auch zum griechischen Glauben. Das Land liegt fast unter dem Königreich Polen und hat etliche Bischöfe in dem Herzogtum zu Litauen und die Mehrheit an Reußen und Griechen."[15]

*

---

13 Zitat: *Och zugend in bottschaft von hertzog Wytolten von Lutow <K-Version: Wittolten von Littow; G-Version: Wytolten von Lytow>, … von den hertzogen uss wißen Rüßen <K-Version: hertzogen usser wissen und roten Rüssen; G-Version: hertzogen auß der weissen und roten Reyseen>*. Ebd., Bd. 1: A-Version, S 158/159, Bd. 2: K-Version, S. 175/176, Bd. 3: G-Version, S. 130/131.

14 Zitat: *Germani, das sind tütsch lüt <K-Version: das sind tütschi land und die da tütsch sprechened>; darinn gehöret daz römische rich, das kungrich Behan, das kungrich von Unger, das küngrich von Bolan, Lütower land, daz ruschiß land: recht Rüßen, rot Rüßen, wiß Rüßen. Das land und statt groß Noffagrott, was da kristan ist, was die Tünow begrifft biß gen Kriechen <K-Version: das herzogthum ze Littow in Rüssen landen. Das sind vier hertzogthum: recht Rüssen, rot Rüsssen, wiß Rüsen, Schmolentzi, und was die Tünow begrifft untz an Kriechenland;>* … Ebd., Bd. 1: A-Version, S. 163, Bd. 2: K-Version, S. 180.

15 Zitat: *Darnach am samßtag, der was an dem XVIIIJ. Tag ds monatz February, do rait in der hochwirdig herr, herr Jerg, ertzbischoff zu Kyvionensis, usser dem land zu wißen Rüßen zu Schmolemzgi. Der hett unter im xj bischoff und hielt och kriechischen globen. Daz land lit vast under dem küngrich von Poland und hett etlich bischof in dem hertzogtumb ze Littow und den mertail in Rüßen und in Kriechen*. Ebd., Bd. 1: A-Version, S. 284.

Die Vorstellung, dass die Weiße Ruß in den Nordosten Europas gehöre respektive die Gegend um Groß-Novgorod umfasse, spiegelte sich ab der zweiten Hälfte des 15. Jahrhunderts auch in den kartographischen Darstellungen wider, die noch dem ptolemäischen Weltbild verpflichtet waren, allen voran in den Werken, die Fra Mauro (ca. 1385–1459) und Nicolaus Cusanus (Nikolaus von Kues, 1401–1461) zugeschrieben werden. Der Astronom, Geograph und Astrologe Claudius Ptolemäus (ca. 100–160) hatte mit dem geozentrischen Weltbild eine Auffassung vertreten, die den Vorstellungen der christlichen Kirchen entsprechen sollte, nämlich diejenige, dass die Erde von allen anderen Himmelskörpern umkreist werde. Seine ab 1397 mehrfach ins Lateinische übersetzte „Geographische Anleitung" (*Geographike Hyphegesis*) wurde im 15. und 16. Jahrhundert breit rezipiert. Ptolemäus kreierte für die als Kugel imaginierte Erde eine Kartenprojektion durch Längen- und Breitengrade.

Fra Mauros „Weltkarte" (*Mappa mundi*) wurde von dem portugiesischen König Alfons V. (1432–1481) in Auftrag gegeben. Auf der Kartenrückseite findet sich die Datierung 1460. Das 1457 konzipierte Werk wurde demzufolge nach Fra Mauros Tod 1459 vollendet. Entgegen der christlichen Tradition ist die Karte nicht nach Osten ausgerichtet, sondern der arabischen Kartographie entsprechend nach Süden. Sie bildet neben Europa Teile Asiens und Afrikas ab und lässt im Unterschied zum ptolemäischen Weltbild den Seeweg nach Indien offen (Karte 2 a).[16] Das in der Karte vermittelte Wissen über die Welt der Ostslaven kann vom Gefolge des Kiever Metropoliten und römischen Kardinals Isidor (ca. 1380/90-1463) stammen, der sich 1441 der in Moskau zurückgewiesenen Kirchenunion von Florenz angeschlossen hatte.[17] Immerhin findet sich in der Karte mit „Rossia" eine dem byzantinischen „Rhos" (Ρως) entsprechende Schreibweise, die folglich mit „Rußland" übersetzt werden kann (Karte 2 b).

Mittig in der unteren Bildhälfte, die den Norden bezeichnet, werden „Rossia" (Rußland) und „Lituana" (Litauen) durch den „Boxon" oder „Oxuch" (Dnepr) von „Finnlandia" (Finnland), „Prusia" (Preußen) und „Polona" (Polen) abgetrennt. Der Dnepr verbindet die am Wolchow gelegene Stadt „Nuorogrado" (Novgorod) mit „Chievo" oder „Chio" (Kiev/Kyjiv). Ebenfalls am Dnepr findet sich eine namentlich nicht benannte Stadt, bei der es sich um Pleskau (Pskov) handeln muss: „Diese Stadt bildet den Anfang von Rußland (*Questa citade è el principio de rossia*)."[18]

Zu „Rossia" (Rußland) gehören neben „Rossia Biancha" (Weiß-Rußland) auch „Rossia Negra" (Schwarz-Rußland) im Süden von Moskau und „Rossia Rossa" (Rot-Rußland) im Norden von Kyjiv. „Rußland" wird folgendermaßen beschrieben:

> „Diese große Provinz wird Rußland (*rossia*) oder Sarmatien (*sarmatia*) genannt und grenzt im Osten an das Weiße Meer, im Westen an das Deutsche Meer, auf unserer Seite an Saray und an Chumania [Region nördlich des Schwarzen Meeres – T.B.] und im Norden an Perm, und es gibt sehr große Flüsse, insbesondere den Edil [Wolga], welche nicht geringer sind als der Nil. Ebenso gibt es in dieser Provinz sehr große Sümpfe, wegen derer die Leute von ihren Feinden nicht leicht geschädigt beschädigt werden können."[19]

---

16 [Fra Mauro:] Mappa mundi [1459]. Biblioteca Nazionale Marciana, https://bibliotecanazionalemarciana.cultura.gov.it/la-biblioteca/il-patrimonio/patrimonio-librario/il-mappamondo-di-fra-mauro (letzter Zugriff: 2.5.2024).
17 Zu Russland siehe Piero Falchetta: Fra Mauro's World Map. With a Commentary and Translations of the Inscriptions. Brepols 2006, S. 91-93.
18 Ebd., S. 705, *2860.
19 Zitat: *Questa grandissima provincia dita rossia over sarmatia confina da levante cum el mar biancho, da ponente cum el mar d'alemagna, da ostro cum saray e cum la chumania, e da tramontana cum permia et ha in sì fiumi grandissimi maxime edil, el qual non è inferior del nilo. Item in questa provincia son paludi grandissimi*

Karte 2 a: Fra Mauros Weltkarte
Quelle: Wikimedia Commons, https://commons.wikimedia.org/wiki/File:(Venice)_Fra%27Mauro%27s_World_Map_-_Biblioteca_Nazionale_Marciana.jpg?uselang=de (letzter Zugriff: 17.10.2024).

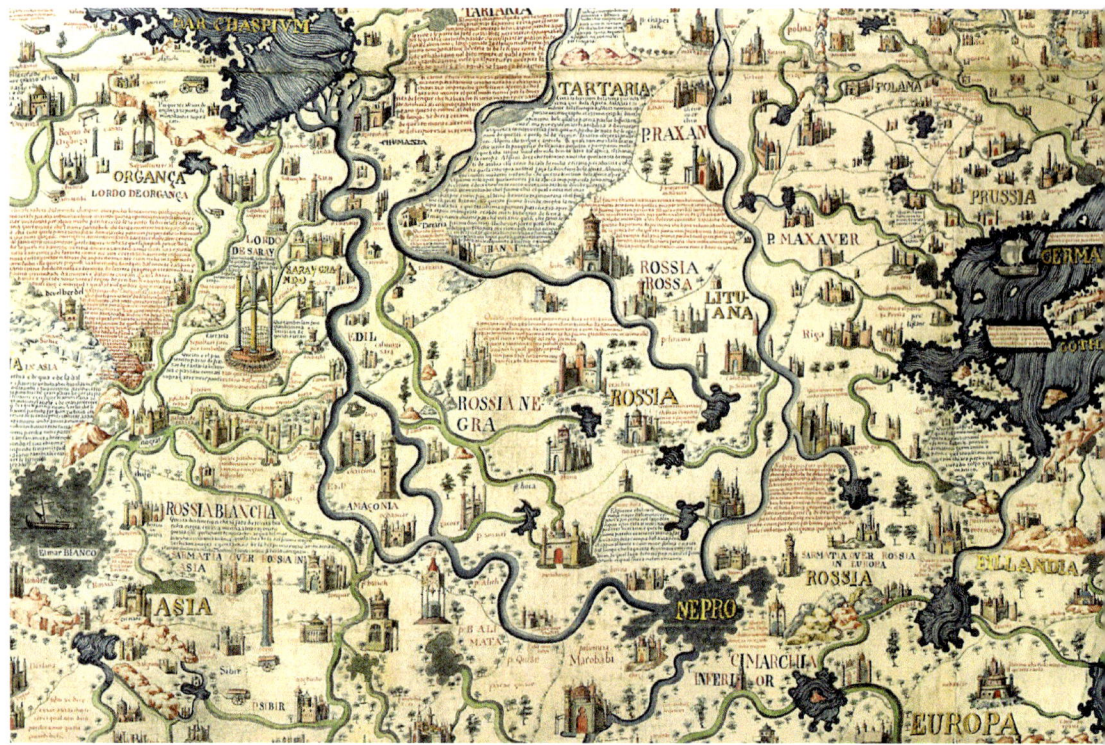

Karte 2 b: Russland auf Fra Mauros Weltkarte
Quelle: Fra Mauro_Rossia: Rossia Fra Mauro.png. Wikimedia Commons,
https://commons.wikimedia.org/wiki/File:Rossia_Fra_Mauro.png (letzter Zugriff: 31.7.2024).

„Weiß-Rußland" wird am Weißen Meer verortet und von „Schwarz-Rußland" und „Rot-Rußland" pragmatisch durch Flüsse mit entsprechenden Farbbezeichnungen unterschieden:

> „Diese Unterscheidung, die von Weiß-Rußland (*rossia bianca*), Schwarz-Rußland (*rossia negra*) und Rot-Rußland (*rossia rubra*) gemacht wird, hat keinen anderen Grund als diesen: der Teil von Rußland, der sich diesseits des Weißen Meeres befindet, wird Weiß genannt, derjenige der sich jenseits des schwarzen Flusses befindet, wird Schwarz genannt, und derjenige, der sich jenseits des roten Flusses befindet, wird Rot genannt."[20]

---

per li qual questi populi non può esser lieçiermente danificadi da suo inimici. Englische Übersetzung: „This great province called Russia or Sarmatia (rossia over sarmatia) borders in the east with the White Sea, in the west with the German Sea, in the south with Saray and Chumania and in the north with Permia. It has very great rivers, the Edil in particular, which has no less a river than the Nile. Similarily, in this province there are huge marshlands, which mean that these peoples cannot be easily harmed by their enemies." Ebd., S. 645, *2524. Die Übersetzung ins Englische entspricht auch im Folgenden der Edition von Falchetta.

20 Zitat: *Questa distinction che fi fata de rossia biancha, negra e rossa non ha altra cason cha questa, çoè quela parte de rossia che è de qua dal mar biancho se chiama biancha, quela ch'è de là dal fiume negro se chiama negra e quela ch'è de là dal fiume rosso se chiama rossa.* Englische Übersetzung: „This distinction of Russia into White, Black and Red (rossia biancha, negra e rossa) has no other reason than this: that part of Russia on

Über die Rolle des Flusses „Edil" (Wolga) für die Unterscheidung zwischen Europa und Asien gibt es laut Karteninschrift verschiedene Meinungen, die nicht überzubewerten seien.[21] Bemerkenswert ist aber immerhin, dass sich der Fluss der Karte zufolge an einer Stelle teilt und ausgerechnet „Amaçonia" (Amazonien) als Grenze zwischen „Weiß-Rußland" und dem übrigen „Rußland" präsentiert. Die Flussinsel stellt sich gewissermaßen als Urquell der kriegerischen Amazonen dar, die in der antiken Mythologie mit Skythen und Sarmaten in Verbindung gebracht werden. Jedenfalls wird „Weiß-Rußland" dem europäischen Teil und „Rußland" dem asiatischen Teil zugerechnet.[22]

Auf den Cusanus-Karten wird ein „Teil Weiß-Rutheniens" (*Russiae albae pars*) nur namentlich erwähnt. Er taucht als äußerste Begrenzung in der nordöstlichen Ecke gleich hinter dem Eintrag „Novgardia" (Novgorod) auf. Ziel der 1491 in Eichstätt gefertigten Karte ist es – so der Titel – eine „kleine Tafel ganz Germaniens" (*parva germania tota tabella*) zu liefern. Im Sinne eines universalen Anspruchs (der auch in der Chronik des Konstanzer Konzils zu finden ist) erstreckt sich Mitteleuropa von der Ostsee bis zur Adria und ist in eine Umgebung wilder Völker und klimatischer Extreme eingebettet. Im Titel ist aus unerfindlichen Gründen eine Widmung an Nikolaus von Cues (1401–1464) enthalten.[23]

---

this side of the White Sea is called White, that part beyond the Black River is Black, and that beyond the Red River is Red." Ebd., S. 687, *2768.

21 Ebd., S. 637-639, hier 639, *2489.
22 Ebd., S. 629, *2440.
23 [Nicolaus Cusanus:] Quod picta est parva germania tota tabella: Et latus italie gelidas quod prospicit alpes: Savromatum que truces populi: gentes que profundo Vicine adriaco: pelopis regnum que vetusti: Pannonios et findit agros qua frigidus hister: Atque licaonios terrarum quicquid in axes Veraxes it: et equoreas rhodanus qua verberat undas Gracia sit cuse nicolao, etc. Eichstätt 1491. Online: Bibliothèque nationale de France. Gallica, https://gallica.bnf.fr/ark:/12148/btv1b5970218z/f1.item (letzter Zugriff 2.5.2024). Nachdruck in: Otto Henne am Rhyn: Kulturgeschichte des deutschen Volkes. Bd. I. Berlin 1897, S. 421. Online: Wikimedia Commons, https://commons.wikimedia.org/wiki/File:%C3%84lteste_Deutschlandkarte.jpg (letzter Zugriff: 14.6.2024).

2. Die Verortung Weiß-Rutheniens im Osten: Moskau im 15./16. Jahrhundert

2.1. Polen und Moskowien

Die sich auf einen legendären Stammvater zurückführende Dynastie der Piasten hatte in Polen bereits 1025 die Königswürde erlangt. Über eine dynastische Verbindung mit Litauen etablierte sich 1386 in Krewo eine bis 1572 andauernde Dynastie der Jagiellonen: Hedwig von Anjou (ca. 1373/74-1399) heiratete als sogenannter „König" von Polen den zuvor getauften litauischen Großfürsten Władysław II. Jagiełło (1362–1432). Polen-Litauen stellte damit eine Personalunion dar, die nach der Niederlage des deutschen Ritterordens in der Schlacht bei Tannenberg von 1410 zur führenden Macht in Ostmitteleuropa aufstieg. Ihr Einflussbereich langte von der Ostsee bis zum Schwarzen Meer. 1505 setzte das Parlament (Sejm) den Rechtsgrundsatz „Nihil novi" oder „Nichts Neues" durch, wonach der König nur noch mit Zustimmung der Abgeordneten Gesetze erlassen konnte.

Seit 1512 hatte sich das Großfürstentum Moskau im Rahmen einer Reihe von Kriegen mit dem Großfürstentum Litauen erfolgreich um die Eroberung der Festung Smolensk bemüht und konnte 1514 eine Niederlage bei Orša verkraften. Indes gelang es dem polnischen König Sigismund I., dem Alten (1467–1548) gegen die Moskauer propagandistisch Stimmung zu betreiben und sich aus einer drohenden außenpolitischen Isolierung zu befreien. Nicht zuletzt durch die Expansion des Moskauer Reichs unter Ivan IV. Groznyj, dem „Schrecklichen" (1530–1584), der 1547 den Zarentitel angenommen hatte, sah sich der polnische König Sigismund II. August (1520–1572) 1569 in Lublin veranlasst, eine staatsrechtliche Realunion zu verankern. Nach dem Aussterben der Jagiellonen konstituierte sich Polen-Litauen ab 1572 als Wahlmonarchie. In Russland wiederum führte der Untergang der Rurikiden-Dynastie 1598 in eine Zeit der Wirren (Smuta), die 1613 mit der Begründung der Romanov-Dynastie und der Wiedererrichtung der Autokratie zum Abschluss kam.

*

Als Begründer der modernen polnischen Kartographie gilt Bernard Wapowski (1450–1535), auch wenn seine Werke aus den 1520er Jahren nur fragmentarisch überliefert sind. Nach seinem Studium in Krakau (Kraków; 1493) und Bologna (1503–1505) verbrachte Wapowski zehn Jahre in Rom. Hier unterstützte er den italienischen Kartographen Marcus Beneventanus (Marco Beneventano, ca. 1465–1524) bei der Gestaltung einer Karte für eine Neuedition der Weltbeschreibung des Claudius Ptolemäus (1507) sowie bei der Überarbeitung der Cusanus-Karte von Mitteleuropa (1511). Dabei sorgte Wapowski in Bezug auf die Weiße Ruß für einen

Paradigmenwechsel. Denn in Beneventanus' Karte „Moderne Tafel Polens, Ungarns, Böhmens, Deutschlands, Reußens, Litauens" (*Tabula moderna Polonie, Ungarie, Boemie, Germanie, Russie, Lithvanie*) findet sich am rechten Bildrand, d.h. im Norden, zwischen den Einträgen „Fürstentum Moskowien" (Ducat[us] Mosckovie) und der Landschaft „Tartarei" (Tartaria) nichts Anderes als „Weiß-Reußen oder Moskowien" (*Russia Alba sive Moskovia*). Die vom Deutschen Orden im 13. Jahrhundert imaginierte Weiße Ruß wanderte damit sinnbildlich von Novgorod nach Moskau. Vor den Grenzflüssen „Rubon" (Düna) und „Borestenes" beziehungsweise „Neper" (Dnepr) liegen in der Karte noch das „Fürstentum Litauen" (Ducatus Lithuaniae) respektive die Landschaften „Lithuania" (Litauen) und „Podolia" (Podolien).[1]

Dem von Beneventanus in Kooperation mit Wapowski eingeleiteten Paradigmenwechsel schloss sich kein Geringerer als der deutsche Kartograph Martin Waldseemüller (um 1472/1475–1520) an, der durch eine Weltkarte von 1507 Berühmtheit erlangte, in der der erste kartographische Eintrag für das jenseits des Atlantiks gelegene „America" zu finden ist. 1513 lieferte Waldseemüller eine „Tafel des modernen europäischen Sarmatiens oder Ungarns, Polens, Reußens, Preußens und der Walachei" (*Tabula Moderne Sarmatie Eur. Sive Hungariae, Polonie, Russie, Prussie et Valachie*) für die Straßburger Ptolemäus-Ausgabe von Johannes Schott (1477-ca. 1550). Das zwischen dem „Fürstentum Moskowien" (Ducatus Mosckovis) und der „Perekopischen Tartarei" (Tartaria Precopiensis"; Ableitung von einer Landenge vor der Krim) gelegene „Weiß-Reußen oder Moskowien" (*Rusia alba sive Mosckovia*) wird darin vom „Fürstentum Litauen" (Ducatus Lithu[aniae]) respektive „Samogitia-Lithuania" (Samogitien-Litauen) und „Podolia" (Podolien) durch die Flüsse „Ruvoa" (d.h. Rubon/Düna) und „Boresthenes/Neper" (Dnepr) abgetrennt.[2]

Vor diesem Hintergrund sorgte der Rektor der Jagiellonenuniversität in Krakau, der Arzt und Historiograph Maciej Miechowita (Maciej z Miechowa, 1457–1523) für eine weitreichende Neuausrichtung der Mental Maps. 1517 veröffentlichte er einen „Traktat über die beiden Sarmatien" (*Tractatus de duabus Sarmatiis*), in dem er eine geographische und ethnographische Beschreibung des östlichen Europa vornahm. In Anlehnung an Ptolemäus grenzte er das von der Weichsel bis an den Don reichende europäische Sarmatien (Litauen, Moskowien) vom asiatischen Sarmatien (Skythien) ab, das bis ans Kaspische Meer langte. Im ersteren verortete Miechowita die orthodoxen Reußen oder Ruthenen (*regiones russoru seur rutenoru*), im letzteren die islamischen Tataren (*plura genera thartaroru*).[3]

---

1 [Marcus Beneventanus:] Tabula moderna Polonie, Ungarie, Boemie, Germanie, Russie. In: Claudii Ptholemei Alexandrini philosophi Cosmographia. Rom 1507, unpaginiert. Kolorierter Kupferstich online: Österreichische Nationalbibliothek. Kartensammlung, https://www.onb.ac.at/sammlungen/kartensammlung/50-zimelien-die-wertvollsten-objekte-der-kartensammlung/marcus-beneventanus-mitteleuropa-1507 (letzter Zugriff: 9.5.2024). Schwarz-Weiß-Abbildung online: Europeana, https://www.europeana.eu/de/item/372/item_YUGMQHUVKBSWQ55ZQRMHSLTBXGTPK2E7 (letzter Zugriff: 9.5.2024).

2 [Johannes Schott:] Tabula Moderne Sarmatie Eur. Sive Hungariae, Polonie, Russie, Prussie et Valachie. In: Claudii Ptolemei viri Alexandrini Mathematice discipline Philosophi doctissimi Geographie opus. Straßburg 1513, unpaginiert. Online: Münchener Digitalisierungszentrum, https://www.digitale-sammlungen.de/de/view/bsb00008750?page=288,289 (letzter Zugriff: 9.5.2024). Separate Karte online: Wikimedia Commons, https://commons.wikimedia.org/wiki/File:1513_map_of_Poland,_Baltic,_Hungary_and_Eastern_Europe_by_Martin_Waldseem%C3%BCller.jpg?uselang=de (letzter Zugriff: 9.5.2024).

3 [Maciej Miechowita:] Tractatus de duabus Sarmatijs Asiana et Europiana et de contentis in eis. [Krakau 1517], unpaginiert. Deutsche Übersetzung: Tractat von baiden Sarmatien vnd andern an stossenden landen, in Asia vnd Europa, von sitten un geprächen der völcker so darinnen wonen. Ain anders von den landen Scithia und den inwonern des selben lands, genannt die Ciarchassi, vast wunderparlich zuhören. [Augsburg 1518], unpaginiert.

Ob Maciej Miechowita mit dieser geographischen Zuordnung „der Erfinder Osteuropas" war, mag dahingestellt bleiben.[4] Bisherige christliche Klassifizierungen orientierten sich jedenfalls eher an der kulturellen Unterscheidung von West- und Ostkirche beziehungsweise von Katholizismus und Orthodoxie. Als neue Komponenten sollten nach Luthers Thesenanschlag 1517 und nach der Abwehr der Osmanen vor Wien 1529 noch die Reformation und die sogenannte „Türkengefahr" hinzukommen. Wichtig aus Sicht der Kartographie erscheint zumindest, dass bei Miechowita mit dem europäischen Sarmatien ein Horizont in Erscheinung tritt, der von den orthodoxen Ostslaven besetzt wird und der sowohl das Großfürstentum Litauen als auch das Moskauer Reich einschließt. In der Folge geriet das Großfürstentum Moskau nicht nur kartographisch in den Fokus. Zunehmend sollte sich auch der Begriff „Moscovia/Moskowien" als Bezeichnung für das Siedlungsgebiet der „Ruthenen/Reußen" durchsetzen.

Daran wiederum konnte Bernard Wapowski nach seiner 1515 erfolgten Rückkehr aus Rom anknüpfen. In Krakau wurde er zunächst Sekretär und Hofhistoriograph des polnischen Königs Sigismund des Alten und dann Kanoniker. Hier fertigte er 1526 bei dem Drucker Florian Ungler (gest. 1536) Karten an, deren Platten aber dem Stadtbrand von 1528 zum Opfer fielen. Es handelte sich um eine „Tafel Sarmatiens" (*Tabula Sarmatiae*) mit den beiden Teilen zu Nordsarmatien (verschollen) und Südsarmatien (als Fragment erhalten) sowie um eine – so der hypothetische Titel – „Karte mit den Gebieten des Königreichs Polen und des Großfürstentums Litauen" (*Mappa in qua illustrantur ditiones Regni Poloniae ac Magni Ducatus Lithuaniae*; zwei 1934 entdeckte Fragmente wurden während des Zweiten Weltkrieges zerstört).

Aufgrund der zeitgenössischen Rezeption seiner Karten, für die auch Skizzen in Betracht zu ziehen sind, wird Wapowski heute als „Vater der polnischen Geographie" erachtet. Seine Werke haben nicht nur die Kartographie Polens geprägt, sondern auch die Kartographie Litauens präformiert. Dem von Wapowski entworfenen Bild zufolge wird die Landschaft jenseits der Krone Polen von Flüssen und Wäldern dominiert. Neben den wenigen Städten ragen Sümpfe heraus. Weiße Flecken sind mit wilden Tieren und berittenen Kämpfern oder Jagd- und Schlachtszenen ausgefüllt.[5]

In gewisser Weise noch der Cusanus-Karte von 1491 verpflichtet war der schwedische Kartograph und katholische Geistliche Olaus Magnus (Olof Månsson; 1490–1557), der auf seiner Landkarte zu Nordeuropa nicht nur „Russia alba/Weiß-Reußen" an den Rand verbannte, sondern auch „Schwarz-Reußen" in die Mitte rückte. Nach der offiziellen Einführung der Reformation in Schweden 1529 war Olaus Magnus gezwungen, ins römische Exil zu gehen. Hier veröffentlichte er 1539 eine „Seekarte und Beschreibung der nordischen Länder und deren Wunder" (*Carta marina et descriptio septemtrionalium terrarum ac mirabilium rerum in eis contentarum*) und 1555 eine „Geschichte der nordischen Völker" (*Historia de gentibus septentrionalibus*). Im Zentrum der Karte befindet sich Skandinavien, am linken Rand sind Island und Schottland zu sehen, am rechten das Baltikum mit Teilen Polen-Litauens und des Großfürstentums Moskau. Neben Landesbezeichnungen und Ortsnamen finden sich Illustrationen zur Lebensweise der Bewohner und zur Tierwelt (Karte 3 a).

---

4 Andreas Kappeler: Vom Land der Kosaken zum Land der Bauern. Die Ukraine im Horizont des Westens vom 16. bis zum 19. Jahrhundert. Wien/Köln/Weimar 2021, S. 26 und 29.

5 Vgl. Karol Buczek: The History of Polish Cartography from the 15th to the 18th Century. Translated by Andrzej Potocki. Wrocław/Warszawa/Kraków 1966, S. 32-40; Stanisław Alexandrowicz/Jarosław Łuczyński/Jarosław Skryki: Historia kartografii ziem polskich do końca XVIII wieku. Warszawa 2017, S. 63-68.

Karte 3 a: Olaus Magnus' Seekarte von 1539
Quelle: Carta marina et Descriptio septemtrionalium terrarum ac mirabilium rerum in eis contentarum, diliegentissime elaborata. Venedig 1539. Online: Kartor - Kungliga bibliteket, https://www.kb.se/hitta-och-bestall/om-samlingar-och-material/kartor.html (letzter Zugriff: 21.6.2024)

Karte 3 b: Das Baltikum auf Olaus Magnus' Seekarte
Online: Wikimedia Commons, https://commons.wikimedia.org/wiki/File:Carta_Marina_Russia_Alba_Moscovia.jpg (letzter Zugriff: 31.7.2024).

Optisch überlagert durch einen tabellarischen Stammbaum antiker Völker, die einst Skandinavien besiedelt haben sollen, verschwinden nicht nur die Gebiete der heutigen Republik Belarus (Karte 3 b). Wegen Platzmangels geraten darüber hinaus auch die geographischen Zuordnungen durcheinander. Zwischen Peipussee und Ilmensee findet sich „Weiß-Reußen" (*Russia alba*). Östlich davon liegt ein „Moskauer Teil" (*Moscovie pars*) mit dem ins Landesinnere gerückten „Nogardia" (Novgorod), das 1478 von Ivan III. (1440–1505) erobert worden war. Westlich von „Weiß-Reußen" sind – am nördlichen Ufer der Düna an Livland angrenzend – das „Königliche Schwarz-Reußen" (*Russia regalis nigra*) und – am südlichen Ufer der Düna – ein „Litauischer Teil" (*Lituanie pars*) eingetragen. Im Gebiet von „Schwarz-Reußen" ist ein bewaffneter Reiter eingezeichnet, dessen aufgerichtetes Pferd von einem Stier auf die Hörner genommen wird. Die Inschrift lautet: „Der Auerochse überwältigt einen bewaffneten Mann mit Pferd (*Urus hominem armatu eqvo [fi]cit*)."[6]

*

Den seit dem 15. Jahrhundert als politische Auftragswerke entstandenen Weltkarten folgten im 16. Jahrhundert als kommerzielle Unternehmungen die Weltbeschreibungen. An vorderster Stelle ist hier die „Cosmographia. Beschreibung aller Länder" von Sebastian Münster (1488–1552) zu nennen. Der Hebraist und Kosmograph Münster verließ den Franziskanerorden 1529,

---

6   [Olaus Magnus:] Carta marina et Descriptio septemtrionalium terrarum ac mirabilium rerum in eis contentarum, diliegentissime elaborata. Venedig 1539. Online: Kartor - Kungliga biblioteket, https://www.kb.se/hitta-och-bestall/om-samlingar-och-material/kartor.html (letzter Zugriff: 21.6.2024).

um an der reformierten Universität Basel eine Professur anzutreten. Die unter Beteiligung von rund 120 Korrespondenten entstandene „Cosmographia" erschien von 1544 bis 1550 in fünf Auflagen beim Basler Drucker Heinrich Petri (1508–1579). Bis ins 17. Jahrhundert hinein wurden in deutscher, lateinischer, französischer, italienischer und lateinischer Sprache noch unzählige Ausgaben veröffentlicht; nur die englische Fassung blieb unvollständig. Die „Cosmographia" ist in sechs Bücher (d.h. Hauptkapitel) unterteilt. Das erste Buch bietet eine allgemeine Erdkunde, in den Büchern zwei bis sechs folgen Länderbeschreibungen zu Süd- und Westeuropa, Deutschland, Nord- und Osteuropa sowie Asien und Afrika.

Im vierten Buch wird zwischen „Littaw" (Litauen), „Reüssen" (Reußen, d.h. Rusia/ Russia/ Ruthenia/Roxolana oder die Gebiete der unter litauischer Hoheit lebenden Ostslaven) und „Moscowiter land" (Moskowien) unterschieden.[7] Während in Polen-Litauen die jüdische Diaspora auffalle[8], habe Moskowien viele Wildtiere aufzuweisen, darunter Auerochsen.[9] Geographische Unsicherheiten lassen sich daran ablesen, dass „Nouigrad/Neiigardia" (Groß Novgorod) nicht als Republik, sondern als „litauische Stadt" Erwähnung findet, die 1478 von Ivan III. erobert wurde.[10] Einerseits wird das am oberen Dnepr gelegene „Weiß-Reußland" (*Weyssen Reussen land*) Ruthenien und seiner Hauptstadt „Leopoldis/Lemburg" (Lemberg, Lwów, L'viv) zugerechnet.[11] Andererseits wird für die „Weißen Reußen" (*weissen Reussen*) die Herrschaft Moskaus veranschlagt:

> *Aus Moscowyten kompt der fluß Borysthenes oder Neper, den doh die ynwoner des selbigen lands nenne Dniepr, und lauff durch die Littaw und wyssen Reiissen in das Pontisch more. […] Weyssen Reussen land das über dem Neper ligt, hat vil Kalms* [d.h. Kalmus, eine Sumpf- und Heilpflanze] *gegen den Don, das ist der Tanais, … […] Die weissen Reussen seind under dem fürste von Moscouia*.[12]

Auf der beigefügten Karte mit dem Titel „Moscowiters lands neue Beschreibung" sucht man die Weiße Ruß vergebens. Im Becken von Düna und Dnepr ist „Lithuanien" eingetragen. Die Inschrift „Moskowiterland" findet sich im Nordosten zwischen Ilmensee und Weißem See, die Inschrift „Tartaria" im Südosten entlang von Wolga und Don. Als wichtigste Städte sind „Moskouia" (Moskva) und „Kioff" (Kijów/Kyjiv) markiert. Im Einzugsbereich von „Lithuanien" tauchen noch Plotzko" (Polock/Polack) und „Smolentz" (Smolensk) auf.[13]

Der Geograph Heinrich Michow (1839–1916) konnte nachweisen, dass es sich bei Münsters Karte um eine vereinfachte Fassung der Karte von Anton Wied (ca. 1508–1558) handelte. Der aus dem Rheinland stammende Künstler begleitete den Danziger Senator Johann Koppe 1542

---

7 [Sebastian Münster:] Cosmographia. Beschreibung aller Länder durch Sebastianum Munsterum … Basel 1544, S. 538-542 (540/41: Samogitia), 542-543 und 543-547.
8 Ebd., S. 543.
9 Ebd., S. 545.
10 Ebd., S. 542.
11 Ebd., S. 542/43.
12 Ebd., S. 543. Fassung von 1628: *Aus Moscowyten kompt der Fluß Boristhenes oder Neper, den doch die Eynwohner desselbigen Landts Niepr nennen, und lauft durch die Littaw und weissen Reussen in das Pontische Meere. […] Weissen Reussen Landt uber dem Nepr ligt, hat viel Calmus gegen dem Don; das ist der Tanais. […] Die Weissen Reussen seind unter dem Fürsten von Moscowia.* [Sebastian Münster:] Cosmographia, Das ist Beschreibung der ganzen Welt, …, durch den fürtrefflichen und weitberühmbten Herrn Sebastianum Munserum an den Tag gegeben. Basel 1628, S. 1415.
13 Moscowiters lands neue Beschreibung. In: Ebd. (1544), zwischen S. 546 und 547. Online: Münchener Digitalisierungszentrum, https://www.digitale-sammlungen.de/de/view/bsb10801800?page=662,663 (letzter Zugriff: 26.7.2024).

nach Wilna (Vilnius), um Informationen über das Moskauer Reich zu sammeln. Danach fertigte er eine Karte an, die 1570 von dem Kölner Kupferstecher Frans Hogenberg (1535–1590) mit Beschreibungen am linken und rechten Blattrand gedruckt wurde, die auf 1555 datiert sind. Die Karte zeigt das 1547 in den Rang eines Zarenreichs erhobene Großfürstentum, das flächenmäßig über Novgorod hinausgeht und jenseits von Moskau auf die Tartarei stößt. Die Inschrift Litauen ist noch zu entziffern, das damit bezeichnete Land selbst aber von einer Kartusche überlagert. Die Städte „Plotzko" (Polock/Polack), „Widepski" (Vitebsk/Vicebsk), „Rscha" (Orša) und „Humhi" (Gomel'/Homel') finden gerade noch Platz. Zu den Illustrationen zählen die auf dem jenseitigen Ufer des Dnepr platzierte Schlacht von Orša von 1514 und die in die Steppengebiete verlagerte Erlegung eines Auerochsen durch einen mit einem Speer bewaffneten Lockvogel und einen auf einem Baum sitzenden Bogenschützen. Im ersten Satz der Beschreibung werden „Weiß-Reußen" und „Sarmatien" dem Moskauer Reich zugeordnet: „Moskowien, das auch Weiß-Reußen (*Alba Russia*) ist, begnügte sich nicht mit den Teilen Europas und Sarmatiens, sondern überschritt auch im großen Asien die Küsten Skythiens und rückte auf die Dardanellen vor, bis es durch unbekannte Stämme in unser gefrorenes Eismeer mündete."[14]

*

Neben Weltkarten und Weltbeschreibungen kamen im 16. Jahrhundert Reiseberichte auf den Markt. Auch „Moskowien" wurde von Diplomaten und Geschäftsleuten aus dem lateinischen Abendland als Reiseland entdeckt. Eine Vorreiterrolle übernahm der österreichische Gesandte Sigismund von Herberstein (1486–1566) mit seinen Reisen von 1516/17 und 1525/26. Sie fielen in die Herrschaftszeit des Großfürsten Vasilij III. (1479–1533). Herbersteins Bericht „Kommentare der Moskowiter-Angelegenheiten" (*Rerum Moscoviticarum Commentarii*) erschien erst in der Herrschaftszeit Ivans IV. Groznyj, „des Schrecklichen" (1530–1584): die lateinische Ausgabe 1549 und in einer erweiterten Fassung 1556, die deutsche Übersetzung 1557. In dem Bericht fanden die Begriffe „Moscovia" und „Russia/Reissen" oder „Rutheni/Reissen" in inkohärenter Weise Verwendung.

Eine auf 1549 datierte Moskowien-Karte bietet im Keil der Flüsse Düna und Dnepr Platz für den Eintrag „Litauischer Teil" (*Litwaniae Pars*), hat aber diesseits und jenseits der Düna nur Abbildungen von „Poloczko" (Polock/Polack) und „Witepsko" (Vitebsk/Vicebsk) zu bieten, diesseits und jenseits des Dnepr von „Orsa" (Orša) und „Smolenczko" (Smolensk). Die Bezeichnungen „Weiß-", „Rot-" und „Schwarz-Rußland" sucht man in diesem Zusammenhang vergebens. Neben „Livonia" (Livland) mit „Plescowia" (Pleskau/Pskov) machen noch „Novgardia" (Novgorod) und „Moscowia" (Moskau) auf sich aufmerksam. Auffällige Landschaften sind

---

14 Zitat: *Moscovia quae et Alba Russia non contenta Europae et Sarmatiae parte, sed et magnam Asiaticae supergressa Scythias oras ingreditur hellespontum versus, donec per ignotas gentes in mare Cronium nostris congelatum excurreit. Unde se littus in occidentem recipiens septentrionale latus Moscociae describit.* Anthonius Wied candido lectori S. Moscovia quae & Alba Russia non contenta Europae Sarmatiae parte. Franciscus Hogenb. ex vero sculpsit 1570. Online: Wikimedia Commons, https://commons.m.wikimedia.org/wiki/File:Anthonius_Wied_candido_lectori_S._Moscovia_que_%26_alba_Russia_non_contenta_Europee..._-_Franciscus_Hogenb_-_ex_vero_sculpsit_1570_-_btv1b52511360m.jpg (letzter Zugriff: 14.5.2024). Vgl. H[einrich] Michow: Die ältesten Karten von Russland. In: Mitteilungen der Geographischen Gesellschaft in Hamburg (1882/83), H. 1, S. 100-187. Sonderdruck: Die ältesten Karten von Russland, ein Beitrag zur historischen Geographie. Hamburg 1884; Heinrich Michow: Das erste Jahrhundert russischer Kartographie 1525-1631 und die Originalkarte des Anton Wied von 1542. In: Mitteilungen der Geographischen Gesellschaft in Hamburg 21 (1906), S. 1-61. Sonderdruck: Hamburg 1906.

die „Düna-Provinz" (*Dwina Provincia*) östlich des „Weißen Sees" (Albus lacus/Beloyezero, d.h. *Beloe ozero*)" – gemeint ist also die Nördliche Dvina in Nordrussland – und „Tartarei" (Tartaria) zwischen Schwarzem Meer und Kaspischem Meer.[15]

Weniger die Landesbezeichnung „Weiß-Rußland" als vielmehr das auf den Moskauer Großfürsten bezogene Epitheton „Weißer Zar" sind in den „Kommentaren der Moskowiter-Angelegenheiten" von Relevanz. Herberstein stieß auf dieses Phänomen, als er sich mit dem seit 1547 bestehenden Anspruch Ivan Groznyjs auf den Zarentitel, d.h. Caesar/Kaiser, auseinandersetzte. Warum der Großfürst „Weißer König/rex albus" genannt wurde, konnte Herberstein trotz Nachfragens nicht herausfinden. Er leitete daraus das Bewusstsein einer Vorrangstellung ab und suchte in den weißen Hüten der Moskauer eine Erklärung:

> *Weisse Reyssen oder weissen Khünig nennen etliche / unnd wöllen damit ain underscheid der Reyssen machen / Hab fleissig darnach gefragt / aber nie khain underscheid finden khünnen / Die gemainen leut in der Mosqua / welche höflichen vermainen zureden / haben den Großfürsten den weissen Kühnig genent / aber der khainer ursach gewüsst zugeben / es wäre dann / wie etliche Khünig nach jren hüeten genent werden / als den Persier nent man das Rot hüetl / noch ainen andern nennt man das grüen hüetl / So füeren die Moscovither all weisse hüetl / ob der Fürst auch darnach der weisse hieß.*[16]

De facto ging die Bezeichnng „Weißer Zar" (*belyj car'/aq patša*) auf eine Anrede der Turkvölker (vor allem Nogaier) im diplomatischen Schriftwechsel mit Ivan Groznyj zurück. Die Farbe konnotiert Erhabenheit, aber auch den Westen. In der zeitgenössischen russischen Schriftkultur war der Titel weniger gebräuchlich. In der Folklore sollte er aber durchaus eine Rolle spielen. Das Epitheton „Weißer Zar" wurde später nicht nur auf den Eroberer von Kazan', Ivan „den Schrecklichen", sondern auch auf den Triumphator über die Schweden, Peter „den Großen", bezogen. Beiden Herrschern wurde im Hinblick auf Gnade und Strafe ein gottgefälliges Gebaren nachgesagt.[17]

Im Unterschied zu Herberstein übertrug der englische Seefahrer Richard Chancellor (ca. 1521–1556) beziehungsweise sein Übersetzer, der Lehrer Clement Adams (ca. 1519–1587), das Epitheton „weiß" vom Herrscher auf das Land. Es handelte sich um einen Bericht über Chancellors Reisen, die ihn als Mitglied der „Company of Merchant Adventurers" bei der Suche einer Nordost-Passage nach China 1552/53 bis ins Weiße Meer geführt hatten. Die 1555/56

---

15 [Herberstein, Sigismund:] Moscovia Sigismundi Liberi Baronis in Herberstein, Neiperg et Gutenhag anno M.D. XLIX. [Wien 1549]. Online: Gosudarstvennyj istoričeskij muzej, https://catalog.shm.ru/entity/OBJECT/2854414?fund=13&index=13 (letzter Zugriff: 26.7.2024); Barry Lawrence Ruderman Antique Maps Inc., https://www.raremaps.com/gallery/detail/77757/first-modern-map-of-russia-moscovia-sigismundi-liberi-b-herberstein (letzter Zugriff: 15.6.2024); Wikimedia Commons, https://de.wikipedia.org/wiki/Datei:Herberstein-Moscovia.jpg (letzter Zugriff: 15.6.2024).

16 Zitiert nach der deutschen Ausgabe von 1557. Die lateinische Fassung von 1556 lautet: *Sunt qui principem Moscovuiae Album Regum nuncupant. Ego quidem causam diligenter quaerebam, cur Regis Albi nomine appellaretur, cum nemo prinicpum Moscovuiae eo titulo antea effet usus: imo consiliariis ipsis saepe data occasione, & aperte dixi, nos non Regem, sed Magnum ducem agnoscere. Plerique tamen hanc Regii nominis rationem esse putabant, quod sub imperio suo reges haberet: Albi uero rationem nullum habeant. Credo autem, ut Persam nunc propter rubea tegumenta capitis Kisilpassa, id est, rubeum caput vocant: ita illos propter alba tegumenta, albos appellari*. Sigismund von Herberstein: Rerum Moscoviticarum Commentarii. Synoptische Edition der lateinischen und der deutschen Fassung letzter Hand Basel 1556 und Wien 1557. Unter der Leitung von Frank Kämpfer erstellt von Eva Maurer und Andreas Fülberth. Redigiert und hrsg. v. Hermann Beyer-Thoma. München 2007, S. 75/76.

17 V. V. Trepavlov: „Belyj car". Obraz monarcha i predstavlenija o poddanstve u narodov Rossii XV-XVIII vv. Izd. 2-oe, isprav. i dop. S.-Peterburg 2017, S. 19-69, insbesondere 8, 19/20, 30/31, 43, 51, 57.

gegründete „Muscovy Company" setzte dem an der Ostsee bestehenden Handelsmonopol der Hanse eine Alternative entgegen. Chancellors Text wurde 1589 in lateinischer und englischer Sprache in einem Sammelband veröffentlicht. Der erste Satz im Kapitel *Of Moscouie, which is also called Russia (De Moscouia, quae & Russia dicitur)* lautet: *Moscouie, which hath the name also of Russia the white, is a very large, and spacious Country, euery way bounded with divers nations … (Moscouia quae & Russia alba nominatur, terra est amplissima, hinc inde varijs gentibus contermina …).*[18]

Vor dem Hintergrund der begrifflichen Verwirrung um die Auslegung des Begriffes „Weiß-Reußen" durch Sebastian Münster (1544) oder die Bezeichnung „Weißer Zar" durch Sigismund von Herberstein (1556/57) wird verständlich, warum der Fürstbischof von Ermland Marcin Kromer (1512–1589) den Begriff *Rußia alba* erst 1578 in der zweiten Auflage seiner Monographie „Polen, oder zwei Bücher über die Lage, die Bevölkerung, die Bräuche, die Behörden und die Republik des Königreichs Polen" (*Polonia sive de situ, populis, moribus, magistratibus et Republica regni Polonici libri duo*) heranzog. Die Arbeit wurde 1741 unter dem Titel „Beschreibung des Königreichs Polen" ins Deutsche übersetzt. Im Geographie-Kapitel ging es im Wesentlichen um eine Abgrenzung des Landes *Rußia alba* (1578) oder „Weiß-Reußland" (1741) von der Residenz „Moschis/Moscau". Von der geographischen Ausdehnung sei auf die politische Bedeutung Polen-Litauens nach der Lubliner Union von 1569 zu schließen: *Wenn jemand Podlachien, das benachbarte Reussen, Wolhynien, Podolien, Liefland, das Herzogliche Preussen, Litthauen nebst Samoyten, und weiß Reußland, so an Moscau stößt, (welches alles nunmehro ein Reich ausmachet) zusammen rechnet, so wird dieses Land gegen Morgen und Mitternacht viel länger und breiter hinaus gehen.*[19] Darüber hinaus wird „Roth-Reußland" (Russia rubra) – als genuiner Bestandteil Polens – von „Weiß-Reußland" abgegrenzt: *Reußland, welches einige das Rothe nennen, stößt gegen Westen an Klein-Polen, gegen Norden an Weiß-Reußland und Wolhynien, gegen Osten an Ungarn und an die Celer* [Grenzwächter im Szeklerland], *so daselbst sich aufhalten; auch grenzt es an ein Stück von der Moldau in demjenigen Strich, welcher Pocutien* [Pokutien; Gebiet im südöstlichen Zipfel Galiziens] *heisset.*[20]

---

18 [Richard Chancellor:] Noua Anglorum, ad Moscouitas nauigatio Hugone Willowbeio equite claßis praefecto, et Richardo Cancelero Nauarcho. Authore Clemento Adamo, Anglo. In: Richard Hakluyt: The Principal Navigations, Voiages and Discoveries of the English nation. London 1589, 270-279, hier 274. Übersetzung: The newe Nauigation and discourserie of the kingdome of Moscouia, by the Northeast, in the yeer 1553: Enterprised by Sir Hugh Willoughbie knight, and performed by Richard Chanceler, Pilot maior of the voyage. Translated out of the former Latin into English. In: Ebd., S. 280-292, hier 285. Neuausgabe: The Voyage of Richard Chancellor. In: Rude & Barbarous Kingdom. Russia in the Accounts of Sixteenth-Century English Voyagers. Ed. by Lloyd E. Berry and Robert O. Crummey. Madison, Milwaukee/London 1968, S. 3-41, hier 21.

19 Zitat: *Quod siquis nouas accessiones Polesia, & eis confinis Rußia, Volynia, Podolia & Liuoniae, Prußiamque ducalem, & Lithuaniam cum sua Samogitia, & Rußia alba Moschis finitima (qua omnia iam von regon continentur) annumeret, multo longius & latius versus orientem solem, & Septentrionem ea patebit.* Martin Cromer: Polonia sive de situ, populis, moribus, magistratibus et Republica regni Polonici libri duo. Secunda editio. Cologne 1578, S. 7/8. Übersetzung: Martin Cromers Bischoffs von Ermland, Beschreibung des Königreichs Polen. Mit einigen Anmerckungen herausgegeben von Andreas Schott. Dantzig 1741, S. 9. In der ersten Auflage fehlt der Begriff: Martini Cromeri de origine et rebus gestis Polonorum libri XXX. Basileae 1555.

20 Zitat: *Rußia, quam rubram nonnulli vocant, latere occident ali minori Polonia iungitur. A septentrione Rußiam albam, & Volyniam habet: Ab Austro Vngariam, eiusque populum Ceculos, & nonnullam Moldauiae partem attingit eo tractuerra, qui Pocuce appelatur.* Ebd. (1578), S. 16. Übersetzung (1741), S. 19.

2.2. Litauen und Russland

Im 14. und 15. Jahrhundert wurde die Vorstellung von der Weißen Ruß zunehmend von der Stadtrepublik Novgorod auf das Großfürstentum Moskau übertragen, wo der Herrscher zudem noch von den Turkvölkern an den südöstlichen Peripherien als „Weißer Zar" (*belyj car'/aq patša*) hofiert wurde. In der Tat war die seit 1136 bestehende Republik Novgorod bereits 1478 von Ivan III. (1440–1505) zerschlagen worden, hatte dann aber 1570 noch einmal eine Strafaktion Ivan IV. Groznyjs, des „Schrecklichen" (1530–1584) hinzunehmen. Ivan Groznyj verwandelte das Moskauer Großfürstentum nach Annahme des Zarentitels durch die Eroberung der Khanate von Kazan' 1552 und Astrachan 1554 in ein Vielvölkerreich. Danach beteiligte er sich im Livländischen Krieg (1554–1583) erfolglos im Kampf um die Vorherrschaft an der Ostsee. Jedenfalls handelte er sich in Lateineuropa nicht nur aufgrund seiner Terrorherrschaft (die sogenannte *Opricnina*) im eigenen Land eine schlechte Presse ein. Reibungspunkte mit dem Großfürstentum Litauen lieferten in diesem Zusammenhang die politischen Flüchtlinge aus dem Moskauer Reich. Das Großfürstentum Litauen ging seinerseits 1569 in Lublin mit der Krone Polen eine staatsrechtliche Union ein. In diesem Zusammenhang wurden die Gebiete im Süden der Prypjat, also Galizien, Wolhynien und Podolien in die polnische Verwaltung übergeben.

*

Vor diesem Hintergrund kam es zu einer relevanten Neujustierung der kognitiven Landkarte des östlichen Europa. Im Nachgang zu Maciej Miechowitas „Traktat über die beiden Sarmatien" (*Tractatus de duabus Sarmatiis*) von 1517 legte der aus Verona stammende und als Offizier im Großfürstentum Litauen dienende Alexander Guagnini (1558–1614) nämlich 1578 eine aktualisierte „Beschreibung des europäischen Sarmatiens" (*Sarmatiae Europeae descriptio*) vor. Letztere war im Wesentlichen von dem militärischen Aufklärer und Kartenzeichner Maciej Stryjkowski (1547–1593) in Witebsk (Vicebsk) verfasst worden, der als erster Historiograph des Großfürstentums Litauen auftrat. Beide Autoren betreiben einen Bedeutungswandel Sarmatiens, dessen Schwerpunkt auf das Königreich Polen verlagert wurde, während das Zarenreich zunehmend in den Osten geriet.

Wie der Untertitel besagt, thematisiert die „Beschreibung des europäischen Sarmatiens" die Geschichte und die Geographie folgender Länder: „Polen, Litauen, Samogitien, Reußen, Masowien, Pommern, Livland" sowie „Moskowien und Tatarei". Es setzt also einen Unterschied zwischen Ruthenien, d.h. den ostslavischen Gebieten Polen-Litauens, und dem Moskauer Reich voraus. In der Einleitung wird auf die Interdependenz der politischen und geographischen Verhältnisse hingewiesen: Moskowien habe in der Kiewer Rus seine Quellen und könne über Ruthenien, Litauen und Livland eine Mündung in die Ostsee Meer erlangen.[21] Im Hauptteil wird von den Ländern und Bezirken Rutheniens berichtet, die in das Königreich Polen eingegliedert wurden. Zu den Herkunftsgebieten der Ruthenen zählten auf der einen Seite die Territorien von Lemberg (Lwów/L'viv) und Halitsch (Halicz/Halyč) sowie die Landschaft Podolien.[22] Zu den litauischen Woiwodschaften gehörten auf der anderen Seite Troki (Trakai),

---

21 [Alexander Guagnini:] Sarmatiae Europeae descriptio, quae regnum Poloniae, Lituaniam, Samogitiam, Russiam, Massoviam, Prussiam, Pomeraniam, Livoniam, et Moschoviae, Tartariaeque partem complectitur Alexandri Guagnini. [Krakau 1578], Fol. 1 verso. Nachdruck: [Speyer] 1581, Fol. 1 verso.
22 Ebd., fol. 57-74/fol. 32 verso-43 verso.

Wilno (Vilnius), Brześć (Brėst), Nowogródek (Navahrudak), Mińsk (Minsk), Polock (Polack), Witebsk (Vicebsk), Mścisław (Mscislaŭ) sowie Wolhynien und Kijów (Kyjiv).²³ Die Zuordnung der letzten beiden Woiwodschaften widersprach aber den Regelungen der Lubliner Union von 1569. Offenbar vertraten Guagnini und Stryjkowski hier spezifische Interessen der litauischen Eliten.

In diesem Zusammenhang wurde die Weiße Ruß zu einer Übergangsregion zwischen den litauischen Teilen Rutheniens und dem Moskauer Reich erklärt, welches sich von Smolensk aus nach Norden und Osten erstrecke. Guagnini und Stryjkowski waren nämlich der Auffassung, dass sich „Moskowien" inmitten einer ruthenischen Region befände, die „Weiß" genannt werde. Bei der Bevölkerung handele es sich allerdings nicht um „Weiß-Ruthenen", sondern um „Moskowiter":

> „Dies ist in der Tat eine bestimmte Region in der Mitte Rutheniens, (wie es heißt) des Weißen (*Region in Meditulio Russiae, [ut dicitur] Albae*), die sich nach Norden und Osten erstreckt und von der aus alle übrigen ganz Ruthenien umliegenden Regionen (obwohl sie verschiedene und unterschiedliche Namen haben) den Namen Moskowien auferlegt erhalten. Die Bewohner dieses Ortes werden gewöhnlich Moskowiter genannt. Der Monarch Rutheniens aus der Region Moskowien heißt Großfürst."²⁴

Moskau wird sogar als „Haupt- und Mutterstadt ganz Weiß-Rutheniens (*Caput & Metropolis totius Russiae albae*)" bezeichnet.²⁵ Die Einheit der Moskowiter resultiere aus dem Bekenntnis zum griechisch-orthodoxen Christentum: „... alle Regionen Rutheniens, die Weiß genannt werden, unterliegen dem Moskauer Fürsten, dem christlichen Glauben, den sie von den Griechen übernommen haben ..."²⁶ Tatsächlich erlangt die Farbe Weiß hier erstmals eine sakrale Bedeutung. Guagnini und Stryjkowski distanzierten sich damit aber auch von den Ostslaven, die dem Einfluss der Russisch-Orthodoxen Kirche unterlagen. Die Rahmenbedingungen sollten sich erst ändern, als sich die litauischen Ruthenen in der Brester Union 1596 dem Primat des Papstes unterstellten.

Diesbezüglich wurde 1611 in der noch zu Lebzeiten Guagninis, aber nach dem Tode seines „Ghostwriters" Stryjkowski veröffentlichten polnischen Übersetzung der „Beschreibung des europäischen Sarmatiens" eine bemerkenswerte Umdeutung vorgenommen. Hier werden „dreierlei Ruthenien" (Ruś) benannt: ein Weißes, ein Schwarzes und ein Rotes. Während „Weiß-Ruthenien" inklusive der Gebiete der altehrwürdigen Stadt Kijów (Kyjiv) dem Großfürstentum Litauen zugeordnet wird, verbleibt dem Moskauer Reich „Schwarz-Ruthenien", das sich bis zum „Weißen See" (Beloe ozero) erstrecke und nach Asien auslaufe. „Rot-Ruthenien" unterstehe der Krone Polen und sei in der Gegend der Beskiden, einem Gebirgszug der äußeren Westkarpaten, zu suchen, habe mit der Landschaft Galizien also nicht allzu viel zu tun:

> „Und es gibt ein dreigeteiltes Ruthenien, das erste Weiß, das zweite Schwarz, das dritte Rot (*A iest Ruś' Troiáka, iedná Biała, druga Czarna, trzećia Czerwona*). Das Weiße bei Kyjiv, Mozyrʹ, Mstislav,

---

23 Ebd., fol. 22 verso-27/57-60.
24 Zitat: *Haec autum est, quadam Region in Meditulio Russiae, (ut dicitur) Albae, ad Septentrionem, Orientemque porrecta, a qua caetere omnes Russiae circumiacentes Regiones, (quamuis varijs & diversis nominibus appellare,) Moschoviae nomen fortiuntur, incolaeque earundem vulgo Moschovitae appelantur, & ipse Monarcha Russiae Regionum Moschoviae, magnus Dux nuncupatur.* Ebd., fol. 1/fol. 73.
25 Ebd., fol 2/fol. 73 verso.
26 Zitat: *... omnes regiones Russiae, quae alba dicitur, Moschorum Principi subiectae, Christianae fidei, quam Graecis susceperunt ...* Ebd., fol. 17/fol. 87.

Vitebsk, Orša, Polock, Smolensk und in Sewerien, das seit langem dem litauischen Großfürsten unterliegt. Das Schwarze in den Ländern Moskowiens beim Weißen See und von dort überall nach Asien. Das Rote bei den Bergen, die Beskiden heißen, die der polnische König beansprucht, und die der Krone unterliegen; …"[27]

Der polnische Heeresaufklärer, Diplomat und Priester Maciej Stryjkowski, der Guagnini zugearbeitet hatte, veröffentlichte seinerseits 1582 eine „Chronik Polens, Litauens, Samogitiens und ganz Rutheniens" (*Kronika Polska, Litewska, Żmódzka i wszystkiéj Rusi*). Seiner Wahlheimat entsprechend etablierte er sich damit als erster Historiograph des Großfürstentums Litauen. In seiner Chronik bediente er nicht nur den polnischen Mythos von der sarmatischen Herkunft, sondern kreierte auch den litauischen Mythos von der römischen Abstammung. Ausgehend von seinen Expeditionen als Heeresaufklärer und seinen Recherchen in den Bibliotheken seiner Mäzenaten lieferte er sowohl eine Geschichte der litauischen Magnaten respektive des polnischen Hochadels als auch eine Bestandsaufnahme der ostslavischen Kulturdenkmäler auf dem Territorium der heutigen Republik Belarus. Da es Maciej Stryjkowski um die Einheit des historischen Raumes ging, sind seine geographischen Zuschreibungen diffus. Im ostslavischen Bereich konzentrieren sie sich aber auf „Weiß-Ruthenien" (*Biała Ruś*) und „Schwarz-Ruthenien" (*Czarna Ruś*).[28] An einer Stelle sprach er von Ivan I. Kalita, „dem Geldsack" (1288–1341) als „Weiß-Ruthenischem Fürsten" (*Biełо-Ruski xiąże*)[29], an anderer Stelle unter Bezugnahme auf Jurij Vsevolodovič (1188–1238) und Vasilij Jaroslavič (1241–1276) von den „Moskauer Großfürsten als Erben der Weiß-Ruthenischen Monarchie (*Biełо-Ruska monarchia*)".[30]

Im Anschluss an die Landesbeschreibungen von Guagnini und Stryjkowski erstellte der polnische Geograph und Kartograph Maciej Strubicz (ca. 1530–1604) eine Karte „Beschreibung des Großfürstentums Litauen, Livlands und Moskowiens" (*Magni ducatus Lithuaniae Livoniae et Moscoviae descriptio*). Diese erschien 1589 in Marcin Kromers Chronik „Polen: oder über die Herkunft als auch über die Errungenschaften der Polen" (*Polonia: sive de origine et rebus gestis Polonorum*). Strubicz war Sekretär der polnischen Könige Sigismund II. August (1520–1572) und Stephan Báthory (1533–1586). In dieser Position zeichnete er während des Livländischen Krieges (1558–1583) militärische Karten. Seine Polen-Karte entstand zwischen der 1579 erfolgten Wiedereroberung von Połock (Polack), das seit 1563 von den Moskauern besetzt gewesen war, und dem 1582 abgeschlossenen Waffenstillstand von Jam Zapolski. Die Karte thematisierte das Verhältnis Livlands zum Großfürstentum Litauen und zum Moskauer Reich.

Strubiczs Polen-Karte reichte von Memel (Klaipėda) im Westen bis „Rasan" (Rjazan') im Osten, von „Nouogardia" (Novgorod) im Norden bis „Sluczko" (Sluck) im Süden. Sie veror-

---

27 Zitat: *A iest Ruś' Troiáka, iedná Biała, druga Czarna, trzećia Czerwona. Biała okolo Kijowá, Mozerá, Mśćisławiá, Witebská, Orszey, Połocká, Smoleńská, u ziemie Siewierskiey, ktora z dawna do Wielkiego X. Litewskiego przynalezy. Czarna w ziem Moskiewskiey około Białego ieziorá, y tam wszedzie ku Asyey. Czerwona przy gorách, ktore Beskiedámi zowia, ktorey krol Polski roskázuie, y do Korony przynalezy;* … Alexander Gwagnini: Kronika Sármácyey Europskiey, W Ktorey Sie Zamyka krolestwo Polskie ze wszystkiemi Páństwy, Xięstwy, y Prowincyámi svwmi: tudźież też Wielkie Xięstwo Lithew: Ruskie, Pruskie, Zmudzkie, Inflantskie, Moskiewskie y część Tátárow. Kraków 1611, Buch III/Teil 2, S. 13/14.
28 Maciej Stryjkowski: Kronika Polska, Litewska, Żmódzka i wszystkiéj Rusi. Wydanie nowe, będące dokładném powtórzeniem wydania pierwotnego królewieckiego z roku 1582, poprzedzone wiadomością o życiu i pismach Stryjkowskiego przez Mikołaja Malinowskiego, oraz rozprawą o latopiscach ruskich przez [Ignacego] Daniłowicza, pomnożone przedrukiem dzieł pomniejszych Stryjkowskiego według pierwotnych wydań. Tom I-II. Warszawa 1846, T. I, S. 108-134.
29 Ebd., T. I, S. 126.
30 Ebd., T. II, S. 10.

tet die heutigen belarusischen Städte „Grodno" (Hrodna), „Poloczko" (Polack) und „Witepsk" (Vicebsk) in einem Gebiet, das von den Flüssen Memel, Düna und Dnepr umschlossen wird. Der Fluss Prypjat und die Landschaft Polesien tauchen nicht auf. Zwischen „Curlandia" (Kurland), „Livonia" (Livland), „Moscovia" (Moskowien; zwischen Nouogardia/ Groß-Novgorod und Moscouia/Moskau angesiedelt), „Severia" (Sewerien; zwischen Smolenkia/ Smolensk und Nouogrot Siewierski/Novhorod-Siver'skyj angesiedelt) und dem „Fürstentum Litauen" (Lithuaniae ducatus) befindet sich das im 14. Jahrhundert erloschene Fürstentum Polock, das von 1504 bis 1772 als Woiwodschaft Połock (Polocencis Ducatus) existierte. In der Karte erscheint es bemerkenswerterweise im Zentrum.[31]

Die Traditionen der polnisch-litauischen Historiographie und Kartographie spiegeln sich in eindrücklicher Weise im „Mercator-Atlas" von 1595 wider. Es handelte sich um ein posthumes Werk des aus Flandern stammenden Duisburger Geographen und Kartographen Gerhard Mercator (Gheert Cremer; 1512–1594). Der Titel „Atlas oder kosmographische Meditationen über den Stoff der Welt und die Form des Stoffes" (*Atlas sive cosmographicae meditationes de fabrica mundi et fabricati figura*) nahm auf den mythischen König Atlas von Mauretanien Bezug. Mercator setzte sich in seiner Kosmographie damit für einen neuen Gattungsbegriff für Kartenwerke ein.

Zwar tauchen in seinen Karten zu Nord- und Osteuropa Rot-, Schwarz- und Weiß-Reußen nicht mehr auf, doch wird eine eindeutige Gleichsetzung von Moskowien und Reußen/ Russland betrieben. In der separaten Einleitung zur Karte: „Reußen mit Grenzen" (Russia cum confinijs) heißt es: „Reußen oder Moskowien sind ansehnliche Regionen (*Russiae seu Mocoviae regiones amplissimae sunt*)." Das war eine Zäsur in der Kartographie, die im Deutschen einen Begriffswandel von „Reußen" zu „Rußland" indiziert.[32]

In der Groß-Rußland-Karte (*Russia cum confinijs*)[33] und in der darauffolgenden Litauen-Karte (*Lithuania*)[34] – die dem Einfluss von Maciej Strubicz (ca. 1530–1604) zugeschrieben wird – findet sich der widersprüchliche Eintrag „Russia", einmal in der Höhe von Lublin und einmal in der Höhe von „Leopolis" (Lemberg/Lwów/Lviv). Gemeint ist offenbar die Gegend von „Rot-Reußen" (Galizien) zwischen „Polonia" (Polen) und „Volhinia" (Wolhynien). „Briest" (Brześć/ Brėst) und „Pinsko" (Pinsk) werden als Grenzstädte des Großfürstentums Litauen zu dem 1569 der Krone Polen angeschlossenen Wolhynien markiert. Ansonsten überrascht in beiden Karten die Hervorhebung der „Woiwodschaft Polock" (*Polocencis ducatus*) zwischen „Livonia" (Livland), „Moscovia" (Moskowien) und „Lithuania" (Litauen).

Nach der Identifizierung Moskowiens mit Russland musste eine terminologische Regelung für die ruthenischen Gebiete Litauens gefunden werden. Eine einfache, aber naheliegende

---

31 [Maciej Strubicz:] Magni ducatus Lithuaniae Livoniae et Moscoviae descriptio. In: Martini Cromeri Varmiensis Episcopi Polonia: Sive De Origine Et Rebus Gestis Polonorum: Libri XXX. Köln 1589, zwischen Widmung und S. 1. Online: Wikimedia Commons, https://commons.wikimedia.org/wiki/File:Maciej_ Strubycz,_1589,_%27Magni_Ducatus_Lithuaniae,_Livoniae_et_Moscoviae_descriptio%27.jpg (letzter Zugriff: 1.10.2024); DIGAR (Digital Archive), National Library of Estonia, Tallinn, https://www.digar.ee/ viewer/en/nlib-digar:964/15400 (letzter Zugriff: 17.5.2024).

32 Gerardus Mercator: Atlas sive cosmographicae meditations de fabrica mundi et fabricati figura. Duisburg 1595, XXVI: Russia, unpaginiert.

33 [Gerardus Mercator:] Russia cum confinijs. In: Gerardus Mercator: Atlas sive cosmographicae meditations de fabrica mundi et fabricati figura. Duisburg 1595, XXVI. Online: UB Düsseldorf. Regionalportal, http:// digital.ub.uni-duesseldorf.de/ihd/content/pageview/2462143 (letzter Zugriff: 10.5.2024).

34 Lithuania. In: Ebd., XXVII. UB Düsseldorf. Regionalportal, http://digital.ub.uni-duesseldorf.de/ihd/content/pageview/2462147 (letzter Zugriff: 10.5.2024).

Lösung bot der Schwede Peer Peersson von Erlesund (Petrus Petreius; 1570–1622) an, der ab 1601 als Arzt, Gesandter und Militärangehöriger unterwegs war, bevor er sein Buch „Historien und Bericht von dem Grossfürstenthumb Muschkow" 1620 in deutscher Sprache veröffentlichte.

Nach Sebastian Münsters Begriffsfassung „Weyssen Reussen land" von 1544 findet sich in Peer Peersons Schreibweise „Weiß-Reußland" ein weiterer Vorläufer des Terminus „Weißrußland" bezeugt. Gemeint waren die zum Großfürstentum Litauen respektive zur Krone Polen gehörenden Gebiete an der Grenze zum Großfürstentum Moskau:

> *Wie dem Könige in Polen, in Liefflland, Littowien, und andere Länder, die mit Littowen seyn incorporiret, und werden Weiß Reußland gennennet, und habe beyde Römische und Griechische Religion, als Reuß Lemburg, Halicia, Beltz, Chelm, Premislia, Wolhinien, Lutzko, Volodomeria, Krzemenoch, Mzislavia, Witebkow, Polotzkow, Kiow darinnen viel feste Städte und Schösser, doch meist von Holtze gebawet seyn, und habe vorzeiten ihre eigene Regenten und Fürsten gehabt, ...*[35]

Genau wie Sigismund von Herberstein leitete Peerson die Bezeichnung „Weiß-Reußen" von der Kopfbedeckung der Bewohner ab:

> *Weiß-Reussen wo[her] genennet: Daß aber ein Ort des Landes, Weiß-Reußland genennet wird, meyne ich, daß es umb der Ursachen Willen geschehe, daß die Männer des Somers weisse Hüte auff den Köpffen tragen, und daß die Weiber ihr Angesichte, mit Bleyweiß zieren und schmücken, eben wie die Zagathainer* [čagatajcy aus Transoxanien] *von den Reussen werden Grünköpffe genennet, und die Cathainer* [gatajcy] *Schwartzköpffe, von den unterschiedenen Faben und coloren, die auff den Häuptern gebrauchen und nennes Turbant.*[36]

Von polnischer Seite verfügte der aus der Nähe von Pružany im Nordosten von Brėst stammende Gelehrte Szymon Starowolski (1588–1656) über landeskundliche Expertise. In seinen Werken befasste dieser sich insbesondere mit der Geschichte der Polnisch-Litauischen Union. 1632 legte er eine Landesbeschreibung der „Polonia" vor, die 1652 noch einmal in überarbeiteter und erweiterter Auflage erschien.

Für „Ruthenien/Reußen" (Russia) nahm Szymon Starowolski nach Stryjkowskis Modell von 1582 eine Dreiteilung vor. Zum einen verortete Starowolski „Weiß-Ruthenien" (*Russia alba*) im Großherzogtum Litauen und „Rot-Ruthenien" (*Russia rubra*) bei der Krone Polen. Zum anderen veranschlagte er jenseits von Dnepr und Don ein Gebiet, das altertümlich „Schwarz-Ruthenien" (*Russia nigra*) und zeitgenössisch „Moskowien" (*Moscovia*) genannt werde. Der entscheidende Satz lautet:

> „Es ist unterteilt in Weiß-Reußen (*Russia alba*), das sich auf das Großherzogtum Litauen bezieht, und Rot-Reußen (*Russia rubra*), das eigentlich Roxolanien heißt und zu Polen gehört. Denn der dritte Teil, jenseits von Don und den Quellen des Dnepr, wird seit den Vorfahren Schwarz-Reußen (*Russia nigra*) genannt, von den Zeitgenossen wird er jedoch allgemein Moskowien (*Moscovia*) genannt ..."[37]

---

35 Petrus Petreius: Historien und Bericht von dem Grossfürstenthumb Muschkow. Leipzig 1620, S. 132/133.
36 Ebd., S. 136.
37 Zitat: *Dividiturque in Rusiam albam, quae ad Magnum Ducatum Lituaniae spectat, et in Russiam rubram, quae proprie dicitur Roxolania, et ad Poloniam pertinet. Nam tertia pars, ultra Tanaim et fontes Borysthenis posita, dicitur Russia nigra ab antiquis, a recentioribus autem vulgo Moscoviam appellari ...* [Szymon Starowolski:] Simonis Starovolsci Polonia. Köln 1632, S. 96-142, insbesondere 96/97; Simonis Starovolsci Polonia, nunc denuo recognita et aucta. Danzig 1652, S. 109-165, insbesondere 109.

Zu „Weiß-Ruthenien" (*Russia alba*) zählte Starowolski explizit die Woiwodschaften Nowogródek (Navahrudak; mit Slonim), Mińsk (Minsk), Połock (Polack), Witebsk (Vicebsk mit Mohylew/ Mahilëŭ, Mścisłaŭ (Mstislaŭ) und Smoleńsk (Smolensk), das heißt Gebiete der heutigen Republik Belarus ohne Hrodna und Brėst.

Wie andere Autoren zuvor führte Starowolski die Farbbezeichnung teils auf die Mode der Bewohner, teils auf die Beständigkeit der Schneedecke zurück. Letzteres wirke sich sogar auf die Pelze der Tiere aus:

> „Was an das Großfürstentum Litauen angrenzt und darunter liegt, Ruthenien wird allgemein das Weiße genannt (*Russiae vulgo dicitur Alba*); zum Teil, weil die Einwohner diese Farbe bevorzugten; zum Teil, weil die mit Schnee bedeckten Ebenen länger als anderswo bestehen und dem Betrachter alles Weiß darstellen, so dass selbst die Natur der Tiere durch diese Farbe durchdrungen wird; in der Tat sind hier und da Wölfe und Bären, Hasen, Füchse und andere Tiere, sowohl Haus- als auch Wildtiere, weiß zu sehen, die jedoch, wenn sie an anderen Orten geboren werden, normalerweise eine andere Farbe haben."[38]

Der Rückschluss von den langen Wintern auf die Farbe der Pelze war ein Argument, das bereits Herberstein von dem Generalvikar von Konstanz Johann Fabri (1478–1541) übernommen hatte. Letzterer hatte im Tübinger Franziskanerkloster ein Religionsgespräch mit einer russischen Delegation geführt, die 1525 von einer Audienz bei Kaiser Karl V. (1500–1558) zurückkehrte.[39]

Angesichts der Tatsache, dass „Moskowien" in dem von polnischen Autoren dominierten Diskurs als „Schwarz-Ruthenien" betrachtet wurde, wirkt es anachronistisch, dass sich bei dem berühmten Russlandreisenden Adam Olearius (1599–1671) noch ein spätes Echo der inzwischen überholten Bezeichnung „Weiß-Rußland" findet. Der deutsche Gelehrte begleitete in den Jahren 1634 und 1636 Gesandtschaften des Herzogs Friedrich III. von Schleswig-Holstein-Gottorf (1597–1659) als Sekretär nach Moskau an den Hof Michails I. Romanov (1596–1645) zur Anbahnung von Handelsbeziehungen. Darüber veröffentlichte Olearius 1647 den Bericht „Offt begehrte Beschreibung Der Newen Orientalischen Reise", der in überarbeiteter Form 1656 und 1663 unter den Titeln „Vermehrte Newe Beschreibung Der Muscowitischen und Persischen Reyse" und „Ausführliche Beschreibung der kundbaren Reyse Nach Muscow und Persien" wiederaufgelegt wurde. Den Begriff „*weis Rußland*" unterschlug er 1647 in der Einleitung einer Landesbeschreibung, ergänzte ihn aber in den Ausgaben von 1656 und 1663.

In der Ausgabe von 1647 lautet die Definition: *Rußland, welches man wegen seiner Hauptstadt Mußcow in gemein Mußcovien zu nennen pfleget, ist eines von den eussersten theilen Europae, an Aslen grentzend, sehr weit umbfangen.*[40] In den Ausgaben von 1656 und 1663 heißt es: *Rußland oder wie etliche sagen weis Rußland, welches man auch wegen seiner Haupt- und Residenzstadt Mußcow, so mitten im Land gelegen, Mußcowien zu nennen pfleget, ist eines von den eussersten Theilen Europa*

---

38 Zitat: *Quae Magno Ducatui Lituaniae adiacet subiacetque Russiae vulgo dicitur Alba; partim quod incolae eum colorem praeferant; partim quod nivibus campi cooperti diutius quam alibi durent, et inspectantibus omnia alba repraesentent, ut etiam i naturam animalium color iste transeat; siquidem ibi et lupos et ursos, lepores, vulpes, aliaque tam domestica, quam syvestria animalia passim alba videre est, quae nihilominus in aliis locis nata alium colorem habere solent.* Ebd., S. 131 (1632) und 150 (1652).

39 [Johann Fabri:] Ad Serenissimum Principem Ferdinandum Archiducem Austriae, Moscovitarum iuxta mare glaciale religio, à D. Ioanne Fabri aedita. Basileae 1526, unpaginiet [S. 8]. Vgl. Frank Kämpfer: Herbersteins nicht eingestandene Abhängigkeit von Johann Fabri aus Leutkirch. In: Jahrbücher für Geschichte Osteuropas NF 44 (1996) Nr. 1, S. 1–27, hier 16/17 und 26.

40 Adam Olearius: Offt begehrte Beschreibung Der Newen Orientalischen Reise. Schleswig 1647, S. 114.

an Asien gräntzend, sehr weit umbfangen.[41] Relevanter als die Randnotiz „Weißrußland" ist in dieser Aussage jedenfalls die Gleichsetzung von „Moskowien" und „Rußland".

Im Gegensatz zu Olearius interessierte sich der deutsche Astronom, Mathematiker und Kosmograph Andreas Cellarius (Andreas Keller; um 1596–1665) in erster Linie für Litauen. Er veröffentlichte als Rektor der Lateinschule im niederländischen Hoorn 1659 eine Synthese über „Das Königreich Polen und das Großfürstentum Litauen. Und alle Regionen der polnischen Untertanen. Allerneueste Beschreibung" (*Regni Poloniae, Magnique Ducatus Lituaniae. Omniumque regionum juri Polonico Subjectorum. Novissima Descriptio*). Den Forschungsstand seiner Zeit zusammenfassend rechnete er „Weiß-Reußen" (*Alba Russia*) ganz eindeutig dem Großfürstentum Litauen zu. Er verortete es zwischen den Woiwodschaften Wolhynien und Kijów (Kyjiv) im Süden sowie Moskowien und Livland im Osten und Norden. Den Angaben anderer Autoren entsprechend leitete er die Farbe von der Tracht der Einwohner und dem Fell der Tiere ab. Zu „Weiß-Reußen" zählte Cellarius die folgenden Woiwodschaften: Nowogródek (Navahrudak), Mińsk (Minsk), Połock (Polack), Witebsk (Vicebsk), Mścisław (Mscislaŭ) und Smoleńsk (Smolensk).[42] Kijów (Kyjiv) oder Wolhynien, die seit der Lubliner Union 1569 zum Verwaltungsgebiet der Krone Polen zählten, wurden im Unterschied zu den polnisch-litauischen Autoren zuvor korrekterweise nicht mehr in Betracht gezogen.

---

41 Adam Olearius: Vermehrte Newe Beschreibung Der Muscowitischen und Persischen Reyse. Schleßwig 1656, S. 143; ders.: Ausführliche Beschreibung der kundbaren Reyse Nach Muscow und Persien. Schleswig 1663, S. 143.
42 Andreas Cellarius: Regni Poloniae, Magnique Ducatus Lituaniae. Omniumque regionum juri Polonico Subjectorum. Novissima Descriptio. Amsterdam 1659, S. 408-434.

3. Die Situierung Weiß-Reußens im Westen: Smolensk im 17./18. Jahrhundert

3.1. Litauische Ruß

Die seit 1386 bestehende Personalunion zwischen Polen und Litauen wurde 1569 durch den Vertrag von Lublin in eine Realunion umgewandelt und 1596 durch den Vertrag von Brėst durch eine Kirchenunion ergänzt. Das hatte zwei weitreichende Folgen. Zum einen wurden die Gebiete der späteren Ukraine (Wolhynien, Podolien) durch eine Verwaltungsreform dem Großfürstentum Litauen entzogen und der Krone Polen zugeschlagen. Zum anderen wurde durch die Unterstellung der Orthodoxen unter den Primat des Papstes nicht nur eine Absonderung vom 1589 eingerichteten Moskauer Patriarchat, sondern auch eine weitere Polonisierung des ruthenischen Adels betrieben. Hatte die antike Bezeichnung Sarmatien zuvor nur als geographische Beschreibung des (nord)östlichen Europa gedient, so ließ sich fortan der Sarmatismus als Sammelbegriff für den Lebensstil der ostmitteleuropäischen Eliten gebrauchen.

Grenzstreitigkeiten mit dem Moskauer Reich führten im 17. und 18. Jahrhundert zu einer ganzen Reihe von Kriegen. Vor dem Hintergrund der russischen Thronwirren (Smuta) von 1598 bis 1613 unternahm Polen-Litauen 1609 einen Angriff auf das Zarenreich, der zur Besetzung Moskaus und zur Eroberung von Smolensk führte. Folglich erlangte Polen-Litauen 1618 im Vertrag von Deulino mit dem Gewinn der Gebiete von Smolensk, Novgorod-Severskij (Novhorod-Sivers'kyj) und Černigov (Černihiv) seine größte Ausdehnung nach Osten. Nach dem Tod des polnischen Königs Sigismund III. Wasa (1566–1632) unternahm das Zarenreich unter Michail Fedorovič (1596–1645) aus dem Hause Romanov einen Versuch, die verlorenen Gebiete zurückzuerobern, musste sich im Frieden von Polanov 1634 aber mit dem ursprünglichen Zustand zufriedengeben. Die Lage änderte sich erst mit dem Aufstand der Zaporoger Kosaken (1648–1657) unter Bohdan Chmel'nyc'kyj (1595–1657). Nachdem diese Zar Aleksej Michajlovič (1629–1676) im Vertrag von Perejaslav 1654 die Treue geschworen hatten, erklärte Polen-Litauen dem Moskauer Reich den Krieg. Dieser endete 1667 im Waffenstillstand von Andrusovo und 1686 im „Ewigen Frieden" von Moskau mit der Revision des Vertrages von Deulino, d.h. neben Smolensk fiel auch die linksufrige, östlich des Dnepr gelegene Ukraine an das Zarenreich.

Vor diesem Hintergrund begann sich durch eine kartographische Initiative litauischer Eliten das Bild einer Geschichtslandschaft zu formen, die später als *Belarus'* bezeichnet werden sollte. Es handelte sich um die Lebenswelt des polnischen Adels, der ruthenischen Bauern und der jüdischen Händler auf dem Territorium des Großfürstentums Litauen. Vor dem Hintergrund des Vertrags von Lublin von 1569 hatten die Kartographen eine administrative Ausdifferenzierung zu registrieren. Während Wolhynien, Podolien und die Woiwodschaft Kijów (Kyjiv) an die

Krone Polen übergingen, verblieben nur noch die ruthenischen Gebiete im Norden der Prypjat bei Litauen. Daher hatten die litauischen Magnaten ein Interesse daran, ihre über die neuen Verwaltungsgrenzen hinausgehenden Besitzstände zu dokumentieren. Die Situation ruthenischer Bauern oder jüdischer Händler spielte dabei keine Rolle.

Während die Steppengebiete des „Wilden Feldes" (*dikoe pole*) östlich des Dnepr mit dem Begriff „Grenzland" (Ukraina) identifiziert wurden, in den in der Folge auch Wolhynien und Podolien eingeschlossen wurden, verblieb das terminologische Erbe des Kiewer Reichs – die „*Rus'*", „Russia" oder „Ruthenien" – den Ostslaven im Großfürstentum Litauen vorbehalten. Konnotierte die Ukraine für die Zeitgenossen landschaftlich die Steppe, schien die Weiße Ruß von sprichwörtlich undurchdringlichen Wäldern und Sümpfen geprägt gewesen zu sein. Der regelmäßige Durchmarsch fremder Heere durch das Gebiet zwischen Bug, Düna, Dnepr und Prypjat stand in krassem Kontrast zu dem gelegentlichen Vorbeiziehen von Reiseschriftstellern und Zeitzeugen. Folgt man den wenigen Landesbeschreibungen, dann ließ sich dieses Gebiet eigentlich nur umschiffen. Immerhin eigneten sich die Flüsse zum Flößen von Holz aus dem Inneren des Landes bis an die Ostsee. Ungeachtet aller Ignoranz sollte die *Belarus'* in den Karten des 17. Jahrhunderts als „Alba Russia", „Biała Ruś" oder „Russie Blanche" zum Leben erwachen.

*

In der Tat wurde der weiße Fleck zwischen Polen und Russland erst durch eine Karte mit Leben gefüllt, die der Landschaft aber aus mancherlei Gründen noch einen Namen vorenthielt. Es handelte sich um die sogenannte Radziwiłł-Karte, die ursprünglich 1603 in Danzig (Gdańsk) erscheinen sollte, dann aber noch ein bis zwei Jahrzehnte auf sich warten ließ (Karte 4). Das kann unter anderem an der eigenwilligen Darstellung der Grenzen zwischen Polen und Litauen gelegen haben. Jedenfalls veröffentlichte der Amsterdamer Drucker Willem Janszoon Blaeu (1571–1638) 1613 und 1631 zwei Varianten, einmal die Wandkarte „Detaillierte Beschreibung des Großfürstentums Litauen und der übrigen Regionen seiner Nachbarn" (*Magni Ducatus Lithuaniae caeterumque regionum illi adiaciencium Exacta Descriptio*), ein weiteres Mal ein mehrteiliges Werk in der Sammlung „Anhang zum Theater von Abraham Ortelii und Atlas von Gerhard Mercator mit geografischen Karten verschiedener Regionen der Welt" (*Appendix Theatri A. Ortelii* [Theatrum Orbis Terrarum, 1570] *et Atlantis G. Mercatoris* [Atlas sive cosmographicae meditationes de fabrica mundi et fabricati figura, 1595] *continens tabulas geographicas diversarum orbis regionum*). Bis zum Amsterdamer Brand von 1672, dem auch die von Joan Blaeu (1596–1673) übernommene Werkstatt zum Opfer fiel, wurden die Karten noch mehrfach gedruckt. Seitdem sind die von dem Kupferstecher Hessel Gerritsz (ca. 1431–1632) angefertigten Druckplatten verschollen. Heute befinden sich das älteste überlieferte Exemplar der Wandkarte in der Universitätsbibliothek in Uppsala[1] und die früheste erhaltene Ausgabe des Atlas in der Prinzessin-Anna-Amalia-Bibliothek in Weimar. Neben der Ausgabe von 1631 mit sechs Segmenten gibt es eine Ausgabe von 1638 mit einer Hauptkarte und einer Teilkarte[2].

---

[1] Magni Ducatus Lithuaniae, Caeterarumque Regionum Illi Adiacentium Exacta Descriptio. Amsterdam 1613. Online: Uppsala universitet bibliotek in: ALVIN. Platform for digital collections and digitized cultural heritage, https://www.alvin-portal.org/alvin/view.jsf?dswid=3779&pid=alvin-record%3A88438&c=4&searchType=CARTOGRAPHIC&af=%5B%5D&query=&aq=%5B%5B%7B%22A_FQ%22%3A%22magni+ducatus+lithuaniae%22%7D%5D%5D&aqe=%5B%5D (letzter Zugriff: 19.5.2024).

[2] Magni Ducatus Lithuaniae, Caeterarumque Regionum Illi Adiacentium Exacta Descriptio. In: Appendix theatri A. Ortellii et Atlantis G. Mercatoris continens Tabulas geographicas diversarum Orbis regionum.

Karte 4: Die Radziwill-Karte
Quelle: Magni Ducatus Lithuaniae, Caeterarumque Regionum Illi Adiacentium Exacta Descriptio. Hauptkarte online: Wikimedia Commons, https://commons.wikimedia.org/wiki/File:1613_Magni_Ducatus_Lithuaniae_Caeterarumque_Regionum_Illi_Adjacentium_._._._Anno_1613_(I).jpg (letzter Zugriff: 19.5.2024)

Dem Untertitel der Karte ist zu entnehmen, dass sie ihre Entstehung dem Fürsten Mikołaj Krzysztof Radziwiłł „dem Waisen" (Sierotka; 1549–1616) verdankt. Sein Vater Mikołaj Radziwiłł „der Schwarze" (Czarny; 1515–1565) und sein Großonkel Mikołaj Radziwiłł „der Rote" (Rudy; 1512–1584) hatten sich als führende Politiker des Großfürstentums Litauen nicht nur zum Calvinismus bekannt, sondern auch der staatsrechtlichen Union mit Polen widersetzt. Während sein Vater Mikołaj Radziwiłł der Schwarze in den 1560er Jahren in Brześć (Brėst) und Nieśwież (Njasviž) Druckereien unterhielt, die reformatorische Schriften vertrieben, konvertierte Mikołaj Krzysztof Radziwiłł bei einer Studienreise durch das westliche Europa zum Katholizismus. Da er sich dem polnischen König gegenüber loyal verhielt, stieg er anschließend in höchste politische Ämter auf. Nach der Rückkehr von einer Pilgerreise ins Heilige Land, über die er 1601 einen Bericht veröffentlichte, ließ er 1584 seine Residenz in Nieśwież ausbauen. Die Kleinstadt wurde nicht nur mit einem Palast und einem Jesuitenkollegium, sondern auch mit dem Magdeburger Recht ausgestattet. In der zweiten Hälfte der 1590er Jahre widmete sich Mikołaj Krzysztof Radziwiłł dem Karten-Projekt. De facto wurde die sogenannte Radziwiłł-Karte von dem polnischen Kupferstecher und Kartographen Tomasz Makowski (ca. 1562/1575–1630) erstellt, dessen Initialen „T.M." sich in einer Kartusche wiederfinden, die eine ausführliche landeskundliche Beschreibung enthält. Die Teilnahme weiterer Personen lässt sich nicht eindeutig fixieren.

Vorarbeiten stammen von dem polnischen Geographen und Kartographen Maciej Strubicz. Dessen, im Zusammenhang des Livländischen Krieges verfasste Karte vom nördlichen Teil des Großfürstentums Litauen wurde 1589 in Marcin Kromers Polonia-Buch veröffentlicht. Die Litauen-Karte im Mercator-Atlas von 1595 dürfte ebenfalls auf Strubicz zurückgehen. Technisches Know-how lieferte auch der in Polen-Litauen unter den Namen Jakub bekannt gewordene englische Jesuit James Bosgrave (ca. 1547/53–1623). Dieser hatte an dem 1570 gegründeten Jesuitenkollegium in Wilno (Vilnius), seit 1578 „Wilnaer Akademie und Universität der Gesellschaft Jesu" (*Academia et Universitas Vilnensis Societatis Iesu*) Mathematik und Geometrie unterrichtet. Als er aus gesundheitlichen Gründen 1580 nach England zurückkehrte, wurde er als Jesuit denunziert und zum Tode verurteilt, auf Fürsprache Stephan Báthorys aber 1584 nach Polen entlassen.

Im Hinblick auf die Akzente, die in der Karte auf Wolhynien und das „wilde Feld", sprich die Ukraine, gelegt werden, kommen noch zwei weitere Berater infrage: Der ruthenische Fürst

---

Nunc primum eidtas cum descriptionibus. Apud Giljelmum Blaeuw. Amsterdam 1631. Online: Digitale Sammlungen der Herzogin Anna Amalia Bibliothek, Weimar, Karten 9 a-d, https://haab-digital.klassik-stiftung.de/viewer/image/1170206603/43/LOG_0008/ (letzter Zugriff: 19.5.2024); https://haab-digital.klassik-stiftung.de/viewer/image/1170206603/46/LOG_0009/ (letzter Zugriff: 19.5.2024); https://haab-digital.klassik-stiftung.de/viewer/image/1170206603/49/LOG_0010/ (letzter Zugriff: 19.5.2024); https://haab-digital.klassik-stiftung.de/viewer/image/1170206603/52/LOG_0011/ (letzter Zugriff: 19.5.2024). Vgl. Magni Ducatus Lithuaniae, Caeterarumque Regionum Illi Adiacentium Exacta Descriptio. In: Le theatre du monde ou novvell atlas contenant les chartes e des descriptions de tou le païs de la terre. Mis en lumier par Guillaume et Iean Blaeu. Apud Guiljelmum et Iohannem Blaeu. Amsterdam 1738. Online: Digitale Sammlungen der Herzogin Anna Amalia Bibliothek, Weimar, Karten 14-15, https://haab-digital.klassik-stiftung.de/viewer/image/939241536/73/ (letzter Zugriff: 9.5.2024); https://haab-digital.klassik-stiftung.de/viewer/image/939241536/80/ (letzter Zugriff: 19.5.2024). Vgl. auch separate Online-Veröffentlichungen der Hauptkarte sowie einer Kombination von Haupt-und Nebenkarte: Wikimedia Commons, https://commons.wikimedia.org/wiki/File:1613_Magni_Ducatus_ Lithuaniae_Caeterarumque_Regionum_Illi_Adjacentium_._._._Anno_1613_(I).jpg (letzter Zugriff: 19.5.2024); Wikimedia Commons, https://commons.wikimedia.org/wiki/File:Magni_Ducatus_Lithuaniae.jpg (letzter Zugriff: 19.5.2024).

und Magnat Konstanty Wasyl Ostrogski (ca. 1526/27-1608) war Starost von Włodzimierz (Volodymyr), Marschall von Wolhynien und Woiwode von Kijów (Kyjiv). 1574 bezog er in Ostrog (Ostroh) Residenz und ließ neben dem Schloss eine Geistliche Akademie und eine Druckerei errichten. 1581 erschien die Ostroger Bibel, ein vollständiger Druck in kirchenslavischer Sprache. Als Latifundienbesitzer verfügte Ostrogski in Podolien, Wolhynien und Galizien über zahlreiche Städte und Dörfer, als Anhänger der Orthodoxie widersetzte er sich 1596 der Brester Union. Neben Ostrogski ist noch der polnische Humanist Józef Wereszczyński (ca. 1530–1598) zu nennen, der seit 1581 Abt des Benediktinerklosters in Sieciechów und seit 1592 katholischer Bischof von Kijów (Kyjiv) mit Sitz in Fastov (Fastiv) war. Sein politisches Ziel bestand in der Gründung einer antiosmanischen Liga. Zur Besiedlung der entvölkerten Gebiete an der Grenze zu den Krimtataren empfahl er die Einrichtung von Ritterorden. Zugleich vertrat der das Projekt eines ukrainischen Fürstentums im Sinne einer Kosakenrepublik.

Die Radziwiłł-Karte besteht aus einer Haupt- und zwei Nebenkarten. Auf der Hauptkarte ist die Fläche des Großfürstentums Litauen in der Zeit vor der Lubliner Union von 1569 abgebildet (im Süden noch mit Podolien, zum Krim-Chanat hin aber abgeschnitten). Die Karte erstreckt sich von der Weichsel im Westen (ungefähr entlang der Linie Danzig/Gdańsk – Thorn/Thorun – Krakau/Kraków) bis zum Dnepr im Osten und von der Rigaer Bucht im Norden bis nach Podolien im Süden. Sie markiert neben den äußeren Grenzen des Großfürstentums Litauen die Grenzen von Woiwodschaften und Bezirken.

Im Fokus steht die Sicherung der Ostgrenze: Zwischen „Witepsk" (Vicebsk) und „Smolensko" (Smolensk) sind Reiter eingezeichnet, die einen Angriff der Moskowiter abwehren. Daneben sind litauische Siege aufgelistet: 1514 bei „Orßa" (Orša), 1564 bei „Vla" (Ula) und 1579 bei „Poloczk" (Polack). Letzten Endes dienten Moskauer Ansprüche auf Gebiete der Kiewer Rus, die sich 1563 in der Eroberung von Polock und in den Überfällen auf „Szklow" (Šklov) und Orša manifestierten, als Argumente für die 1569 erfolgte Stärkung der Union zwischen Litauen und Polen.

In geopolitischer Hinsicht weist die Radziwiłł-Karte zwei weitere Besonderheiten auf. Erstens: Da sich die neuen Verwaltungsgrenzen zwischen dem Großfürstentum Litauen und der Krone Polen nur unmerklich von der Binnengliederung abheben, kennzeichnet die Karte die in polnische Verwaltung überführten Landschaften Wolhynien und Podolien als Teile Litauens. Sie steht in der Tradition der Landesbeschreibung Alexander Guagninis und Maciej Stryjkowskis von 1578. Dementsprechend wird auch der im zeitgenössischen Diskurs noch auf Moskau und Smolensk bezogene Begriff „Alba Russia" oder Weiße Ruß beziehungsweise Weiß-Ruthenien vermieden. Zweitens: Dafür findet die „Ukraina" (d.h. Grenzland) erstmals auf einer Karte Erwähnung. Gemeint ist das Gelände auf dem rechten Ufer des Dnepr von „Kijouia" (Kyjów/Kyjiv) im Norden bis nach „Kaniow" (Kaniów/Kaniv) im Süden. Der Eintrag lautet „Äußeres Wolhynien, genannt Ukraine oder Unterer [Dnepr] (*Volynia ulterior, quae tum Vkraina tum Nis ab aliis vocitatur*)". Die Ukraine erscheint damit als Interessengebiet der wolhynischen Fürsten und Pufferzone zu den Steppenvölkern.

Auf einer Nebenkarte ist in zwei Teilen der Unterlauf des Dnepr von „Czyrkaßij" (Czerkasy/Čerkasy) bis zur Mündung dargestellt. Das als Äußeres Wolhynien und Unterer Dnepr umrissene Gebiet der „wilden Felder" (*campi deserti*) reicht von Kyjów (Kyjiv) bis nach „Oczakow" (Oczaków/Očakiv) am Schwarzen Meer. Kosaken finden in einem Eintrag am Unteren Dnepr Erwähnung: „Die Kosaken sind eine Verbindung von Soldaten, die ihrer privaten Ehre enthoben wurden und zuhauf von der Arbeit geflohen sind."³ Von „freien Kriegern", wie das Wort in den Turksprachen lautet, ist hier nicht die Rede. Aus Sicht der litauischen Kartographen handelte es sich um Steuerflüchtige, die sich allenfalls als Söldner eignen. Immerhin wird den Kosaken perspektivisch die Funktion des Grenzschutzes und der Abwehr gegen Angriffe und Sklavenjagden aus dem Krim-Khanat zugewiesen.

Darüber hinaus findet sich im unteren Teil der ursprünglichen Wandkarte eine sich über die gesamte Breite erstreckende Kartusche, die eine Landesbeschreibung enthält. Darin kommen neben den politischen Machtverhältnissen auch wirtschaftliche Faktoren zum Ausdruck. Denn der Ostseehandel stand im Zeichen von Getreideexporten, die vom System der Leibeigenschaft profitierten. Und der Mittelmeerhandel wurde vom Sklavenmarkt dominiert, der sich aus der Steuerflucht der Bauern speiste. In der Kartusche wird das Großfürstentum Litauen als „ein sehr großes und prächtiges Land (*regio amplissima ac nobilissima*)" dargestellt. Im Gegensatz zu Stilisierungen in anderen Landesbeschreibungen wird nicht die Wildnis, sondern der Naturreichtum hervorgehoben. Neben den Seen und Flüssen als Ressourcen für den Fischfang wird auf die Wälder als Areale für die Jagd und die Imkerei sowie als Lagerstätten für Bauholz und Pottasche hingewiesen. Ausdrücklich wird betont, dass man das Land sowohl im Sommer als auch im Winter trockenen Fußes bereisen könne. Wegen der Fruchtbarkeit sei der Getreideanbau ertragreich. Exporte gingen über Königsberg und Riga in die ganze Welt. Neben Weizen und Gerste zählten hierzu Flachs, Hanf, Ochsenhäute, Talg, Wachs, Asche, Teer, sowie Felle von Wildtieren.

In der Tat wies die Radziwiłł-Karte im Unterschied zu anderen Karten des Großfürstentums Litauen ein dichtes Netz aus 1.020 Siedlungen auf (innerhalb Litauens 511 Städte, 31 Dörfer mit Adelsresidenzen und ein Kloster). Die andernorts als markant gekennzeichneten Wälder spielen eine geringe Rolle. Stattdessen bilden die Flüsse als Verkehrsadern ein wichtiges Strukturelement. Die „Polesischen Sümpfe" (*Paludes Polesiae*) am Fluss „Prypjat" (*Pripetius sive Perepetius fl.*) werden exemplarisch in einer Kartusche beschrieben, dadurch aber auch in ihrer Einzigartigkeit dargestellt.

Insgesamt gesehen spiegelt sich in der Radziwiłł-Karte das Selbstverständnis der litauischen Magnaten im Umgang mit der Krone Polen wider. Diese dokumentierten ihre Residenzen diesseits und jenseits der neuen Verwaltungsgrenzen. Während im polnischen Bereich der Karte „Rot-Ruthenien" (*Rußia rubra*) Erwähnung findet, kommen Weiß- und Schwarz-Ruthenien nicht vor. Das sollte sich in der separaten Einleitung der Atlas-Ausgabe von 1631 ändern. Bei der Schilderung der religiösen Feiertage unterschieden die Herausgeber nicht nur zwischen Katholiken und Orthodoxen, sondern zählten dabei die mittelalterlichen Nationen explizit auf. Dazu zählten „*Poloni*" (Polen), „*Lituani*" (Litauer), „*Ruteni nigri*" (Schwarz-Ruthenen) sowie „*Masovitae*" (Masowier) und „*Prutenis*" (Bevölkerung von „Pruthenia Occidentalis", eigentlich Königliches oder Polnisches Preußen) auf der einen Seite und „*Ruteni albi*" (Weiß-Ruthenen) und „*Moschovitae*" (Moskowiter) auf der anderen Seite. In diesem Kontext wird „Leopolis" (Lemberg/L'viv) konträr zum Karten-Eintrag „Rot-Ruthenien" (*Rußia rubra*) als Hauptstadt Schwarz-Rutheniens ausgewiesen. Neben der Konfession galt die Aufmerksamkeit vor allem auch der Wirtschaftskraft: Volle Getreidespeicher fänden sich bei allen Polen, „Schwarz-

---

3 Zitat: *Kozacij est genus militum ex honore privatis expulsis, laboremque evitantibus conflatum.*

Ruthenen", Masowiern, Schlesiern, Preußen und einigen Litauern. Weiß-Ruthenen und alle Moskowiter und Litauer lagerten zudem Mais.[4]

*

Bevor sich ein Bild von „Russia alba" als Bestandteil des Großfürstentums Litauens etablieren konnte, tat sich der französische Militäringenieur und Kartograph Guillaume le Vasseur de Beauplan (ca. 1600–1673) als Pionier der Ukraine-Kunde hervor. De Beauplan war von 1630 bis 1647 in polnischen Diensten in Podolien und Wolhynien sowie in den Grenzgebieten des „Wilden Feldes" (*Campis deserta*) unterwegs. 1639 fand seine „Tafel der ukrainischen Geographie" (*Tabula Geographica Ukrainska*) in eine Sammlung handschriftlicher Karten Eingang, die der deutschstämmige Militäringenieur Friedrich Getkant (1600–1666) unter dem Titel „Praktische Topographie" (*Topographia practica*) zusammenstellte. Zwei weitere Ukraine-Karten veröffentlichte de Beauplan bei dem in Danzig (Gdańsk) lebenden niederländischen Kupferstecher und Kartographen Willem Hondius (d'Hondt; 1597–1652/1658) 1648 unter dem Titel „Generalkarte des Wilden Feldes oder Ukraina mit angrenzenden Provinzen" (*Delineatio generalis camporums desertorum vulgo Ukraina cum adjacentibus provinciis*) und 1650 unter dem Titel „Ein spezieller und detaillierter Überblick über die gesicherte Ukraine mit ihren Woiwodschaften und angrenzenden Bezirken und Provinzen" (*Delineatio specialis et accurata tutius Ukrainae cum suis palatinatibus ac districtibus provinciisque adiacentibus*). Für den zweiten Teil des „Großen Atlas" (*Atlas Maior*), den der niederländische Kupferstecher und Kartograph Joan Blaeu (1596–1673) ab 1662 in elf Bänden veröffentlichte, lieferte de Beauplan noch einmal auf drei Blättern eine Karte des unteren Dnepr, deren Titel lautete „Abhandlung über den Borysthenes oder Dnepr und Niepr von der Insel Chortica bis zur Stadt Očakov, wo er in das Schwarze Meer mündet" (*Tractatus Borysthenis vulgo Dniepr et Niepr dicti à Chortika Ostro ad Urbem Oczakow ubi in Pontum Euxinum se exonerat*). Die Ergebnisse seiner Forschungen fasste de Beauplan in einer Landesbeschreibung der Ukraine zusammen. Sie erschien 1651 in erster Auflage unter dem Titel „Beschreibung der Gebiete des Königreichs Polen, die innerhalb der Grenzen Moskaus bis zu den Grenzen Siebenbürgens liegen" (*Description des contrees du Royavme du Pologne, contenvës depvis les confins de la Moscouie, iusques aux limites de la Transilvanie*) und 1660 in zweiter Auflage unter dem Titel „Beschreibung der Ukraine, die mehrere Provinzen des Königreichs Polen umfasst. Von den Grenzen Moskowiens bis zu den Grenzen Siebenbürgens eingedämmt. Inklusive ihrer Sitten, Lebensweise und Kriegführung" (*Description d'Vkranie, qui sont plvsieurs Prouinces du Royaume de Pologne. Contenvës depvis les confins de la Moscouie, iusques aux limites de la Transilvanie. Ensemble levrs moevrs, i façons de viures, & de faire la Guerre*).

Relevant für die *Belarus*-Forschung ist de Beauplans Karte von Polen-Litauen, die 1651 bei Hondius in Danzig erschien, und die 1657 beim Amsterdamer Graveur und Verleger Dancker Danckerts (1634–1666) und 1675 beim Nürnberger Kupferstecher und Verleger Jacob Sandrart (1630–1708) wiederaufgelegt wurde: „Eine neue genaue Skizze des gesamten Königreichs Polen und des Großfürstentums [Preußen und] Litauen mit seinen Woiwodschaften und Bezirken" (*Nova totius Regni Poloniae, Magniq Ducatus* [nur Danckert-Ausgabe: *Prussiae et*] *Lithuaniae,*

---

[4] Descriptio Lituaniae. In: Appendix theatri A. Ortellii et Atlantis G. Mercatoris continens Tabulas geographicas diversarum Orbis regionum. Nunc primum eidtas cum descriptionibus. Amsterdami. Apud Giljelmum Blaeuw. 1631, unpaginiert. Online: Digitale Sammlungen der Herzogin Anna Amalia Bibliothek, Weimar, https://haab-digital.klassik-stiftung.de/viewer/image/1170206603/45/ (letzter Zugriff: 22.6.2024).

cum suis Palatinatibus ac Confiniis). Der weite Kartenausschnitt reicht von Prag (Praha) im Westen bis Kursk im Osten und vom Ostseehafen Reval (Tallinn) im Norden bis zur bulgarischen Donaufestung Vidin im Süden. Im Zentrum der Karte befindet sich das Großfürstentum Litauen. „Weiß-Reußen" (*Russia Alba*) erscheint als Schriftzug diesseits und jenseits der Düna mit dem „Bezirk Połock" (*Palatinatus Polocensis*) im Zentrum. Dazu gehören auch „der Bezirk und das Fürstentum Smolensk" (*Palatinatus et Ducatus Smolenscensis*) und das „Großfürstentum Sewerien" (*Magnus Ducatus Severiensis*, d.h. die Gegend von Novgorod-Severskij) sowie – allerdings noch nicht in der Erstausgabe von 1651 – der farblich als Teil Wolhyniens der Krone Polen zugeordnete „Bezirk Brześć/Brėst" (*Palatus Bresciensis*; mit Pinsk). „Rot-Reußen" (*Russia Rubra*) findet sich bei „Leopolis" (Lemberg, Lwow, L'viv). Die „Ukraina" ist Teil des „Bezirks Kijów/ Kyjiv" (*Palatinatus Kyowiensis*) und an der Dneprmündung dem „Wilden Feld" (*Dzike Polie/ Campis deserta*) vorgelagert.[5] Insgesamt gesehen ist hier erstmals eine Herauslösung der Gebiete von Brėst und Pinsk aus dem heutigen belarusischen Territorium kartographisch verzeichnet.

De Beauplans Nürnberger Verleger Jacob Sandrart legte 1687 seinerseits eine Landesbeschreibung vor, nämlich „Des Königreichs Pohlen Lands-, Staats- und Zeit-Beschreibung". Das 24. Kapitel „Von denen zur Cron Polen gerechneten weiß Reussischen Woywodschafften" ließ verlauten: *„Zu weiß Reussen / so zu nechst an dem Groß-Herzogthum Moskau lieget / werden nachfolgende Woywodschafften gerechnet / nemlich / Novogrodek / Mscislaw / Vitepsk / Minsk / Poloczk und Smolensko. Hiervon aber hat man dem Moskowiter viel überlassen."*[6] „Weiß-Reußen" bestand Sandrart zufolge aus den Gebieten Nowogródek (Navahrudak), Mińsk (Minsk), Połock (Polack), Witebsk (Vicebsk), Mścisław (Mscisłaŭ) und Smolensk, das sich inzwischen in russischer Hand befand. Die Farbe Weiß führte Sandrart gängigen Stereotypen folgend auf das Äußere der Bewohner, die schneebedeckten Felder und das Fell der Wildtiere zurück.[7] Zu „Rot-Reußen" zählte er die Woiwodschaften „Reußland" mit Lemberg (L'viv), Podolien, Wolhynien, Bełz (Belz), Bracław (Braclav), Kijów (Kyjiv) und Czernihow (Černihiv). Schwarz-Reußen kam nicht vor.[8]

Der französische Kartograph Nicolas Sanson d'Abbeville (1600–1667) widmete sich dem Großfürstentum Litauen erst relativ spät und ließ aufgrund der Fokussierung auf die Verwaltungsgrenzen eine Landschaft wie „Russia alba" noch außer Acht. Seine Arbeit wurde aber von seinen Söhnen Guillaume Sanson (1633–1703) und Adrien Sanson (1639–1708) fortgesetzt. Infolge einer geschäftlichen Fusionierung nutzte der Verleger Alexis Hubert Jaillot (ca.

---

5 [Beauplan, Guillaume le Vasseur:] Nova totius Regni Poloniae Magnique Ducatus Lituaniae cum suis Palatinabus Ac Confiniis Exacta Delineatio per G. Le Vasseur de Beauplan. Danzig 1651. Online: Bibliothèque nationale de France. Gallica, https://gallica.bnf.fr/ark:/12148/btv1b52510760s/f1.item (letzter Zugriff: 22.5.2024); [Beauplan, Guillaume le Vasseur:] Nova totius Regni Poloniae, Magniq Ducatus Prussiae et Lithuaniae, cum suis Palatinatibus ac Confiniis. Apud Danckerum Danckerts. Exacta delineato per G. le Vaßeur de Beaplan S.R.M.tis Architectum milit. et Capitaneum. Amsterdam [nach 1657]. Online: Sanderus. Antique books & maps, https://sanderusmaps.com/our-catalogue/antique-maps/ europe/eastern-europe/poland-lithuania-and-ukraine-by-danckert-danckerts (letzter Zugriff: 22.5.2024); [Beauplan, Guillaume le Vasseur:] Nova totius Regni Poloniae Magnique Ducatus Lituaniae cum suis Palatinabus Ac Confiniis Exacta Delineatio per G. Le Vasseur de Beaplan. Nürnberg 1675. Online: Barry Lawrence Ruderman Antique Maps, https://www.raremaps.com/gallery/detail/52809/nova-totius-regni-poloniae-mangique-ducatus-lituaniae-cum-su-sandrart (letzter Zugriff: 17.5.2024).
6 Jacob Sandrart: Des Königreichs Pohlen Lands-, Staats- und Zeit-Beschreibung. Sulzbach 1687, S. 105. Neuauflage: Des Königreichs Pohlen Grundrichtige Lands-, Staats- und Zeitbeschreibung. Nürnberg 1711.
7 Ebd., S, 105/106 (1687).
8 Ebd., S. 113 (1687).

1632–1712) deren Druckplatten für seinen „Neuen Atlas alle Teile der Welt enthaltend" (*Atlas Nouveau Contenant Toutes les Parties du Monde*). Aus dem Jahr 1665 stammen die Karten „Teil von Litauen mit den Bezirken Połock, Witebsk, Mścisław und Teil von Mińsk mit dem Fürstentum Smolensk" und „Teil von Litauen mit Teilen der Bezirke von Mińsk und Mścisław". Smolensk und Černihiv werden darin Litauen zugeschlagen.[9] Im Jahr 1679 folgte die Karte „Die Staaten Polens unterteilt in die Ausdehnung der Bezirke". Aufgrund der fehlenden Kolorierung bleibt darin die Zugehörigkeit von Polesien oder des „Bezirks Brześć" (Palatinat de Breßici) zur Krone Polen oder zum Großfürstentum Litauen unklar. Während auf litauischer Seite eine farbliche benannte Landschaft fehlt, ist auf polnischer Seite „Schwarz-Reußen" (*Russie Noire*) zwischen dem „Bezirk Bełz (Belz)" (Palatinat de Belcz) und dem „Bezirk Lemberg (L'viv)" (Palatinat de Lemberg) eingetragen. Im Südosten der Karte findet sich „die Ukraine oder das Kosakenland" (*Ukraine ou Pays des Cosaques*).[10]

Ungeachtet dessen setzte sich die von de Beauplan verwendete Begriffsvariante von „Russia alba" auf den Karten vom Ende des 17./Anfang des 18. Jahrhunderts durch, wenngleich noch mit unterschiedlichen geographischen Zuordnungen. In der „Tafel des Königreichs Polen, des Großfürstentums Litauen und der anderen Untertanengebiete des Königs von Polen" verortete der niederländische Kupferstecher und Kartograph Carel Allard (1648–1709) „Weiß-Reußen" (*Russia Alba*) separat vom „Bezirk Polock" (Polocensis Palatinatus) entlang der Düna und des Dnepr von Braslaŭ bis Smolensk. „Rot-Reußen" (*Russia Rubra*) situierte er bei L'viv, die „Ukraina" bei Kyjiv.[11] In einer Karte von Polen und Sachsen, die im Titel namentlich dem Kurfürsten von Sachsen und König von Polen August dem Starken (1670–1733) gewidmet ist, unterschied der deutsche Kupferstecher und Kartograph Peter Schenk der Ältere (1660–1711) das „eigentliche Litauen" (*Lithuania propria*) von Grodno (Hrodna) bis Brasław (Braslaŭ) farblich von „Weiß-Reußen" (*Russia Alba*), das sich von Brześć (Brèst) bis Witebsk (Vicebsk) erstreckt. „Rot-Reußen" (*Russia Rubra*) langt von Zamość bis Połtawa (Poltava). Die Ukraine kommt nicht vor.[12]

Eine aussagekräftige Polen-Karte findet sich auch im 1714 erschienenen vierten Band eines siebenbändigen Werks, das die beiden Pariser Publizisten Henri Abraham Chatelain (1684–1743) und Nicholas Gueudeville (1652–1721) von 1705 bis 1721 in Amsterdam veröffentlichen: „Historischer Atlas oder neue Einführung in die alte und moderne Geschichte, Chronologie und Geographie" (*Atlas historique, ou nouvelle Introduction à l'histoire, à la chronologie & à la*

---

9 Nicolas Sanson d'Abbeville: Partie de Lithuanie ou sont les Palatinats de Poloczk, Witepsk, Mseislaw et partie de Minsk avec le Duché de Smolensko. Paris 1665. Online: Bibliothèque nationale de France. Gallica, https://gallica.bnf.fr/ark:/12148/btv1b53192112n (letzter Zugriff: 22.5.2024); ders.: Partie de Lithuanie ou sont en partie les Palatinats de Minsk, et Mseislaw. Paris 1665. Online: Bibliothèque nationale de France. Gallica, https://gallica.bnf.fr/ark:/12148/btv1b530410447 (letzter Zugriff: 22.5.2024).

10 Nicolas Sanson d'Abbeville: Estats de Pologne subdivisés suivant l'estendue des palatinats. Paris 1679. Online: Bibliothèque nationale de France. Gallica, https://gallica.bnf.fr/ark:/12148/btv1b53119412q (letzter Zugriff: 22.5.2024).

11 [Carel Allard:] Regni Poloniae, Magni Ducatus Lithuaniae Coeterarumque Regi Poloniae Subditarum Regionum Tabula; in omnes suos Ducatus, Palatinatus etc. divisa et in lucem edita à Carolo [Carel] Allard. Amsterdam [zwischen 1683 und 1706]. Online: TU Darmstadt. Old Maps, https://ulb.oldmapsonline.org/maps/743364547523/ (letzter Zugriff: 22.5.2024).

12 [Peter Schenk:] Friderico Augusto Vere Augusto Polon., Lithuan., Borus., Pomer., Regi, Duci, Principi Saxon. Utr. Duci, S. Imp. Elect. Haec Imperii Sui Regna D. D. D. P. Schenkius. Amsterdam [ca. 1705]. Online: UB Düsseldorf. Regionalportal, https://digital.ub.uni-duesseldorf.de/urn/urn:nbn:de:hbz:061:1-1001686 (letzter Zugriff: 22.5.2024).

géographie ancienne et moderne). Darin erstreckt sich „Weiß-Reußen oder Polnisch-Reußen" (*Russie Blanche ou Polonaise*) als Schriftzug zwischen Turów (Turaŭ) und Czarnobyl (Čornobyl') über die Prypjat bis nach Mścisław (Mscislaŭ). „Schwarz-Reußen" (*Russie Noire*) reicht vom Lemberger Gebiet (L'viv) über Wolhynien bis zur Region westlich von Kijów (Kyjiv). „Die Ukraine oder das Kosakenland" (*Ukraine où Pais des Cosaques*) reicht von der Region südlich von Kijów bis über den Dnepr.[13]

Seit dem Zeitpunkt, an dem Peter I. (1672–1725) mit der Errichtung St. Petersburgs und der Gründung des Russländischen Imperiums das „Fenster nach Europa" geöffnet hatte, stand „Weiß-Reußen" oder „Weiß-Ruthenien" in der westeuropäischen Wahrnehmung für die ostslavischen Regionen des Großfürstentums Litauen. Einen entscheidenden Impuls lieferte die deutsch-polnische Zusammenarbeit zwischen dem Nürnberger Autodidakten und späteren Göttinger Professoren Tobias Mayer (1723–1762) und dem Warschauer Jesuiten Jan Nieprecki (1718–1750). Der aus Marbach am Neckar stammende Mayer machte sich als Astronom, Geograph, Kartograph, Mathematiker und Physiker einen Namen. 1746 hatte er im Nürnberger Verlag Homanns Erben eine Anstellung gefunden. Die kartographische Anstalt ging auf den Kupferstecher und Verleger Johann Baptist Homann (1664–1724) und dessen Sohn Johann Christoph Homann (1703–1730) zurück. Geführt wurde das Unternehmen Mitte des 18. Jahrhunderts von Johann Georg Ebersberger (1695–1760) und Johann Michael Franz (1700–1761).

Die 1749 in erster Auflage erschienene Karte „Das Großfürstentum Litauen in seine Bezirke und Distrikte unterteilt" ging auf Material zurück, das Jan Nieprecki lieferte, und das Tobias Mayer für eine exakte Positionierung der Orte nutzte. Die Karte weist an den Rändern auf Preußen und das Russländische Imperium hin, bildet ansonsten aber das Großfürstentum Litauen mit seinen Verwaltungsgrenzen ab. Podlachien, Wolhynien und Smolensk fehlen. Auch Polesien findet keine Erwähnung. Dargestellt werden Siedlungen, Flüsse und Wälder. Im Endeffekt ergab sich durch die deutsch-polnische Kooperation eine wissenschaftliche Aktualisierung der Radziwiłł-Karte.[14]

Auf dieser Grundlage erstellte Tobias 1750 noch einmal eine „Geographische Karte des Königreichs Polen". Im Zentrum ist das Großfürstentum Litauen abgebildet. Die Woiwodschaften werden farblich voneinander abgegrenzt, die Bezirke durch Punktlinien. „Weiß-Reußen" (*Russia Alba*) ist farblich von Litauen inklusive Wilna abgegrenzt und erstreckt sich von Brest bis Vitebsk, wobei das andernorts als „Schwarz-Reußen" bezeichnete Gebiet

---

13 [Henri Abraham Chatelain:] Carte de Pologne avec la chronologie des rois et des ducs de Lithuanie, ainsi que des grands maitres de l'Ordre Teutonique, les evechez et archevechez, et les armes de provinces, avec une table de bailles, et de villes, les plus considerables de Pologne. [Paris 1712]. Online: Barry Lawrence Ruderman Antique Maps Inc., https://www.raremaps.com/gallery/detail/25166/carte-de-pologne-avec-la-chronologie-des-rois-et-des-ducs-de-chatelain (letzter Zugriff: 23.5.2024). Nachdruck in: Atlas Historique, Ou Nouvelle Introduction à l'Histoire, à la Chronologie & à la Géographie Ancienne & Moderne; Représentée dans de Nouvelles Cartes, Où l'on remarque l'établissement des Etats & Eempires du Monde, leur durée, leur chûte, & leurs differens Gouvernemens. Par M. C… [sic]. Avec des dissertations sur l'histoire de chaque État, par M. Gueudeville. Tome IV. Qui comprend le Dannemarck, la Suede, la Pologne, la Moscovie, la Turque, etc. Amsterdam 1714, unpaginiert. Online: Biblioteka Cyfrowa Universytetu Wrocławskiego, https://www.bibliotekacyfrowa.pl/en/dlibra/publication/34229 (letzter Zugriff: 16.10.2024).

14 [Tobias Mayer:] Magni Ducatus Lituaniae in suos Palatinatus et Districtus Divisus, [Nachdruck 1795: delineatus a Rever Patre Ioanne Nieprecki Soc. Jesu], simulque exactiore locorum positione, quantum fiere potuit correctus a Tobia Majero. Nürnberg 1749. Online: Barry Lawrence Ruderman. Antique Maps, https://www.raremaps.com/gallery/detail/80651/magnus-ducatus-lituaniae-in-suos-palatinatus-et-districtus-d-homann-heirs (letzter Zugriff: 18.5.2024); Nachdruck 1795: Lithuanian Poland Maps, https://lpmaps.lt/lt/produktas/1795-j-nieprecki-magn9-dvcatus-litvaniae-iv/ (letzter Zugriff: 18.5.2024).

um Nowogródek (Navahrudak) durch eine hellere Markierung als Übergangszone erscheint. "Rot-Reußen" (*Russia Rubra*) wird in Wolhynien verortet und langt über den Dnepr hinaus. Berücksichtigt werden nur die Großregionen „Polonia" (Polen), „Prussia" (Preußen), „Samogitia" (Samogitien), „Curlandia" (Kurland), „Volhinia" (Wolhynien), „Podolia" (Podolien) und „Lituania" (Litauen), aber nicht die andernorts hervorgehobene Sumpf-Landschaft Polesien.[15]

Während Jan Nieprecki bereits 1750 verstarb, wurde Tobias Mayer 1751 auf den Lehrstuhl für Ökonomie und Mathematik der Universität Göttingen berufen. Hier machte er sich um die Bestimmung der Längengrade auf der Erdoberfläche und um die Vermessung des Mondes verdient. Der Beitrag für die Imagination der *Belarus'* ist bisher noch kaum gewürdigt worden.

*

In Worte gefasst wurden die Ergebnisse der Kartographie in den großen Enzyklopädien der Aufklärungszeit. Einträge für „*Reussen*" sowie für „*Roth-Reussen*" und „*Weiß-Reußen*" finden sich in dem 1742 erschienenen 31. Band des „Grossen vollständigen Universallexicons Aller Wissenschafften und Künste", das der Verleger Johann Heinrich Zedler (1706–1751) zwischen 1731 und 1754 in 64 Bänden in Halle (Saale) und Leipzig veröffentlichen ließ.

„Reussen" habe sich in Vorzeiten zwischen Weichsel und Dnestr einerseits und Dnepr andererseits befunden. Neuerdings werde das Land westlich des Dnepr „Klein-Reussen" und östlich davon „Groß-Reussen" genannt. Bei „Klein-Reussen" sei das zu Polen gehörende „Roth-Reussen" und das zu Litauen gehörende „Weiß-Reußen" zu unterscheiden. „Das Land der Moscowiter aber wird Schwartz-Reussen genennet." [16]

„Reussen (Roth- oder Klein-)" (*Russia rubra*) wird als „eine kleine Provintz in Polen" beschrieben, die zwischen Klein-Polen, Litauen, der kleinen Tartarei, der Moldau, Siebenbürgen und Ungarn liegt. Sie bestehe aus den Landschaften und Woiwodschaften „Reussen" (Woiwodschaft Ruthenien), Podolien, „Braslaw" (Bracław/Braclav), „Kiow" (Kijów/Kyjiv), „Belsko" (Bełż/Belz), Chelm (Chełm), Wolhynien und Ukraine mit der Hauptstadt „Lemberg" (L'viv).[17]

„Weiß-Reussen" (*Russia alba*) bezeichne sowohl die Moskauer Gebiete im Westen der Flüsse Don und Dnepr, also die Region um Smolensk, als auch das „Litthauische Reußen" (*Russia Lithuanica*) mit den Woiwodschaften Nowogródek (Navahrudak), Mścisław (Mscisłaŭ), Witebsk (Vicebsk), Minsk und Połock (Polack):

> *Reussen (Weiß-) Lat. Russia alba, begreifft nicht allein alles, was die Moscowiter gegen Westen des Ursprunges der Flüsse Don und Dnieper besitzen, sondern auch das Litthauische Reussen, welches ein Stück von dem Groß-Hertzogthum Litthauen ist, und beynahe zwey Drittheil von demselben ausmacht, daher dieses Weiß-Reussen auch das Litthauische Reussen, Lat. Russia Lithuanica genennet wird.*[18]

---

15 [Tobias Mayer:] Mappa Geographica Regni Poloniae ex novissimis quotquot sunt mappis specialibus composita et ad LL. stereographicae projectionis revocata a Tob. Mayero. Nürnberg 1750. Online: UB Düsseldorf. Regionalportal, https://digital.ub.uni-duesseldorf.de/ulbdregio_mbl/content/pageview/11267532 (letzter Zugriff: 23.5.2024). Nachdruck 1773: Wikimedia Commons, https://en.m.wikipedia.org/wiki/File:Mappa_Geographica_Regni_Poloniae_ex_novissimis_quotquot_sunt_mappis_specialibus_composita_et_al_L.L._Stereographicae_projectionis_revocata_a_Tob._Mayero_._._._MDCCLXXIII.jpg (letzter Zugriff: 23.5.2024).

16 Reussen. In: Grosses vollständiges Universal-Lexicon Aller Wissenschafften und Künste. Verlegts Johann Heinrich Zedler. Bd. 31. Halle/Leipzig 1742, Sp. 968.

17 Reussen (Roth- oder Klein-). Lat. Russia rubra, Sp. 984.

18 Reussen (Weiß-). Lat. Russia alba. In: Ebd., Sp. 984-985, hier 984.

Hört sich die Gegenüberstellung von Moskowitisch-Reußen und Litauisch-Reußen noch originell an, so widerspricht die willkürliche Gleichsetzung von Moskowien mit Schwarz-Reußen der bisherigen Terminologie. Darüber hinaus entspricht die Ableitung des Landesnamens von der Schneedecke und dem Fell der Wildtiere nicht nur einem gängigen Topos, sondern zeugt mit der irrigen Annahme eines alpinen Terrains von einer völligen Unkenntnis der geographischen Gegebenheiten: *Daß man im übrigen diese Landschafft Weiß-Reussen nennet, kömmt entweder von dem Schnee, womit die daselbst befindliche Berge fast das gantze Jahr hindurch bedeckt sind, oder daher, daß viele Thiere in diesen Provintzen weiß sind, welche man anderswo mit andern Farben findet.*[19]

Vermag man dem „Zedler" dennoch einen innovativen Einblick in die Verhältnisse im östlichen Europa abzugewinnen, so enttäuscht die von Denis Diderot (1713–1784) und Jean Baptiste le Rond d'Alembert (1717–1783) herausgegebene französische „Encyclopédie" durch die Verbreitung längst überholter Vorstellungen. Das Nachschlagewerk „Enzyklopädie oder ein durchdachtes Wörterbuch der Wissenschaften, Künste und Handwerke" (*Encyclopédie ou Dictionnaire raisonné des sciences, des arts et des métiers*) erschien von 1751 bis 1780 in 35 Bänden. Einen Beitrag zu „Reußen" (*Russie*) enthält der vierzehnte Band von 1765. Der Begriff sei im öffentlichen Gebrauch an die Stelle der Bezeichnung Großfürstentum Moskau getreten. „Weiß-Reußen" (*Russie blanche*) und „Rot-Reußen" (*Russie rouge*) finden immerhin im Hinblick auf Smolensk und die Ukraine Berücksichtigung:

> „Westlich des Fürstentums Moskau liegt Smolensk, ein Teil des ehemaligen europäischen Sarmatiens; die Fürstentümer Moskau und Smolensk bildeten das eigentliche Weiß-Reußen (*la Russie blanche proprement dite*). [...] Südlich der Provinz Smolensk liegt die Provinz Kiev, d.h. Klein-Reußen, Rot-Reußen oder die Ukraine (*la petite Russie, la Russie rouge, ou l'Ukraine*), durchquert vom Dnepr, den die Griechen Boristhenes nannten."[20]

Unabhängig von der „Encyclopédie" erschien 1766 das polnische „Geographische Lexikon für ein umfassendes Verständnis von Zeitungen und Geschichte" (*Lexykon geograficzny dla gruntownego poięcia gazet i historyi*), das der 1762 verstorbene Priestermönch Hilarion Karpiński zusammengestellt hatte. Nach dem Studium am Päpstlichen Griechischen Kollegium zum Hl. Atanasius in Rom hatte Karpiński 1754 begonnen, im Priesterseminar des Heiligen Dreifaltigkeitsklosters in Wilno (Vilnius) zu unterrichten, das von den unierten Basilianern des hl. Josaphat unterhalten wurde. 1759 wurde er zum Generalsekretär der Basilianer für Litauen gewählt. Sein Lexikon wurde posthum von seinem Bruder in Wilno veröffentlicht.[21]

Bei den Ostslaven oder „Ruthenen" stand Karpiński vor dem Problem, dass sie teilweise dem Großfürstentum Litauen, teilweise dem Russländischen Imperium angehörten. Im Artikel „Litauen" (*Litwa*) grenzte er vom „eigentlichen (*własna*) Litauen (d.h. die Woiwodschaften Wilna/Vilnius und Troki/Trakai) drei weitere Landesteile ab, nämlich „Ruthenien" (*Ruś*; d.h. die

---

19 Ebd., Sp. 985.
20 Zitat: *A l'occident du duché de Moskow, est celui de Smolensko, partie de l'ancienne Sarmatie européenne; les duchés de Moscovie & de Smolensko composoient la Russie blanche proprement dite. [...] Au midi de la province de Smolensko, se trouve la province de Kiovie, qui est la petite Russie, la Russie rouge, ou l'Ukraine, traversée par le Dnieper, que les Grecs ont appellé Borysthène.* Russie. In: Encyclopédie, ou Dictionnaire raisonné des sciences, des arts et des métiers. Publié par Denis Diderot et Jean Le Rond d'Alembert. T. XIV. Paris 1765, S. 442–445.
21 Lexykon geograficzny, dla gruntownego poięcia gazet i historyi z różnych autorów zebrany, przetłumaczony i napisany przez x. Hilaryona Karpińskiego. Po śmierci iego, z przydatkiem odmian, które zaszły, z wykładem na początku terminów geograficznych, i słownikiem nazwisk łacińskich na końcu położonym, do druku podany. Wilna 1766.

Woiwodschaften Nowogródek/Navahrudak, Mińsk/Minsk, Połock/Polock, Witebsk/Vicebsk, Mścisław/Mscislaŭ, Smolensk) und „Polesien" (*Polesie*; d.h. die Woiwodschaft Brześć/Brėst) sowie das „Herzogtum Samogitien" (Xięstwo Zmudźkie).[22] Im Artikel „Russland" (*Rossya*) ging Karpiński von der Proklamation des „Russländischen Reiches" (*Rossyiskie Państwo*) durch Peter I. aus, wobei er einen europäischen und einen asiatischen Teil unterschied, die einerseits vom „Moskowitischen Ruthenien" (*Ruś Moskiewska*) und anderseits von der Tartarei repräsentiert wurden.[23]

Eine gewisse Ordnung in das begriffliche Chaos brachte immerhin der eigenständige Artikel „Ruthenien" (*Ruś*), der dem „Litauischen Ruthenien" (*Litewska Ruś*) ein „Polnisches Ruthenien" (*Ruś Polska*) gegenüberstellt. Zum Großfürstentum Litauen gehörten „Weiß-Ruthenien" (*Biała Ruś*; d.h. die Woiwodschaften Mścisław/Mscislaŭ, Połock/Polack, Witebsk/Vicebsk und Smolensk) und „Schwarz-Ruthenien" (*Czarna Ruś*; d.h. die Woiwodschaften Nowogródek/Navahrudak und Mińsk/Minsk). Zur Krone Pole zählte das „Polnische Ruthenien oder Rot-Ruthenien oder das Klein-Ruthenien" (*Ruś Polska albo Czerwona albo Mała*), d.h. die Rusinische („Ruskie") Woiwodschaft und die Woiwodschaften Wolhynien, Podolien, Bracław/Braclav, Bełz/Belz, Kijów/Kyjiv, Czernihów/Černihiv sowie die Länder Chełm und Halicz/Halyč.[24] Damit schränkte das polnische „Geographische Lexikon" die großzügige Positionierung der Weißen Ruß durch die westliche Kartographie wieder ein. Im Interesse der Krone Polen wird ein „Rot-Ruthenien" beschrieben, das die heutige westliche Ukraine umfasst, und als „Klein-Ruthenien" (*Ruś Mała*) bezeichnet wird. Der späteren Zuordnung der russländischen Gouvernements zuvorkommend wird das „Litauische Ruthenien" in „Schwarz-Ruthenien" im Westen („Litauische" Gouvernements Vil'na und Grodno und Minsk) und „Weiß-Ruthenien" im Osten („Weißrussische" Gouvernements Vitebsk, Mogilev, Minsk) unterteilt.

3.2. Große, Kleine und Weiße Ruß

In der ersten Hälfte des 17. Jahrhunderts rückte unter den ersten beiden Zaren aus dem Hause Romanov, Michail Fedorovič (1596–1645) und Aleksej Michajlovič (1629–1676), bei den Auseinandersetzungen mit Polen-Litauen um die Herrschaft in Smolensk die „weißrußische Frage" auf die Tagesordnung. Während Michail I. mit einem konfessionellen Problem konfrontiert wurde, strebte Aleksej I. die Vereinigung von ehemaligen Territorien der Kiewer Rus an. Einerseits ging die Festung Smolensk, die sich von 1514 bis 1611 in Moskauer Hand befunden hatte, im Polnisch-Russischen Krieg von 1609 bis 1618 wieder verloren. Andererseits führte der seit 1648 gegen Polen-Litauen gerichtete Aufstand von Bohdan Chmel'nyc'kyj (1595–1657) im Vertrag von Perejaslav 1654 zur Moskauer Schutzherrschaft über das Hetmanat der Kosaken. Daran schloss sich ein Russisch-Polnischer Krieg an, der mit der russischen Eroberung von Smolensk sowie von Minsk, Mohylew (Mahilëŭ), Połock (Polack) und Witebsk (Vicebsk) begann und 1667 im Vertrag von Andrusovo mit umfangreichen Gebietsgewinnen für das Zarenreich endete. Neben dem Gebiet um Smolensk (Weiße Ruß) zählten dazu Kiev (Kyjiv) und die „linksufrige" Ukraine östlich des Dnepr (Kleine Ruß).

*

---
22 Litwa. In: Ebd., S. 327/328.
23 Rossya. In: Ebd., S. 488/489.
24 Ruś. In: Ebd., S. 492.

Im Polnisch-Russischen Krieg von 1609 bis 1618 und im Smolensker Krieg von 1632 bis 1634 stellte sich für Michail Fedorovič die Frage des Umgangs mit Kriegsgefangenen und mit Flüchtlingen. Dabei ging es um die Bedrohung der inneren und äußeren Sicherheit, die Bevölkerungsbewegungen vermeintlich mit sich brachten. Personen, die aus dem Großfürstentum Litauen stammten und einer Konfession jenseits der Russisch-Orthodoxen Kirche angehörten, wurden 1624 in Listen für das Mokauer Patriarchat als „Weiße-Ruß-Leute" (*beloruscy*) registriert.[25] Die Vorstellung von der „Weißen Ruß" (*Belaja Rus'*) entwickelte sich im Rahmen des Migrationsproblems in den Grenzgebieten des Moskauer Reichs durchaus zu einer festen Größe. Beispielsweise wurden am 9. Dezember 1632 in der westrussischen Kleinstadt Serpejsk zwei wohlhabende Flüchtlinge aus Polen-Litauen vernommen. Sie waren von Militärleuten aus Roslavl' vertrieben worden und baten für sich und ihre Familien um Aufnahme. Bei dem einen handelte es sich um einen „Landadligen der Weißen Ruß" (*šljachtič Beloj Rusi*), bei dem anderen um einen „Kaufmann" (*kupec*).[26]

Dass Zar Aleksej Michajlovič in seiner Expansionspolitik zielgerichtet vorging und den Titel „Selbstherrscher ganz Groß-, Klein- und Weiß-Rußlands" (*vseja Velikija i Malyja i Belyja Rossii Samoderžec*) bereits unmittelbar nach Ausbruch des Chmel'nyc'kyj-Aufstandes und eine beträchtliche Zeit vor der Eroberung von Smolensk in Anspruch nahm, dokumentiert die ab 1830 edierte „Vollständige Gesetzessammlung des Russländischen Reiches" (*Polnoe sobranie zakonov Rossijskoj Imperii*). Die interne Verwendung des Titels kam nach der Verabschiedung des Gesetzbuchs von 1649 (*Sobornoe uloženie*) in Gang, das unter anderem die Leibeigenschaft der russischen Bauern zementierte. Obgleich eine Bekräftigung des zarischen Herrschaftsanspruchs wegen der Abwanderung von Steuerflüchtigen in die Steppengebiete der Ukraine angebracht schien, fand der Titel zunächst nur beiläufig Erwähnung: zum ersten Mal im Dezember 1649 im Zusammenhang bäuerlicher Abgaben, zum zweiten Mal im Mai 1650 im Kontext von Gebühren beim Vermächtnis eines Erbguts, zum dritten Mal im August 1652 in Verbindung mit der Zollbefreiung eines Klosters.[27] Politisch relevant wurde der Titel erst, nachdem die Zaporoger Kosaken dem Zaren 1654 den Treueid geschworen hatten und dieser mit seinen Truppen bis weit nach Litauen eingefallen war.[28]

In der Tat begründete Aleksej I. in einer zarischen Verlautbarung die Ergänzung der Herrschertitulatur um die Komponente „Großfürst Litauens, Weiß-Rußlands, Wolhyniens und Podoliens" am 3. September 1655 mit der Einnahme litauischer Städte und Gebiete („Weiße Ruß") sowie der Besetzung von Städten und Siedlungen in Wolhynien und Podolien (der Anspruch auf die „Kleine Ruß" war schon zuvor 1654 im Vertrag von Perejaslav erfolgt):

> „..., Wir nahmen vom Polnischen König die Residenzstadt Wilna, und viele Städte nahmen und besetzen wir bisher, auch die Weiße Ruß (*Belaja Rus'*); und nach ... dem Ukas ... an die Truppen des Zaporoger Hetman Bogdan Chmel'nickij nahmen wir mit dem Zaporoger Heer die Städte und Orte des Polnischen Königs in Wolhynien und Podolien ...; und wir ordneten an ... als unseren

---

25 Rasprosnye reči inozemcov u russkich, vozvrativšichsja iz plena, prislannych iz Razrjada v patriaršij dvorcovyj prikaz dlja doprosov, 11 Sentjabrja 1623 – 22 Avgusta 1624. In: Russkaja istoričeskaja biblioteka. T. II. S.-Peterburg 1875, Nr. 166, Sp. 597-668, hier 613/614 und 656/657.
26 Russko-belorusskie svjazi. Sbornik dokumentov (1570–1667 gg.). Otv. red. L. S. Abevedarskij, M. Ja. Volkov. Minsk 1963, Nr. 90, S. 114.
27 Polnoe sobranie zakonov Rossijskoj Imperii. T. I. S 1649 po 1675. S.-Peterburg 1830, Nr. 20/17.12.1649, S. 221/222, hier 222; Nr. 33/1.5.1650, S. 228/229, hier 228; Nr. 81/20.8.1652, S. 268-271, hier 268.
28 Ebd., Nr. 125/9.5.1654, S. 338-340, hier 338; Nr. 136/20.8.1654, S. 350/351, hier 350; Nr. 137/7.9.1654, S. 351/352, hier 351, Nr. 147/3.3.1655, S. 558/559.

Herrschernamen und Titel zu schreiben Großer Herrscher, Unsere Zarische Hohheit, Großfürst Litauens und Weiß-Rußlands (*Belyja Rossija*) und Wolhyniens und Podoliens …"[29]

Um welche Städte es im Einzelnen ging, ließ Aleksej I. im Rahmen diplomatischer Verhandlungen mit einem Venezianer auflisten. Der Gesandte Alberto Vimina (1603–1667) beabsichtigte unter anderem die Moskauer zu animieren, die Donkosaken militärisch gegen die Osmanen zu unterstützen. In diesem Zusammenhang stellte Aleksej I. am 23. November 1655 auch eine Urkunde für den ein halbes Jahr zuvor verstorbenen Dogen Francesco Molin (Nachfolger Carlo Contarini) aus, in der es um die Intensivierung von Handelsbeziehungen ging. In dieser Urkunde sind 40 Städte aus der „Weißen Ruß" (*Belaja Rus'*) und 35 Städte aus Litauen aufgelistet, die dem polnischen König abgenommen worden waren. Zu den Städten der Weißen Ruß zählten Smolensk, Belaja, Dorogobuž, Vitebsk, Mstislavl, Mogilev, Roslovl, Dubrovna, Orša, Kričev, Propojsk, Gory-Gorki, Kopys', Šklov, Polock, Veliž, Surož, Nevl, Druja, Drisa, Glubokoe, Suša, Ulu Ulech, Disna, Ozerišče, Usvjat, Mozyr, Rečica, Gorvol', Strešin, Zlobin, Rogačev, Čičersk, Gomel, Bychov, Osvija, Luža, Krasna und Sebež. Zu den Städten des Großfürstentums Litauens gehörten Wilna, Troki, Minsk, Kowno, Grodno, Slonim, Barznikov, Čertkov, Gusjatin, Mereč, Olita, Prelaja, Raden, Lida, Gajšiš, Iv'e, Lipniški, Kolniki, Ljubče, Daljaliči, Mirtulec, Eremjači, Rubaževič, Zichoviči, Nesviž, Svifžno, Stolbcy, Kleck, Myš, Pinsk, Davydov, Stolin, Turov, Kažan und Lachvu. Zur Weißen Ruß gehörten nach Moskauer Verständnis also die Gebiete um Polock (Polack), Vitebsk (Vicebsk), Mogilev (Mohilëŭ) und Smolensk, zu Litauen die Gebiete um Wilna (Vilnius), Kowno (Kaunas), Grodno (Hrodna), Minsk und Pinsk (d.h. östliches Polesien ohne Brest). Die Aspirationen Aleksejs I. erstreckten sich auf Gebiete der Krone Polen, auf Wolhynien und Podolien.[30]

Die Hofierung Aleksejs I. als „Selbstherrscher ganz Groß-, Klein- und Weiß-Rußlands (*Vseja Velikija, i Malyja, i Belyja Rossii samoderžca*)" schlug sich 1674 auch auf dem Titelblatt der „Kiever Synopsis" nieder. Es handelte sich um eine Gesamtdarstellung der ostslavischen Geschichte, die unter dem deutschstämmigen Vorsteher des Kiever Höhlenklosters Inokentij Gizel' (Innozenz Giesel; 1600–1683) gedruckt wurde. Ungeachtet der dreihundertjährigen Zugehörigkeit Kievs (Kyjiv) zu Polen-Litauen wird die Stadt als Quellort der russischen Kultur dargestellt. Damit hatten die Verfasser der „Synopsis" sowohl die Autonomie des Höhlenklosters gegenüber dem neuen Landesherrn als auch die Wahrung der sich in der Mohyla Akademie manifestierenden Sonderstellung der ukrainischen Rechtgläubigkeit im Sinn. Auf dem Titelblatt ist zu lesen: „Sinopsis oder kurze Sammlung aus verschiedenenn Chroniken über den Anfang des slavisch-russländischen Volkes, der ursprünglichen Fürsten der von Gott beschützten Stadt Kiev, über das Leben der heiligen frommen Großfürsten von Kiev und ganz Rußlands, des ersten Selbstherrschers Vladimir, und über die Erben seines frommen Russländischen Staates, sogar bis zu unserem erlauchten und frommen Herrscher Zar und Großfürst Aleksej Michajlovič, des

---

29 …, *My … vzjali u Pol'skogo Korolja , …, stol'noj gorod Vil'nju, i nyne mnogie gorody poimali i zastupili, takže i Beluju Rus'; da po … ukazu … vojska Zaporožskogo Hetman Bogdan Chmel'nickoj, so vsemi vojskom Zaporožskim, Pol'skogo že Korolja gorody i mesta v Volyni i po Podoliju poimali …; i ukazali my … v svoem Gosudarskom imenovan'i i title [sic] pisati Sebja Velikim Gosudarem, Naše Carskoe Veličestvo, Velikim Knjazem Litovskim i Belyja Rossii i Volynskim i Podol'skim; …* Ebd., Nr. 164/3.9.1655, S. 369.

30 *Delo o priezde v Rossiju venicianskogo poslannika Alberta Vimina v 1655–1656 godach.* In: Pamjatniki diplomatičeskich snošenij drevnej Rossii s deržavami inostrannymi. T. X: Pamjatniki diplomatičeskich snošenij s papskim dvorom i s italijskimi gosudarstvami (s 1580 po 1699 god). S.-Peterburg 1871, 10, Sp. 807-930, hier Sp. 918-925, insbesondere Sp. 923 (Städte-Liste).

Selbstherrschers ganz Groß-, Klein- und Weiß-Rußlands (*Vseja Velikija, Malyja, i Belyja Rossii Samoderžca*)."[31]

In der zweiten Auflage wurde der Name des 1676 verstorbenen Aleksej Michajlovič durch den seines Sohnes und Nachfolgers Fedor Alekseevič (1661–1682) ersetzt. Die erheblich erweiterte dritte Auflage von 1680/81 thematisierte erstmals auch die Geschichte der Stadt Moskau und des Moskauer Reichs. Dabei fand das Großfürstentum Litauen allenfalls in der Rolle des Eroberers und im Hinblick auf die Teilung der Metropolie von Kiev und der ganzen Ruß Erwähnung. „Weiß-Rußland" (*Belyja Rossija*) spielte inhaltlich keine Rolle, obwohl der Sinopis Maciej Stryjkowskis (1547–1593) „Chronik Polens, Litauens, Samogitiens und ganz Rutheniens" (*Kronika Polska, Litewska, Żmódzka i wszystkiéj Rusi*) zugrundelag.

*

Während des Russisch-Polnischen Krieges gelangten von 1654 bis 1667 zunehmend auch als „Weiße-Ruß-Leute" (*beloruscy*) bezeichnete Kriegsgefangene in die Stadt Moskau, die bei den Kaufleuten als Arbeitskräfte willkommen waren, der Obrigkeit aber suspekt erschienen, da sie die Taufe jenseits der Russisch-Orthodoxen Kirche empfangen hatten.[32] In der Tat sollte der Einsatz von „Weiße-Ruß-Leuten" aus dem Gebiet Smolensk in Moskau durch eine Verfügung vom 30. Juli 1654 unterbunden werden.[33]

In diesem Zusammenhang ist bemerkenswert, dass das sprachliche Kriterium für die Identifizierung von „Weiße-Ruß-Leuten" oder „Weiß-Ruthenen" von einem Ausländer ins Spiel gebracht wurde, dessen Werke aber erst im 19. Jahrhundert im Druck erschienen. Es handelte sich um den kroatischen Jesuiten Juraj Križanić (1618–1683), der in den Jahren 1647 bis 1650 und 1659 bis 1661 in Moskau als Dolmetscher und Bibliothekar tätig war. Obgleich er Positionen des späteren Panslavismus vorwegnahm, indem er dem russischen Zaren die Befreiung der Slaven vom „türkischen Joch" empfahl, wurde er angeklagt, die katholische Mission und die Idee der Kirchenunion zu unterstützen, und daher von 1661 bis 1676 nach Tobol'sk verbannt.

In der sibirischen Verbannung verfasste Križanić 1666 eine „Grammatische Auslegung über die rußische Sprache" (*Gramatično izkazanje ob ruskom jeziku*) in altkirchenslavischer Schrift, in der er die slavischen Stämme oder Dialekte – Polen, Tschechen, Kroaten, Serben, Bulgaren – auf die „Rußländer" oder die „Rußische Sprache" (*ruski jezik*) zurückführte. Auch wenn eine ukrainische Sprache nicht in Betracht gezogen wird, spricht der markante Buchstabe „i" in der Bezeichnung der „sogenannten weißrußischen Sprache" (*Biloruski pak jezik*) dafür, dass

---

31 Zitat: *Sinopsis ili Kratkoe sobranie ot raznych Letopiscev, o načale Slavjano-Rossijskago Naroda, i pervonačal'nych knjazej bogosnasaemago grada Kieva, o žitii Svjatago Blagovernago Velikago Knjazja Kievskago i vseja Rossii pervejšago Samoderžca Vladimira, i o Naslednikach Blagočestvyja Deržavy ego Rossijskija, daže do Presvetlago i Blagočestivago Gosudarja našego Carja i Velikago Knjazja Aleksija Michajloviča Vseja Velikija, Malyja, i Belyja Rossii Samoderžca*. Sinopsis, Kiev 1681. Facsimile mit einer Einleitung von Hans Rothe. Köln/Wien 1983, S. 399 (Titelblatt 1674).

32 Für den Hinweis sei Simon Dreher vom Institut für vergleichende Stadtgeschichte der Universität Münster gedankt, der am 23. Mai 2023 im Kolloquium der Osteuropäischen Geschichte an der Justus-Liebig-Universität Gießen ein Dissertatiosprojekt mit einem Vortrag zum Thema „Arbeiter, Diener und Sklaven in den Häusern europäischer Zuwanderer in Moskau 1613–1672" präsentierte. Vgl. ders.: Servants in foreigners' houses in mid-seventeenth century Muscovy: Local differences in legislation and practice. In: Endre Sashalmi (Ed.): Aspects of Law and Religion in Russia in the Early Modern Age, 1550s –1721 (in Druck).

33 Polnoe sobranie zakonov Rossijskoj Imperii. T. I. S 1649 po 1675. S.-Peterburg 1830, Nr. 135/30.7.1654, S. 349/350.

damit das Ruthenische gemeint war, das in Polen-Litauen diesseits und jenseits der Prypjat gesprochen wurde. Križanić beklagte, dass die „Weißrußländer" im Zuge der Polonisierung eine Verunreinigung ihrer Sprache zugelassen hätten:

> „Die weißrußische Sprache aber ist nicht weniger als die kroatische oder die polnische, sondern sogar noch schlimmer verdorben und entstellt durch allerlei Fremdes und Verdrehungen verunreinigt. [...] [Die Kiever Bücher seien] voll von solchen Verderbnissen und Abscheulichkeiten, die man nicht lesen kann ohne Ekel und ohne Magenschmerzen bis zum Erbrechen. Denn die Weißrussen bewundern alle polnische Sitten, Gesetze und die Sprache und äußern sie beständig. Da aber die polnische Variante von der Beimischung verschiedener Sprachen verunreinigt ist, ist es kein Wunder, daß die Weißrussen, die aus einem trüben Brunnen schöpfen, uns keinen reinen Trunk reichen können."[34]

Möglicherweise war Križanić in Moskau nicht nur mit theologischem Schrifttum, sondern auch mit orthodoxen Kriegsgefangenen aus dem Großfürstentum Litauen in Kontakt gekommen, mit Menschen, die er in Abgrenzung zu den „Rußländern" (*Rusjani*) als „Weißrußländer" (*Bilorusjani*) bezeichnete. Von Kleinrußländern oder Ukrainern ist trotz der zeitgenössischen Bedeutung des Kosakenlandes nirgends die Rede.

*

Nach dem Tode Fedor Alekseevičs 1682 übernahm Sof'ja Alekseevna (1657–1704) die Regentschaft für ihre beiden Brüder Ivan (1666–1696) und Petr (Peter I., 1682–1721). Zu ihren Aufgaben zählten sowohl die territoriale Abgrenzung zu Polen-Litauen als auch die Regelung damit in Zusammenhang stehender kirchenrechtlicher Fragen. Im Moskauer Vertrag über den „Ewigen Frieden" vom 6. Mai 1686 wurde nicht nur eine Grenzlinie bestimmt, die bis 1772 Bestand haben sollte (mit polnischen Abtretungen von Gebieten um Smolensk und Kiev/Kyjiv mit der linksufrigen Ukraine), sondern auch eine Garantie für die Orthodoxen in Polen-Litauen ausgesprochen. Der polnische König wurde verpflichtet, die unter seiner Obhut befindlichen Anhänger des orthodoxen Glaubens weder zum Katholizismus noch zur Union mit Rom zu bekehren. Neben den Bistümern von Łuck (Luck), Halicz (Galič), Przemyśl (Peremyšl') und Lwow (L'vov) wurde auch ein „Weißrussländisches Bistum" (*Belorossijskaja episkopija*) genannt, einschließlich der Klöster Vil'na (Vilnius), Minsk, Polock (Polack) und Orša.[35]

Den Interessen des Kiever Höhlenklosters zuwider berief eine Moskauer Synode im Juni 1686 nach Fürsprache des griechisch-orthodoxen Patriarchen von Konstantinopel, Dionisij IV.

---

34 Zitat: *Bilorúskiь pak jezík né ménьe ot Hervåtskogo i ot Lésskogo, nego páče i mérže jest iskažén, i narúžen, i vsákimi stranščínami i prevrátmi zasmečén. [...] Síčeže i po jnich Kíjevskih knьígah vsé pólno jest takóvih nakâz i merzostь̂, kóьih níst vozmóžno čést, bez ognьúsi i bez vozrúšenja želúdca na blьuvánje. Bilorúsjani bo vь podivlьénju deržát vsákije Lésskije narrávi, i zakóni, i jezik, i izražát ьih nastójet. Bíduć pak da Léska otmína ot primísi razníitih jezíkov preizlíšno jest zagnьúšena: níst čúdo, ježe Bilorúsjani iz kalnogó studencá čerpajúći, nemógut nam podát čistá napója.* Juraj Križanić: Gramatično izkazanje ob ruskom jeziku. 1666. Abdruck der Erstausgabe von 1848/50 besorgt v. Gerd Freidhof. Frankfurt am Main 1976, S. I-VI, hier IV. Transliteration nach: Juraj Križanić: Gramatično izkazanje ob ruskom jeziku. Priredio i uvodnu raspravu napisao Josip Hamm. Zagreb 1984 (Sabrana djela 2), S. 47-51, hier 49/50. Übersetzung nach Baldur Panzer: Quellen zur slavischen Ethnogenese. Fakten, Mythen und Legenden (Originaltexte mit Übersetzungen, Erläuterungen und Kommentaren). Frankfurt am Main u.a. 2002, S. 153-161, hier 160.
35 Polnoe sobranie zakonov Rossijskoj imperii s 1649 goda. Sobranie I. T. II. 1676–1688. S.-Peterburg 1830, Nr. 1186/26.4./6.5.1686, S. 770-786, hier S. 777.

(gest. 1696), den Moskauer Patriachen Ioakim (1621–1690) zum Leiter der Kiever Metropolie.[36] Dieser hatte bereits am 27. März 1686 dem Polocker Kloster zur göttlichen Offenbarung die Aufsicht über die Orthodoxen in der „Weißen Ruß" (*Belaja Rusija*) übertragen.[37] Zum geistigen Zentrum sollte sich im nächsten Jahrzehnt aber die seit 1677 vakante, ehemals unierte Eparchie von Mogilev (Mahilëŭ), Mstislavl' (Mscislaŭ) und Orša entwickeln. Über das Selbstverständnis der Orthodoxen gibt die Chronik von Mogilev Auskunft, die im Jahr 1526 einsetzt und mit regelmäßigen Einträgen ab 1574 aufwartet. Die ersten Informationen stellte der Magistratsangehörige und Kaufmann Trofim Romanovič Surta 1693 zusammen. Überliefert ist der polnische Text durch eine Kopie des Kanzleileiters Jerzy Trubnicki (Jurij Trubnickij) von 1747.

Dem Bericht ist zu entnehmen, dass die Wiederbesetzung der vakanten Eparchie von Mogilev politisch brisant war. Der Prozess nahm dann auch ein Jahrzehnt in Anspruch. 1690 wählte eine Synode den Vorsteher des Klosters zur Heiligen Dreifaltigkeit von Słuck (Sluck), Serapion Polchowski (gest. 1794), zum Bischof der Eparchie von Mogilev. Im Jahr darauf wurde Serapion vom Kiever Metropoliten zum Statthalter im Großfürstentum Litauen ernannt. Das königliche Privileg für seinen Bischofssitz erhielt Serapion aber erst 1697 auf politischen Druck Moskaus. Schließlich konnte die Chronik den Einzug Bischof Serapions in Mogilev in der Vorweihnachtszeit 1699 festhalten. Der aus Pinsk stammende Serapion wird als Platzhalter der griechisch-orthodoxen Kiever Metropolie gefeiert und als „Kleinod Weiß-Rutheniens" (*kleynot Białey Rusi*) apostrophiert.[38] In der Folge spricht die Chronik noch wiederholt von einem „Weißruthenischen Bischof" (*episkop Białoruski*).[39]

Abgesehen von der Gründungslegende der orthodoxen Eparchie enthält die Chronik einige Hinweise, die über das räumliche Selbstverständnis Auskunft geben: 1690 wurde eine Heuschreckenplage registriert, die in der Ukraine und in Sewerien (das Gebiet um Novhorod-Sivers'kyj), aber auch in Polesien und im „Kreis Sluck in Schwarzruthenien" (*kolo Slucka na Czarney Rusi*) um sich griff.[40] 1708 wurden während des Nordischen Krieges Requirierungen und Brückendienste der Moskauer Truppen festgehalten, die in Vorbereitung auf die Schlacht bei Lesna, einem Vorort von Mohylew (Mahilëŭ), vorgenommen wurden. Die Stimmung kochte über, weil der schwedische König gen „Weißruthenien" (*Białoruś*) marschieren ließ. Dass die Russen den Nachschub-Tross der Schweden besiegten, wird nicht erwähnt, lediglich darauf hingewiesen, dass die Lebensmittel in Weißruthenien und Mohylew billig gewesen seien.[41] Demnach galt die Gegend südlich von Minsk als „Schwarzruthenien" und die Gegend von Mohylew als „Weißruthenien". Es handelte sich um die erste Erwähnung des polnischen Namens *Białoruś*, aus dem sich im späten 19. Jahrhundert die Bezeichnung *Belarus'* ableitete.

*

---

36 Ebd., Nr. 1191/Maja „..." [sic] 1686, S. 795-797; Nr. 1198/Ijunja „..." [sic] 1686, S. 803-805.
37 Russko-belorusskie svjazi vo vtoroj polovine XVII v. (1667–1686 gg.). Sbornik dokumentov. Otv. red. A. P. Ignatenko, P. G. Koroleva. Minsk 1972, Nr. 269, S. 343-345.
38 Ebd., S. 251.
39 Vgl. die Einträge für die Jahre 1708, 1709, 1745. Ebd., S. 270 und 279-281.
40 Mogilevskaja chronika T. R. Surty i Ju. Trubnickogo. In: Polnoe sobranie russkich letopisej. T. XXXV. Letopisi belorussko-litovskie. Otv. red. B. A. Rybakov. Sost. i red. N. N. Ulaščik. Moskva 1980, S. 239-281, hier 247.
41 Ebd., S. 270.

Im Zeitalter der Aufklärung wurden im westlichen Europa Länderkunden oder Staatenbeschreibungen vorgelegt, die der Territorialverwaltung und der Bevölkerungsstatistik verpflichtet waren. Für das Moskauer Zarenreich, das sich 1725 in das St. Petersburger Imperium verwandelt hatte, legte Philipp Johann von Strahlenberg (1677–1747; bis zu seiner Erhebung in den Adelsstand 1707 Tabbert) 1730 eine Pionierstudie vor. Ab 1754 folgte mit Anton Friedrich Büschings (1724–1793) „Erdbeschreibung" ein allgemeines Standardwerk, in der auch das Zarenreich entsprechend gewürdigt wurde. Spätestens zu dieser Zeit verwandelte sich „Moskowien" in der Wahrnehmung des lateinischen Abendlands in das „Rußische Reich" oder „Rußland". Als „Weiß-Rußland" wurden die Ostgebiete Polen-Litauens inklusive des mittlerweile zum Zarenreich gehörenden Smolensker Gebiets begriffen. Infolge der Aufteilung Polen-Litauens unter den angrenzenden Großmächten sollte der Begriff „Reußen" dann am Ende des 18. Jahrhunderts aus der Mode kommen.

Der aus Stralsund stammende Philipp Johann von Strahlenberg machte von 1694 bis zu seiner Erhebung in den Adelsstand als schwedischer Offizier Karriere. Bei der Schlacht von Poltava geriet er 1709 in russische Kriegsgefangenschaft. Seine Verbannung nach Tobolsk nutzte er für die Erforschung Sibiriens. Nach dem Frieden von Nystad von 1721 konnte er nach Schweden zurückkehren, wo er seine Studien 1730 in einem Buch zusammenfasste: „Das Nord- und Ostliche Theil von Europa und Asia, in so weit solches das gantze Rußische Reich mit Siberien und der grossen Tatarey in sich begreiffet." In einem Kapitel über die Verwaltungsgebiete überantwortete er „Groß-, Klein- und Weiß-Rußland" dem „Rußischen Scepter" und „Roth- und Schwartz-Rußland" dem „Polnischen Scepter". Mit „Weiß-Rußland" sei das „Smolenskische Fürstenthum" gemeint, aber auch die ehemaligen, nun zu Polen gehörenden Fürstentümer „Mstislaw" (Mścisław/Mscislaŭ) und „Polotsko" (Połock/Polack).[42]

Das Epitheton „weiß" führte Strahlenberg als erster westlicher Forscher auf Bezeichnungen der Turkvölker zurück. Zwar ging er genau wie Sigismund von Herberstein (1486–1566) auf den Titel „Weißer Zar" (*belyj car'laq patša*) ein, brachte diesen aber nicht mit der Kopfbedeckung in Verbindung, sondern zog als Erklärung einen Ausdruck von Erhabenheit heran, der in den Turksprachen Herrschern und Residenzen verliehen wurde. Für den innerrussischen Bereich unterschied Strahlenberg in der Tradition der Turksprachen auflagenfreie „weiße Plätze" von den der Abgabenpflicht unterliegenden „schwarzen Plätzen". Während das gemeine, steuerpflichtige Volk „schwarze Leute" (*černye ljudi*) genannt werde, hießen die europäischen Gebiete des Petersburger Imperiums, in denen sich die Adelssitze konzentrierten, „das weiße Rußland".[43]

In der zweiten Hälfte des 18. Jahrhunderts folgte Strahlenbergs originellen Überlegungen Büschings „Neue Erdbeschreibung", die als mehrbändiges Standardwerk der europäischen Aufklärung ebenfalls Rußland-Expertise mit sich brachte. Der deutschstämmige evangelische Theologe und Geograph Anton Büsching folgte dem dänischen Gesandten Graf Lynar 1749 als Hauslehrer nach St. Petersburg. Nach seiner Rückkehr machte sich Büsching 1750 in Itzehoe an eine „Neue Erdbeschreibung", die 1754 in Kopenhagen vollendet wurde. 1761 ging er zurück nach St. Petersburg, um die Pfarrstelle bei der lutherischen Gemeinde zu übernehmen. 1766

---

42 Philipp Johann von Strahlenberg: Das Nord- und Ostliche Theil von Europa und Asia, in so weit solches das gantze Rußische Reich mit Siberien und der grossen Tatarey in sich begreiffet. Stockholm 1730, S. 179-189, hier 180/181.
43 Ebd., S. 181, Fußnote b.

wechselte Büsching als Schuldirektor nach Berlin. Seine mehrteilige „Neue Erdbeschreibung" erschien 1754 bis 1787 in acht Auflagen.[44]

Als Rußland-Kenner hatte Büsching die Zeit vor dem endgültigen Verschwinden Polen-Litauens von der politischen Landkarte Europas 1793/95 vor Augen. Im Nachgang zur ersten Teilung Polen-Litaunes beklagte er sich am 26. Februar 1776 beim St. Petersburger Historiker Gerhard Friedrich Müller (1705–1783), seines Zeichens Mitglied in der St. Petersburger Akademie der Wissenschaften und Leiter des Moskauer Archivs für auswärtige Angelegenheiten, über die ständigen Reformen der Territorialverwaltung. Weil jedes Jahr mit Neueinteilungen zu rechnen sei, werde er sein Rußland-Kapitel noch oft umschreiben müssen.[45]

In den Auflagen von 1754 bis 1770 werden als zentrale Charakteristika des Russländischen Reiches die Lage zwischen Europa und Asien sowie die offiziellen Bezeichnungen „Groß-, Klein- und Weiß-Rußland" genannt. Dabei wird zwischen dem „rußischen Weiß-Rußland oder Reussen" und dem „litauischen Weiß-Reussen" unterschieden. In „Groß-Rußland" habe der Begriff erst durch die Eroberungen von Aleksej Michajlovič Bedeutung erlangt. Mit der Annahme des Kaiser-Titels (Imperator) durch Peter I. sei der Verweis auf „Groß-, Klein- und Weiß-Rußland" 1721 aber obsolet geworden.

Die Abgrenzung von weiß und schwarz im Sinne von erhaben oder minderwertig führte Büsching im Nachgang zu Strahlenberg ebenfalls auf die orientalischen Sprachen zurück. Indes sei die Bezeichnung „Schwarz-Reussen" nicht mehr gebräuchlich. Darüber hinaus benannte Büsching „Roth-Reussen" als Teil Polens. Aufgrund der Komplexität der Materie treten in der Argumentation Unstimmigkeiten auf: Einerseits hätten die Großrussen den Begriff Klein-Reußen/Rußland von den Polen und Litauern übernommen. Andererseits hätten die Polen Klein-Reußen auch als Schwarz-Reußen bezeichnet. In der siebten Auflage von 1777 tauchen diese Überlegungen nicht mehr auf. Sie schienen sich für Büsching erübrigt zu haben.

In der ersten Auflage von 1754 heißt es diesbezüglich:

> *Das rußische Kaisertum liegt theils in Europa, theils in Asia. Der europäische Theil desselben begreift das so genannte Groß-Klein- und Weiß-Rußland, dazu wir auch die von den Schweden eroberte Länder rechnen. Das rußische Weiß-Russland, oder Reussen, muß mit dem litauischen Weiß-Reussen nicht verwechselt werden. Roth-Reussen gehöret zu Polen. Der Name Schwarz-Reussen ist heutiges Tages nicht mehr gewöhnlich. Um den Ursprung dieser Namen zu begreifen, muß man anmerken, daß die morgenländischen Völker gewöhnt sind, die Länder in weisse und schwarze zu theilen, und unter jenen den größten und vornehmsten, unter diesen aber den geringern und kleineren Theil zu verstehen.*[46]

In der vierten Auflage von 1760 wird Folgendes ausgeführt:

---

44 D. Anton Friderich Büsching[s], ... neue Erdbeschreibung. Erster Theil welcher Dänemark, Norwegen, Schweden, das ganze rußische Kaisertum [5. Aufl.: Reich], Preussen, Polen, Hungarn und die europäische Türkey, mit denen dazu gehörigen und einverleibten Ländern [7. Aufl.: Polen, Galizien und Lodomerien, Ungarn, Siebenbürgen, die europäische Türkei, und den Krimischen Staat], enthält. Hamburg 1754. Vierte Auflage 1760. Fünfte Auflage 1764. Sechste rechtmäßige Auflage 1770. Siebente rechtmäßige Auflage 1777. D. Anton Friderich Büschings, ... Erdbeschreibung. Erster Theil, welcher Dänemark, Norwegen, Schweden, und das russische Reich, enthält. Achte rechtmäßige Aufl. Hamburg 1787.

45 Geographie, Geschichte und Bildungswesen in Rußland und Deutschland im 18. Jahrhundet. Briefwechsel Anton Friedrich Büsching – Gerhard Friedrich Müller 1751 bis 1783. Hrsg. v. Peter Hoffmann. Berlin 1995, S. 406-408, hier 407.

46 D. Anton Friderich Büsching[s], ... neue Erdbeschreibung, 1. Aufl. (1754), S. 520.

3.2. Große, Kleine und Weiße Ruß

Das russische Reich liegt theils in Europa, theils in Asia. Der europäische Theil desselben begreift das sogenannte Groß-Klein- und Weiß-Rußland, dazu auch die von den Schweden eroberten Länder gerechnet werden können. Der Name Groß-Rußland ist sehr alt; hingegen den Namen Klein-Rußland haben die Litauer und Polen aufgebracht, welche einige 100 Jahre lang in dieses Landes Besitze gewesen sind. Als aber dasselbe, und insonderheit die Kosaken, die russische Oberherrschaft wieder zu erkennen anfingen, behielten die Czaren den Titel bey. Das russische Weiß-Rußland oder Reußen, muß mit dem litauischen Weiß-Reußen nicht verwechselt werden. Denn ob es gleich wirklich einerley, und der Name Weiß-Reußen in Rußland vor dem Czar Alexei Michailowitsch nicht gebräuchlich gewesen ist: so hat doch dieser Czar den Titel von Weiß-Rußland angenommen, nachdem er einen Theil von Litauen, welcher diesen Namen führt, erobert hatte. Die Polen haben Klein-Rußland zuweilen auch Schwarz-Rußland genennet. Um den Ursprung dieser Namen zu begreifen, muß man anmerken, daß die morgenländischen Völker gewohnt sind, die Länder in weiße und schwarze zu theilen, und unter jenen den größten und vornehmsten, unter diesen aber den geringern und kleinern Theil zu verstehen. Von dem Gebrauche und der Zueignung dieser Namen giebt es verschiedene Meynungen, deren Anführung und Untersuchung aber hier zu weitläufig seyn würde. Ich will also nur anmerken, daß die Titulatur von Groß-Klein- und Weiß-Rußland bis 1721 gewöhnlich geblieben, nach Annehmung des kaiserl. Titel aber nicht mehr gebraucht worden sey.[47]

In der fünften und sechsten Auflage von 1764 und 1770 ist nur noch eine basale Definition enthalten:

Das russische Reich liegt theils in Europa, theils in Asia. Der europäische Theil desselben begreift das sogenannte Groß-Klein-und Weiß-Rußland, welches die russischen Monarchen bis 1721 im Titel geführt, und sich Selbstherrscher desselben genannt haben. Zu Groß-Rußland gehören die heutigen Gouvernements Moscau, Nowgorod, Archangel, Woronesch, und Nischninowgorod: zu Klein-Rußland gehören die Gouvernements Kiew und Belgorod, und das russische Antheil an Weiß-Rußland besteht in dem smolenskischen Gouvernement.[48]

Büsching zufolge war „Weiß-Rußland" mit dem Gouvernement Smolensk identisch, ein Gebiet, auf das Polen im Frieden von Andrusovo 1667 sowie im „Ewigen Frieden" von Moskau 1686 verzichtet hatte.[49] Davon grenzte Büsching das „litauische Weiß-Reußen" (1754) oder „litauische Weiß-Rußland" (1764) ab. Dazu zählte er in der ersten Auflage 1754 die Landschaft Polesien respektive die Woiwodschaft Brześć (Brest) sowie die Woiwodschaften Nowogródek (Navahrudak), Mścisław (Mscislaŭ), Witebsk (Vicebsk), Połock (Polack), Livland und Samogitien.[50] In der 4. Auflage von 1760 rechnete Büsching die Woiwodschaft Nowogródek (Navahrudak) zu „Schwarz-Reussen, Rus Czarna" und die Woiwodschaft Mińsk (Minsk), die Woiwodschaft Mścisław (Mscislaŭ), die Woiwodschaft Witebsk (Vicebsk) und die Woiwodschaft Połock (Polack) zu „Weiß-Reussen, Rus Biala, Russia Alba".[51]

Insgesamt gesehen unterliegen die von Büsching in der zweiten Hälfte des 18. Jahrhunderts geprägten Begrifflichkeiten einer Verschiebung der Schreibweise von „Weiß-Reussen" zu „Weiß-Rußland". War das Wort „Schwarzreussen" nicht zuletzt aufgrund seiner polnischen Herkunft bereits Mitte des 18. Jahrhunderts obsolet geworden, sollte „Weiß-Rußland" als Bezeichnung für die Statthalterschaft von Smolensk mit der ersten Teilung Polens endgültig aus der Mode kommen.

---

47 Ebd., 4. Aufl. (1760), S. 646/647.
48 Ebd., 5. Aufl. (1764), S. 659; 6. Aufl. (1770), S. 665/666.
49 Ebd., 1. Aufl. (1754), S. 595/596. 4. Aufl. (1760), S. 729–730; 5. Aufl. (1764), S. 760/61; 6. Aufl. (1770), S. 787/788; 7. Aufl. (1777), S. 864–866.
50 Ebd., 1. Aufl. (1754), S. 835-842.
51 Ebd., 5. Aufl. (1764), S. 1094–1100; 6. Aufl. (1770), II, S. 1256–1279.

4. Die Positionierung Weiß-Rußlands am Rand: Mogilev im 19. Jahrhundert

4.1. Nordwestgebiet

In der zweiten Hälfte des 18. Jahrhunderts expandierte das Zarenreich unter Katharina II. (1729–1796) sowohl in die Gebiete des Osmanischen Reiches am Schwarzen Meer als auch in die Territorien Polen-Litauens in Ostmitteleuropa. Der Russisch-Türkische Krieg von 1668 bis 1774 führte im Frieden von Küçük Kaynarca zur russischen Vorherrschaft am Schwarzen Meer, wobei das Durchfahrtsrecht von Handels- und Kriegsschiffen durch Bosporus und Dardanellen ins Mittelmeer Rivalitäten mit dem Britischen Empire nach sich zog. Gleichzeitig geriet das durch fortwährende militärische Auseinandersetzungen und innenpolitische Konflikte geschwächte Polen-Litauen in die politische Abhängigkeit des Petersburger Imperiums. Um den russischen Einfluss einzudämmen, nahmen Preußen unter Friedrich II. dem Großen (1712–1786) und das Habsburgerreich unter Maria Theresia (1717–1780) und Joseph II. (1741–1790) Unabhängigkeitsbestrebungen in Polen-Litauen zum Anlass, 1772, 1793 und 1795 in einem Dreischritt die Aufteilung der Adelsrepublik zu betreiben. Die letzten beiden Teilungen, für die auf Seiten der Habsburger Franz II. (1768–1835) verantwortlich zeichnete, verstanden sich denn auch als Gegenmaßnahmen gegen die Ideen der Französischen Revolution von 1789.

Das Echo auf die erste Teilung von 1772 schlug sich in einer Karikatur nieder, die unter dem allegorischen Titel „Der Königskuchen" (The Troelfth Cake / Le Gateau des Rois) zeigt, wie die um eine Karte versammelten Monarchen ihren Appetit bekunden (Abb. 1). Die Karikatur erschien unter den Bedingungen der Zensur zwar anonym, wird aber den französischen Kupferstechern und Radierern Noël Le Mire (1724–1801) und Jean-Michel Moreau (1741–1814) zugeschrieben. Während Katharina am linken Bildrand mit ihrem ehemaligen Favoriten liebäugelt – der polnische König Stanislaus II. August Poniatowski ringt dabei um seine Krone –, tauschen sich rechts Joseph II. und Friedrich der Große über ihre Ansprüche aus. Im Interessenhorizont der Letzteren liegt Zentral-Polen mit Warschau. Die gestisch geltend gemachten Ansprüche des Habsburgers langen von Krakau bis Brest, die des Preußen von Posen bis Danzig. Katharina legt den Finger der rechten Hand auf die Gegend von Połock (Polack). Auf die Stadt Witebsk (Vicebsk) wirft sie bereits ihren Schatten. Mit der Geste der linken Hand erweist sich Katharina offen für die Gebiete um Minsk und Nowogródek (Navahrudak). Aus der Perspektive des Betrachters erscheint die mit „Pologne en 1772" betitelte Karte auf den Kopf gestellt.

Abb. 1: Karikatur auf die erste Teilung Polen-Litauens
Ausschnitt aus einem Flugblatt von 1773 mit dem Untertitel „The Troelfth Cake / Le Gateau des Rois. London Printed for Robt Sayer ar tthe [sic] Golden Buck facing Fetter Lane End of Fleet Steet".
Online: Wikimedia Commons, https://commons.wikimedia.org/wiki/File:The_troelfth_cake_Le_gateau_des_rois_(BM_J,4.178).jpg?uselang=de (letzter Zugriff: 17.10.2024).

Durch das Verschwinden Polen-Litauens von der politischen Landkarte Europas gewann das Zarenreich 1772 die Gebiete um Polock (Polack), Vitebsk (Vicebsk) und Mogilev (Mahilëŭ) sowie Gomel (Homel'), 1793 die Gebiete um Minsk und Pinsk und 1795 die Gebiete um Grodno (Hrodna), Novogrudok (Navahrudak) und Brest (Brėst). Politisch wurden die Zeichen der Zeit auf koloniale Durchdringung des Landes gesetzt, einerseits durch Infrastrukturmaßnahmen wie Chausseebauten, andererseits durch die Integration des polnischen Landadels (Szlachta) in das russische Ständesystem und die Einrichtung eines sogenannten Ansiedlungsrayons für die polnisch-litauischen Juden (Litwaken). Die mit dem Gouvernement Smolensk unter der Marke „Weißrußland" (*Belorussija*) zusammengefassten Regionen von Vitebsk und Mogilev genossen dabei gegenüber den späteren Teilungsgebieten einen Vorlauf von immerhin zwanzig Jahren. Der zarische Befehl zur Aneignung und Verwaltung der annektierten polnischen Territorien ging am 16. August 1772 signifikanterweise an einen „Weißrußischen Generalgouverneur" (*Belorusskij General-Gubernator*).[1]

In der Folge wurden die Teilungsgebiete alle dreißig Jahre von politischer Unruhe überzogen. Napoleons Rußlandfeldzug wurde 1812 zwar mit der Eroberung Moskaus gekrönt, führte auf dem Rückmarsch aber beim Übergang über die durch das Territorium der heutigen Republik Belarus fließende Beresina zur endgültigen Vernichtung der Grande Armée. Im polnischen Novemberaufstand von 1830/31 dienten die Wälder von Beloveža (Białowieża), Naliboki und Vilejka als Sammelorte. Beim polnischen Januaraufstand von 1863/64 erstreckten sich die Kämpfe sogar landesweit, mit Ausnahmen im Nordosten und Südosten des heutigen belarusischen Staatsgebiets. Das Russländische Imperium schlug in beiden Fällen mit einer Politik der De-Polonisierung zurück, die in der Verdrängung der polnischen Sprache aus der Öffentlichkeit und einer Sichtbarmachung orthodoxer Kirchen in der Provinz gipfelte.

Verwaltungstechnisch kam es zu einer Unterscheidung der „litauischen Gouvernements", zu denen neben Vil'na (Vilnius) und Kovno (Kaunas) auch Grodno und Brest gehörten, und der „weißrußischen Gouvernements" mit Polock, Minsk, Vitebsk und Mogilev. Da behördlicherseits die Sprache der einheimischen Ostslaven als russischer Dialekt erachtet und mit der Kiewer Rus eine gemeinsame historische Tradition vorausgesetzt wurde, konnte von einer Akzeptanz der Weißen Ruß als eigenständiges Subjekt durch die Bürokratie nicht die Rede sein. Vielmehr ist eine terminologische Transformation vom „Weißrußland" (*Belorussija*) der Aufklärungszeit zum „Nordwestgebiet" (*Severno-zapadnyj kraj*) im Zeitalter des Nationalismus zu beobachten. Ungeachtet dessen begannen Geographen und Ethnologen in der Mitte des 19. Jahrhunderts in der Weißen Ruß eine Geschichtslandschaft zu entdecken. Dazu wurden im Wesentlichen nur die östlichen Gouvernements gezählt.

*

Über die Entwicklung der Territorialverwaltung in den ehemaligen polnisch-litauischen Gebieten durch die zarische Bürokratie wurde der Prozess der Aneignung eines Landes in Gang gesetzt, für das es in der Tat nur einen vagen Begriff gab. Das lässt sich anhand der 1777 und 1778 erschienenen 7. und 8. Auflage von Anton Friedrich Büschings „Erdbeschreibung" nachvollziehen. Büsching hatte dabei noch die von 1775 bis 1785 erfolgende Umwandlung der Territorialverwaltung von „Gouvernements" (*gubernija*) in „Statthalterschaften" (*namestničestvo*) in Betracht zu ziehen, die dann unter Paul I. (1754–1801) und Alexander I. (1777–1825) wieder rückgängig gemacht wurde.

Im ersten Band seiner „Erdbeschreibung" veranschlagte Büsching für „das russische Reich" die General-Gouvernements oder Statthalterschaften von Polock (Polack, mit Vitebsk/Vicebsk) und Mogilev (Mahilëŭ), die 1796 zum „Weißrußischen Gouvernement" (*Belorusskaja gubernija*) mit Sitz in Vitebsk vereinigt wurden. Im zweiten Band thematisierte Büsching „das litauische Rußland", d.h. die noch bestehenden Restgebiete Polen-Litauens. Dazu zählte er die „Landschaft Podlesie, oder Polesie" (d.h. die Woiwodschaft Brześć/Brėst), „Schwarz-Rußland, Rus Tscharna" (d.h. die Woiwodschaft Nowogródek/ Navahrudak), „Weiß-Rußland, Rus Biala, Russia alba" (d.h. die Woiwodschaft Mińsk/ Minsk) und die Woiwodschaft Połock (Polack) (d.h. die litauischen Siedlungen jenseits der Düna).[2] Für „das eigentliche Litauen,

---

[1] Polnoe sobranie zakonov Rossijskoj imperii s 1649 goda. Sobranie I. T. IX. 1770–1774. S.-Peterburg 1830, Nr. 13850/16.8.1772, S. 553-559.

[2] D. Anton Friderich Büsching[s], ... neue Erdbeschreibung. Erster Theil welcher Dänemark, Norwegen, Schweden, das ganze russische Reich, Preussen, Polen, Galizien und Lodomerien, Ungarn, Siebenbürgen,

Litwa sama" registrierte Büsching im zweiten Band die Woiwodschaft Wilno (Vilnius) und die Woiwodschaft Troki (Trakai; mit Grodno/Hrodna).[3]

Aus russisch-imperialer Perspektive hatte sich die Bedeutung von „Weiß-Rußland" laut Büsching zunächst auf das Gebiet von Smolensk verengt und dann nach der ersten Teilung Polen-Litauens erübrigt. War „Weiß-Rußland" in der Auflage von 1777 noch ein Faktum, wurde es in der Auflage 1788 mit dem Attribut „ehemalig" ad acta gelegt. Zum Gouvernement Smolensk heißt es 1777: *Dieses Gouvernement begreift Weiß-Rußland.*[4] Zur Statthalterschaft Smolensk lautet der Kommentar 1788: *Sie begreift das ehemalige Weis-Rußland, im engeren Verstande genommen.*[5]

Fasst man Büschings Überlegungen zusammen, dann gab es die Weiße Ruß in doppelter Ausführung, einmal als polnisches „Weiß-Rußland" oder *Ruś Biała* um Minsk und Polock, mit anderen Worten als Weiß-Ruthenien, und einmal als russisches „Weiß-Rußland" oder *Belorussija* um Mogilev und Smolensk. Mit der Inkorporation der Territorien des Großfürstentums Litauen oder der Wiedervereinigung mit Gebieten des ehemaligen Kiewer Reichs war dem Russländischen Imperium demzufolge ein semantisches Problem erwachsen. Denn die den Ansprüchen des Moskauer Reichs entgegenstehende polnische Landesbezeichnung *Ruś biała* implizierte die Existenz eines eigenen historischen Erbes. Sie überlagerte den russischen Ausdruck *Belorussija* als Begriff für die westliche Peripherie um Smolensk. Daher erklärte Büsching die Begriffsbildung zu einem Versuch der Vereinnahmng von Teilen des Kiewer Reichs durch die litauischen Großfürsten: *Weiß-Rußland, Rus Biala, Russia alba, welches ehemalige Stück von Rußland vermuthlich von den Litauern also genannt worden, um diese von ihnen eroberten Provinzen von dem übrigen russischen Reich, oder von Groß-Rußland, zu unterscheiden.*[6]

Genau dieser Sprachregelung folgte die St. Petersburger Akademie der Wissenschaften, als sie 1780 anlässlich einer Inspektionsreise Katharinas II. in die „weißrußischen Statthalterschaften" (*belorusskie namestničestva*) einen Reiseführer mit „topographischen Bemerkungen" herausgab. Darin findet sich selbstverständlich auch ein Abschnitt über das unbekannte Terrain „Weißrußland" (*Belorussija*).[7] Für Katharina selbst bildete „Weißrußland" (*Russie Blanche*), wie aus einem in französischer Sprache geschriebenen Brief an ihren Sohn Pavel vom 18. Mai 1780 hervorgeht, eine bunte „Mischung von Menschen und Sprachen, wie im Gebäude des Turms von Babel (*c'est le mélange des hommes et des langues comme à la batisse de la tour de Babilone*)".[8]

Der Akademie der Wissenschaften zufolge kursierten für die Bezeichnungen „Weißrußland" (*Belorussija*) oder „Weißes Russland" (*Belaja Rossija*) unterschiedliche Erklärungen. Jedoch

---

die europäische Türkei, und den Krimischen Staat enthält. Siebente rechtmäßige Auflage 1777, I, S. 831-834; II, S. 1380–1391; D. Anton Friderich Büschings, ... Erdbeschreibung. Erster Theil, welcher Dänemark, Norwegen, Schweden, und das russische Reich, enthält. Achte rechtmäßige Aufl. Hamburg 1787, S. 1023–1029. Zweyter Theil, welcher Ost- und West Preußen, Polen und Litauen, Galizien und Lodomerien, Ungarn, die denselben einverleibten Reiche und Siebenbürgen, die Republik Ragusa und das osmanische Reich, enthält. Achte rechtmäßige Aufl. Hamburg 1788, S. 282-293.

3 Ebd. (1777), II, S. 1370–1380.
4 Ebd. (1777), I, S. 864/865.
5 Ebd. (1788), I, S. 1023.
6 Ebd. (1777), II, S. 1388.
7 Topografičeskie primečanija na znatnejšie mesta putešestvija ee Imperatorskogo Veličestva v Belorusskie namestničestva. S.-Peterburg 1780, S. 43-53. Vgl. auch Karta putešestvija Eja Imperatorskago Veličestva v Belorusskija namestničestva v 1780 godu. S.-Peterburg 1780. Online: Vivaldi, https://vivaldi.nlr.ru/cm000000221/details (letzter Zugriff: 27.5.2024).
8 Pis'ma Imperatricy Ekateriny II Velikomu Knjazju Pavlu Petroviču i Velikoj Knjagine Marii Feodorovne vo vremja putešestvija v 1780 godu. In: Sbornik Russkogo Istoričeskogo Obščestva 9 (1872), S. 39-63, hier S. 47/48.

wurde die Ableitung vom Schnee oder von der Verwendung des Titels „Weißer Zar" durch die östlichen Völker als genauso unbegründet erachtet wie die Lage des Landes jenseits der mongolischen Tributherrschaft. Daraus ergab sich der Schluss, dass der Begriff von den litauischen Großfürsten zur Abgrenzung ihres Herrschaftsgebiets von den Territorien der ehemaligen Kiewer Rus gebraucht wurde: „Und so ist es wahrscheinlich, daß die Litauer diese Bezeichnung im 14. Jahrhundert dem eroberten Teil willkürlich zur Unterscheidung von den übrigen Ländern Russlands verliehen, d.h. von Groß-, Klein- und Rotrussland."[9] Letzten Endes umschrieb die Akademie der Wissenschaften nun alle territorialen Erwerbungen jenseits von Smolensk als „Weißrußland" (*Belorussija*).[10]

Aus der Erfahrung der ersten Teilung Polen-Litauens heraus wundert es nicht, dass die Stadt Mogilev, die auf der in der Karikatur von 1773 dargestellten Karte noch von Katharins Arm verdeckt war (Abb. 1), in der öffentlichen Wahrnehmung eine prominente Rolle spielte. Mogilev wurde sozusagen erst 1788 durch den französischen Geheimdienst entdeckt. Gemeint ist der für das Ancien Régime in St. Petersburg als Diplomat tätig gewesene Jean Claude Hippolyte Méhée de la Touche (1762–1827). Dieser verlegte nach seiner Ausweisung aus dem Zarenreich in Warschau 1791 eine Zeitung, musste das Land aber ein Jahr später ebenfalls verlassen. Als Konterrevolutionär und Doppelagent entfaltete Méhée de la Touche an verschiedenen Orten eine umfangreiche Publizistik. Darunter fallen auch die 1807 in Hamburg erschienenen „Besonderen Erinnerungen" (*Mémoires particuliers*) an eine am Vorabend der Französischen Revolution unternommene Reise durch Polen, Litauen und „Weißrußland" (*Russie Blanche*). Es handelte sich um Briefe, die an den illustren „Vater" des Figaro, Pierre-Augustin Caron de Beaumarchais (ursprünglich Pierre-Augustin Caron, 1732–1799) adressiert waren. Unter dem 25. Dezember 1788 findet sich zum Aufenthaltsort Mogilev folgender Eintrag: „Diese Stadt ist die Hauptstadt Weißrußlands ... (*Cette ville est la capitale de la Russie Blanche ...*)."[11]

Im Zuge der Verwaltungsreformen, die mit der progressiven Teilung Polen-Litauens vorangingen, erfolgte in der Tat eine terminologische Vereinnahmung „Weißrußlands" (*Belorussija*) durch die zarischen Behörden. Die Sprachregelung, die sich dabei auf dem Verwaltungswege einbürgerte, lief auf eine Unterscheidung zwischen den „litauischen" Gouvernements im Westen und den „weißrußischen" Gouvernements im Osten hinaus. Die heutige Hauptstadt Minsk stand dabei sozusagen zwischen allen Stühlen. So wurde General Michail Nikitič Krečetnikov (1729–1793) am 8. Dezember 1792 in Vorbereitung auf die zweite Teilung angewiesen, nach dem Vorbild „Weißrußlands" – so wurden die Statthalterschaften Polock und Mogilev begrifflich zusammengefasst – Minsk als Sitz für „das erste Gouvernement in Litauen" in Betracht zu ziehen.[12] Das entsprach der „Weiß-Russifizierung" einer politisch litauischen, historisch aber noch aus der Kiewer Rus stammenden Stadt.

In Vorbereitung auf die dritte Teilung Polen-Litauens wurde unter Katharina II. am 30. Oktober 1794 die Einrichtung der drei Gouvernements Vil'na, Grodno und Kovno anvisiert.[13]

---

9 Zitat: *I tak verojatno, čto sie nazvanie dano proizvol'no sej zavoevannij časti ot Litvjan 14m stoletij dlja različija ot pročich stran Rossii, kak to Velikoj, Maloj i Červonnoj Rossii.* Topografičeskie primečanija, S. 42/43.
10 Ebd., S. 46.
11 [Mehée de la Touche:] Mémoires particuliers, extraits de la correspondance d'un voyageur avec feu M. Caron de Beauchmarchais, sur la Pologne, la Lithuanie, la Russie Blanche, Pétersbourg, Moscow, la Cimée, et., etc. Hambourg 1807, S. 75.
12 Polnoe sobranie zakonov Rossijskoj Imperii s 1649 goda. T. XXIII. S 1789 po 6 Nojabrja 1796. S.-Peterburg 1830, S. 388-391, Nr. 17.090/8.12.1792.
13 Ebd., S. 572-585, Nr. 17.264/30.10.1794.

Ungeachtet dessen, dass dann abweichend davon am 8. August 1796 die Gouvernements Vil'na und Slonim (mit Grodno) eingerichtet wurden[14], war damit die folgenschwere Zuordnung Grodnos zu den „litauischen" Gouvernements besiegelt. Dieser Sachverhalt wurde unter dem Zaren Paul I. (1754–1801) offenbar, als die Gouvernements Polock und Mogilev am 12. Dezember 1796 in einem „Weißrußischen Gouvernement" (*Belorusskaja Gubernija*) mit Sitz in Vitebsk (Vicebsk) vereint wurden.[15] Allerdings war diesem Terminus nur eine Existenz von sechs Jahren beschieden. Denn Aleksandr I. (1777–1825) löste das „Weißrußische Gouvernement" am 27. Februar 1802 wieder auf, indem er die Gouvernements Mogilev und Vitebsk einrichtete. Der entsprechende Erlass behielt indes die nominelle Unterscheidung von „weißrußischen" und „kleinrussischen" Gouvernements bei: „Über die Einrichtung der kleinrussischen Gouvernements Černigov und Poltava und der weißrußischen Gouvernements Mogilev und Vitebsk."[16]

Fortan wurden die weißrußischen Gouvernements offiziell nicht nach der Landesbezeichnung, sondern nach den Verwaltungssitzen benannt. Ungeachtet dessen bürgerte sich die Ost-West-Dichotomie durchaus in die Behördensprache ein. Das Ergebnis war eine Unterscheidung zwischen „Weiß-Rußland" mit Vitebsk und Mogilev (ohne Smolensk) und „Litauen" mit Vil'na, Kovno und Grodno (inklusive Brest). Die Gegend um Minsk schien dabei eine Brückenfunktion auszuüben. Dieser Sachverhalt spiegelte sich um 1800 in markanter Weise in der Landesbeschreibung und Kartographie wider.

Zu nennen sind hier zunächst die umfangreichen Arbeiten des in Russland forschenden deutschen Geographen, Chemikers und Botanikers Johann Gottlieb Georgi (1729–1802). Dieser war 1769 als Apotheker nach St. Petersburg gekommen und hatte 1770 und 1772 an Expeditionen nach Sibirien teilgenommen, wobei er sich um die Kartographie des Baikalsees verdient machte. 1775 wurde er in die Russische Akademie der Wissenschaften aufgenommen und 1783 auf die Professur für Chemie der St. Petersburg Universität berufen. Seine „Bemerkungen einer Reise im Russischen Reich im Jahre 1772" erschienen 1775 in zwei Bänden. Von 1776 bis 1780 folgte die vierbändige „Beschreibung aller Nationen des Russischen Reichs, ihrer Lebensart, Religion, Gebräuche, Wohnungen, Kleidung und übrigen Merckwürdigkeiten", die 1799 ins Russische übersetzt wurde. Im Unterschied zu den Ukrainern („Malorussen") und den Kosaken kommen die Belarusen („Weißrußen") darin nicht vor. Sie fanden erst in Georgis „Geographisch-physikalischen und Naturhistorischen Beschreibung des Russischen Reiches" Berücksichtigung, die von 1797 bis 1802 in drei Teilen mit neun Bänden erschien. 1799 machte Georgi in den Kapiteln des zweiten Teils einen bemerkenswerten Unterschied zwischen dem „Gouvernement Weiß-Rußland. Belo russiskaja Gubernia"[17], dem „Gouvernement Litthauen. Lithowskaja Gubernia"[18] und dem „Gouvernement Minsk. Minskaja Gubernija"[19].

Die Aufspaltung des ehemaligen Großfürstentums Litauen in die „litauischen" Gebiete im Westen, die „weißrußischen" Gebiete im Osten und das Gouvernement Minsk in der Mitte fin-

---

14 Ebd., S. 922, Nr. 17.494/8.8.1796.
15 Polnoe sobranie zakonov Rossijskoj Imperii s 1649 goda. T. XXIV. S 6 Nojabrja 1796 po 1798. S.-Peterburg 1830, S. 229/230, Nr. 17.634/12.12.1796.
16 Zitat: *Ob učreždenii Gubernij Malorossijskich: Černigovskoj i Poltavskoj i Belorusskich: Mogilevskoj i Vitebskoj.* Polnoe sobranie zakonov Rossijskoj Imperii s 1649 goda. T. XXVII. 1802–1803. S.-Peterburg 1830, Nr. 20.162/27.2.1802, S. 59/60.
17 Johann Gottlieb Georgi: Geographisch-physikalische und Naturhistorische Beschreibung des Rußischen Reichs zur Uebersicht bisheriger Kenntnisse von demselben. Zweyter Theil. Beschreibung der einzelnen Gouvernements. Zweyte Abtheilung. Königsberg 1799, S. 640-669.
18 Ebd., S. 741-773.
19 Ebd., S. 774-787.

det sich folgerichtig auch in dem 1800 erschienenen „Russländischen Atlas, bestehend aus dreiundvierzig Karten und auf einundvierzig Gouvernements verteilt" (*Rossijskoj atlas iz soroka trech kart sostojaščij i na sorok odnu guberniju Imperiju razdeljajuščij*). Die „Karte des Weißrußischen Gouvernements aus 16 Bezirken" (*Karta Belorusskoj gubernii iz 16 uezdov*) erfasste die Gebiete um Polock, Vitebsk und Mogilev, die „Karte der Litauischen Gouvermements aus 19 Bezirken" (*Karta Litovskoj gubernii iz 19 uezdov*) die Gebiete um Grodno und Brest und die „Karte des Minsker Gouvernements aus 10 Bezirken" (*Karta Minskoj gubernii iz 10 uezdov*) die Gebiete in der Mitte.[20]

*

Im Jahrzehnt nach dem polnischen Januaraufstand von 1830/31 begann die zarische Bürokratie mit der Ablösung des Litauischen Statuts, der Eingliederung der Unierten Kirche in die Russisch-Orthodoxe Kirche und der Abschaffung der jüdischen Gemeindeautonomie (*kahal*) die Traditionen des Großfürstentums Litauen zu entwerten. Zeigten sich die zarischen Verwalter 1828 noch gewillt, das Litauische Statut von 1588 im Sinne der Pflege bestehender Rechtstraditionen in drei Sprachen neu aufzulegen, nämlich im ruthenischen Original sowie in polnischer wie russischer Übersetzung[21], machten sie sich unmittelbar nach dem polnischen Novemberaufstand von 1830/31 daran, dieses außer Kraft zu setzen. Am 18. Februar 1831 wurde das Litauische Statut in den „weißrußischen Gouvernements" Vitebsk und Mogilev von eigenen Satzungen abgelöst[22] und am 25. Juni 1840 erfolgte seine Ersetzung durch russländische Gesetze auch in allen übrigen westlichen Provinzen[23].

In diesem Zusammenhang wurden die in der Behördensprache nach wie vor gängigen Zusammenfassungen der Gouvernements Vitebsk und Mogilev als „weißrußische Gouvernements" und der Gouvernements Vil'na und Grodno als „litauische Gouvernements" durch zarischen Befehl untersagt. Am 18. Juli 1840 hatte der Senat davon Kenntnis zu nehmen, dass Zar Nikolaus I. (1796–1855) einen Ukaz zurückgewiesen habe, „in dem die weißrußischen und litauischen Gouvernements unter dieser Bezeichnung erwähnt wurden (*v kotorom upominalis gubernii Belorusskija i Litovskija pod simi naimenovanijami*)". Er habe die Bezeichnungen durchgestrichen und um eine Neufassung mit der expliziten Benennung der Gouvernements Vitebsk, Mogilev, Vil'na und Grodno gebeten. Dazu habe er eigenhändig angeordnet: „Diese Regel soll auch in Zukunft aufrechterhalten werden, es ist niemals anders zu schreiben als

---

[20] Rossijskoj atlas iz soroka trech kart sostojaščij i na sorok odnu guberniju Imperiju razdeljajuščij. S.-Peterburg 1800. Online: Geoportal Russkogo geografičeskogo obščestva, https://geoportal.rgo.ru/catalog/obshchegeograficheskie-atlasy-rossii/russkie-generalnye-atlasy-xviii-xix-vekov/rossiyskiy-0 (letzter Zugriff: 27.5.2024). Im Einzelnen: 07. Karta Belorusskoj gubernii iz 16 uezdov, https://geoportal.rgo.ru/record/5945 (letzter Zugriff: 27.5.2024); 17. Karta Litvoskoj gubernii iz 19 uezdov, https://geoportal.rgo.ru/record/5955 (letzter Zugriff: 27.5.2024); 19. Karta Minskoj gubernii iz 10 uezdov, https://geoportal.rgo.ru/record/5957 (letzter Zugriff: 27.5.2024).

[21] Polnoe sobranie zakonov Rossijskoj Imperii. Sobranie vtoroe. T. III. 1828. S.-Peterburg 1830, S. 1001–1003, Nr. 2437/17.11.1839: Vysočajše utverždennoe položenie Komiteta Ministrov. Ob učinenii perevoda Litovskogo Statuta na russkij jazyk s Belorusskogo idzanija 1588 g., i o napečatanii sego Statuta na trech jazykach: Belorusskom, Pol'skom i Russkom.

[22] Polnoe sobranie zakonov Rossijskoj Imperii. Sobranie vtoroe. T. VI. 1831. Otdelenie Pervoe. S.-Peterburg 1832; S. 171, Nr. 4.369/18.2.1831.

[23] Polnoe sobranie zakonov Rossijskoj Imperii. Sobranie vtoroe. T. XV. 1840. Otdelenie Pervoe. S.-Peterburg 1841, S. 443–445, Nr. 13.591/25.6.1840.

nach dem Namen des Gouvernements."²⁴ Als am 18. Dezember 1842 mit der Einrichtung des Gouvernements Kovno erneute Umstrukturierungen der Verwaltungsgebiete anstanden – u.a. die Verlegung des Kreises Novogroduk (Navahrudak) vom Gouvernement Grodno ins Gouvernement Minsk – wurde zusammenfassend von den „Nordwestlichen Gouvernements (*Severo-Zapadnye gubernii*)" gesprochen.²⁵

Allerdings wurde der herkömmliche Sprachgebrauch auch in den Behörden weiterhin gepflegt. Das spiegelte sich sogar in der Gesetzgebung beziehungsweise in den Verordnungen von höchster Stelle wider. Beispielsweise wurde der Generalgouverneur von Vil'na während des polnischen Januaraufstandes am 30. April 1863 angewiesen, in dem nördlichen von ihm verwalteten Gebiet den zivilen durch einen militärischen Gouverneur zu ersetzen. Die Begründung lautete, „die zwei Weißrußischen [Gouvernements] und das Minsker Gouvernement (*dve Belorusskie i Minskaja gubernija*)" – Vitebsk, Mogilev, Minsk – stellten aufgrund der Bevölkerungszusammensetzung eine von den „Litauischen Gouvernements (*Litovskie gubernii*)" – Vil'na, Kovno, Grodno – getrennte Gruppe dar.²⁶

*

Auch wenn in den 1840er und 1850er Jahren im Amtsgebrauch die Spuren von Litauen und der Weißen Ruß getilgt wurden und in den Behörden das Wort von den Nordwestprovinzen die Runde machte, führten die Bücher von Michail Bez-Kornilovič (1855) und Iosif Turčinovič (1857) zur Entdeckung der „weißrußischen" Geschichte. Die daran anschließende Vermessung des Imperiums durch die russländische Geographie und Ethnographie trug überdies dazu bei, das Bewußtsein für eine eigene Geschichtslandschaft zu verankern.

Dafür, dass in den Mental Maps der russländischen Gelehrten eine Ausdifferenzierung der drei ostslavischen Sprachen und die Abgrenzung der Siedlungsgebiete der entsprechenden Ethnien erfolgte, sorgten die Arbeiten des slowakischen Dichters und Philologen Pavel Jozef Šafárik (1795–1861). Als Kurator der Prager Universitätsbibliothek veröffentlichte Šafárik zwei Standardwerke, 1837 „*Slovanské starožitnosti*" oder „Slawische Alterthümer – so die deutsche Übersetzung von 1843/44 – und 1842 „Slavische Ethnographie" (*Slovanský národopis*), ins Russische übersetzt 1843 als „*Slavjanskoe narodopisanie*".

Zu den russischen Slaven zählte Šafárik in den „Slawischen Altertümern" alle Stämme, die in der Kiewer Rus aufgegangen waren, dazu rechnete er insbesondere die Kriwitschen, die der altrussischen Chronik zufolge im 9. Jahrhundert in den Gegenden um Polock und Smolensk siedelten.²⁷ Der „Name des Kriwitscherlandes" (*gméno země kriwické*) habe sich in „Weißrußland" (*Bélorus'*) an den Schnittflächen der Gouvernements Vil'na, Minsk und Grodno bis ins erste Viertel des 16. Jahrhunderts erhalten.²⁸ In der „Slavischen Ethnographie" betrachtete Šafárik die drei ostslavischen Spachen als gleichrangige „Dialekte" (*Nářečí velkoruské, Nářečí*

---

24 *Pravila sego deržat'sja i vpred', nikogda inače ne propisyval, kak po imenno gubernii.* Ebd., S. 515, Nr. 13.678/18.7.1840.

25 Polnoe sobranie zakonov Rossijskoj Imperii. Sobranie vtoroe. T. XVII. Otdelenie vtoroe. 1842. S.-Peterburg 1843, S. 229, Nr. 16.347/18.12.1842.

26 Polnoe sobranie zakonov Rossijskoj Imperii. Sobranie vtoroe. T. XXXVIII. Otdelenie pervoe. 1863. S.-Peterburg 1866, S. 399/400. Nr. 39.561/30.4.1863.

27 Pavel Josef Šafařík: Slovanské starožitnosti. Praha 1837, S. 485/486; Paul Joseph Schafariks Slawische Alterthümer. Hrsg. v. Heinrich Wuttke. Bd. I–II. Leipzig 1843–1844, hier Bd. II, S. 53.

28 Ebd. (1837), S. 530; (1844), S. 109.

maloruské und *Nářečí běloruské*).²⁹ Die in der Frühen Neuzeit entwickelte „litauisch-russische" Literatursprache sei indes in der Gegenwart im Großrussischen aufgegangen.³⁰

Mit seiner Absteckung der Sprachgrenzen lieferte Šafárík eine paradigmatische Lösung für spätere Definitionen ethnischer Territorien. Demnach ragte das Verbreitungsgebiet des „weißrußischen Dialekts" nur im Westen und Nordwesten über die Verwaltungsgrenzen der bestehenden Gouvernements hinaus, zum Beispiel im Gebiet von Belostok (Białystok). Aufgrund der an Flussläufen und städtischen Koordinaten vorgenommenen Markierung wird deutlich, dass Šafárík in Bezug auf die ostslavischen Nachbarn im Südwesten und im Osten Abstriche machte. Weder Brest (Brėst) noch Smolensk gehörten demzufolge zu „Weißrußland" (*Bělorus'*). In West-Polesien, das im Mittelalter zum Fürstentum Wolhynien gehört hatte, und das sich heute über die Republik Polen, die Republik Belarus und die Ukraine verteilt, wollte Šafárík die „kleinrussische Rede" verortet wissen.³¹

Im Anschluss daran begannen in den 1850er und 1860er Jahren russländische Militärs in eigener Regie oder in staatlichem Auftrag die Nordwestprovinzen ethnographisch und geographisch zu erschießen. Eine landeskundliche Beschreibung der Gouvernements Vitebsk und Mogilev – namentlich der „Weißen Ruß oder Weißrußlands" (*Belaja Rus' ili Belorussija*) – wurde 1855 von dem ehemaligen Leiter für Vermessungen und statistische Erfassungen, Generalmajor Michail Osipovič Bez-Kornilovič (1796–1862), vorgelegt: „Historische Zeugnisse der bemerkenswertesten Orte in Weißrußland mit ergänzenden zusätzlichen Zeugnissen, die sich darauf beziehen" (*Istoričeskie svedenija primečatel'nejšich mestach v Belorussii s prisovokuplenniem i drugich svedenij k nej že otnosjaščichsja*). Darin wurden neben Ereignissen aus dem öffentlichen Leben zentraler Orte auch sozioökonomische Zustände des flachen Landes thematisiert.

Die „Weißrußen" (*belorusy*) erachtete Bez-Kornilovič im Verein mit Šafárík als „Erben" der Kriwitschen.³² Die Farbe leitete er gleich zu Anfang von dem hellen Gesicht der angestammten Bewohner beziehungsweise der weißen Kleidung der einheimischen Bauern ab. Dabei nahm er erstmals eine anthropologische oder ethnographische Stilisierung eines „Volkstypus" vor: „Eine solche Bezeichnung resultierte aus dem weißen Gesicht, den blaugrauen Augen und den hellbraunen Haaren der angestammten Bewohner und von der weißen Kleidung der Bauern ..."³³

Bez-Kornilovičs Buch besteht im Kern aus landeskundlichen Skizzen, denen ein Überblick über die Grundzüge der Geschichte vorangestellt ist. Darin erachtet der Verfasser „Weißrußland" nicht nur als Durchmarschzone für fremde Heere, sondern auch als Transitland für Exportwaren.³⁴ Als Offizier, der eher im Nachrichtenwesen als bei aktiven Kriegshandlungen im Einsatz gewesen war, kam er zu einem martialischen Urteil, indem er „Weißrußland" – das „Land, in dem feindliche Völker die untereinander bestehenden Streitigkeiten mit dem Schwert entschieden" – dazu verdammte, ein „weit um sich greifender Friedhof" zu sein.³⁵

---

29 Pavel Josef Šafárík: Slovanský národopis. Praha 1842, S. 20-42; P. I. Šafarik: Slavjanskoe narodopisanie. Perevod O. M. Bodjanskogo. Moskva 1843, S. 8-30.
30 Ebd. (1842), S. 41/42; (1843), S. 29/30.
31 Ebd. (1842), S. 40; (1843), S. 28.
32 M. O. Bez-Kornilovič: Istoričeskie svedenija primečatel'nejšich mestach v Belorussii s prisovokuplenniem i drugich svedenij k nej že otnosjaščichsja. S.-Peterburg 1855, S. 1 und 240.
33 *Takoe nazvanie proizošlo ot belogo lica, golubo-serych glaz i svetlorusych volos u prirodnych žitelej, i beloj odeždy nosimoj krest'janami ...* Ebd., S. 1.
34 Ebd., S. 1/2.
35 Ebd., S. 18.

Ungeachtet dessen stand der für das „Weißrußland"-Bild des Zarenreichs aufschlussreiche Beitrag von Bez-Kornilovič im Schatten der „Materialien zur Geographie und Statistik Russlands, die von Offizieren des Generalstabes gesammelt wurden" (*Materialy dlja geografii i statistiki Rossii, sobrannye oficeram general'nogo štaba*). Es handelte sich um 39 Bände, die in den Jahren 1859 bis 1868 in St. Petersburg erschienen. Thematisiert wurde jeweils ein Gouvernement. Die Bände enthalten statistische Angaben und geographische Beschreibungen sowie Landkarten und Ortspläne. Sie geben Auskunft über die Geschichte der jeweiligen Region und bieten landeskundliche Einblicke. Da die Autoren eigenwillig zur Sache gingen, haben die einzelnen Bände ein individuelles Gepräge. Im Hinblick auf die Ethnographie überraschen nicht nur die unprofessionellen Aussagen, sondern auch der unklare und verwirrende Umgang mit der Terminologie. In kolonialistischer Perspektive galt die westliche Peripherie des Russländischen Imperiums offenbar als Neuland, das noch erschlossen werden musste.

Die Bearbeiter der Reihe konnten sich teilweise auf Daten zum „Westgebiet des Russländischen Imperiums" (*Zapadnyj kraj Rossijskoj imperii*) beziehen, die 1862 vom Zentralen Statistik-Komitee in der Zeitschrift „Bote Südwest- und West-Russlands" (*Vestnik Jugo-Zapadnoj i Zapadnoj Rossii*) veröffentlicht worden waren. Zum Westgebiet zählten die Gouvernements Vitebsk, Mogilev, Minsk, Vil'na, Grodno, Kovno, Kiev, Wolhynien und Podolien. Erfasst wurden 9.849.381 Personen, davon: 6.949.533 Slaven – 5.921.586 Slaven-Russen (3.217.619 „Kleinrussen", 2.026.893 „Weißrußen" und 677.074 „Großrussen") und 1.027.947 Polen – 1.614.600 Litauer und 1.139.633 Juden.[36] Die Pavel Šafárik folgende Klassifizierung West-Polesiens als „kleinrussisch" (Tabelle 1), wurde für die russländische Ethnographie mustergültig.

Kreis	Großrussen	Kleinrussen	Weißrußen
Brest	24.333	31.341	1.205
Kobrin	17.731	33.136	2.614
Pružany	307	30.263	0
Slonim	18.328	0	1.305

Tabelle 1: Verteilung der Ostslaven in den südwestlichen Kreisen des Gouvernements Grodno nach Angaben der Zentralen Statistikverwaltung von 1862
Quelle: [Michail Lebedkin:] O plemennom sostave narodonaselenija Zapadnogo kraja Rossijskoj imperii. In: Vestnik Jugo-Zapadnoj i Zapadnoj Rossii. Istoriko-literaturnyj žurnal. God 1-yj. Oktjabr'. T. II. Kiev 1862, Otd. IV, S. 1-33, hier S. 25.

In den „Materialien zur Geographie und Statistik Russlands" konzentrierte sich der Bearbeiter des 1861 erschienenen Vil'na-Bandes, A. Korev, bei der Darstellung der demographischen Zusammenhänge auf katholische „Litauer" (*Litovci*) und orthodoxe Slaven, die er irreführenderweise als „Russinen" (*Rusiny*) bezeichnete. Mit diesem Begriff wurden ansonsten eher die Ruthenen oder Ukrainer (polnisch: „ruski") im ehemaligen polnischen Galizien oder „Rot-Reußen" erfasst. Von den zugezogenen „Großrussen" (*veliko-Rossijan*) unterschied Korev die „Weißrußen" (*Belorussy*), „Schwarzrußen" (*Černorussy*) und „Kriwitschen" (*Kriviči*), deren Name in den Chroniken seit dem 12. Jahrhundert verschwunden war. Einem kolonialistischen

---

36 [Michail Lebedkin:] O plemennom sostave narodonaselenija Zapadnogo kraja Rossijskoj imperii. In: Vestnik Jugo-Zapadnoj i Zapadnoj Rossii. Istoriko-literaturnyj žurnal. God 1-yj. Oktjabr'. T. II. Kiev 1862, Otd. IV, S. 1-33, hier S. 7-9.

Blick folgend zog Korev zur Unterscheidung von Großrussen und Ruthenen das bloße, zum Nachteil der Letzteren gereichende Aussehen heran: Während die Großrussen groß und kräftig seien und über ein helles Antlitz und blaue Augen verfügten, wiesen die brünetten und dunkeläugigen Ruthenen eine kleine und hagere Gestalt auf. Von den „weißen" Ruthenen – wie zuletzt noch von Michail Bez-Kornilovič beschrieben – war nicht die Rede.[37] Einer imperialen Perspektive geschuldet charakterisierte Korev die konfessionelle Situation wie folgt: Seien die Litauer und der adelige, will heißen polnische Teil der Slaven Katholiken, so bekenne sich die bäuerliche slavische Masse zur Orthodoxie, stehe damit also auf dem Fundament der zarischen Herrschaft. Symptomatischerweise schloss Korev bei seinen Betrachtungen nicht nur die polnische, sondern auch die jüdische Bevölkerung weitgehend aus. Das Wilnagebiet befand sich Korev zufolge im Besitz der Ruthenen, sprich in großrussischer Hand.[38]

Der Bearbeiter des 1862 erschienenen Smolensk-Bandes, M. Cebrikov, hatte es mit einer Übergangsregion zu tun, für die sich mangels sprachlicher Kriterien oder anderer Identitätskonstruktionen keine Abgrenzungslinien ziehen ließen. Cebrikov folgte daher bei der Beschreibung der Bevölkerungsverteilung den Angaben des für das Gouvernement zuständigen Statistik-Komitees, das kurzerhand „großrussische und weißrußische Kreise (*uezdy Velikorusskie i Belorusskie*)" veranschlagte. Weil eine ethnische Ausdifferenzierung nicht möglich war, griff hier lediglich die geographische Nähe zu den angrenzenden „großrussischen" oder „weißrußischen" Gouvernements. Auf diese Weise wurden fünf östliche, großrussische Kreise mit 519.335 Bewohnern und sechs westliche, „weißrußische" Kreise mit 602.499 Bewohnern registriert.[39] Um den Eindruck zu relativieren, dass sich das „weißrußische" Territorium auch auf die Stadt Smolensk erstreckte, wies Cebrikov darauf hin, dass die „höheren Stände" (*vysšija soslovija*) den Großrussen angehörten.[40]

Der Bearbeiter des 1863 erschienenen Grodno-Bandes, P. Bobrovskij, hatte es nominell mit einem „litauischen"Gouvernement zu tun, dessen Verwaltungsgrenzen Regionen berührten, die ethnisch den Polen und Ukrainern zugerechnet wurden. Bobrovskij unterschied 87-88% Slaven, worunter er „Russen" (*Russkie*) und „Polen" (*Poljaki*) subsummierte, von 10-12% Juden. Dabei wies er darauf hin, dass sich die Katholiken in den westlichen Gouvernements dadurch von den Orthodoxen abgrenzten, dass sie sich selbst als Polen und die anderen als Russen bezeichneten. Das Problem bestehe darin, dass sich ruthenische Katholiken nicht mit Russland identifizierten.[41] Originell erscheint darüber hinaus die Unterscheidung zweier „russischer Nationalitäten" (*russkie nacional'nosti*), die Bobrovskij aufgrund des Sprachkriteriums ausmachte. Der nördliche Teil des Gouvernements Grodno werde von „Schwarzrußen" (*Černorussy*) bewohnt, die einen „weißrußischen Dialekt" (*narečie Belorusskoe*) sprächen. Der südliche Teil obliege den „Kleinrussen" (*Malorossijane*), zu denen die im Bereich von Prypjat und Bug siedelnden „Poleschuken" (*Polešuki*) oder „Pinsker" (*Pinčuki*) beziehungsweise „Buganer" (*Bužany*) genauso gehörten wie die „Russinen/Ruthenen (*Ruškie*; poln. *ruski*) aus dem Chełmer Land. Diese verwendeten die „kleinrussische Sprache" (*malorossijskij jazyk*) in einem Pinsker oder Wolhynischen Dialekt. Abweichend von dieser Differenzierung zwischen Schwarzrußen

---

37 Materialy dlja geografii i statistiki Rossii, sobrannye oficeram general'nogo štaba. Vilenskaja gubernija. Sost. A. Korev. S.-Peterburg 1861, S. 290.
38 Ebd., S. 321.
39 Materialy dlja geografii i statistiki Rossii, sobrannye oficeram general'nogo štaba. Smolenskaja gubernija. Sost. M. Cebrikov. S.-Peterburg 1862, S. 126.
40 Ebd.
41 Materialy dlja geografii i statistiki Rossii, sobrannye oficeram general'nogo štaba. Grodnenskaja gubernija. Sost. P. Bobrovskij. Čast' I-II. S.-Peterburg 1863, I, S. 614.

und Ukrainern betonte Bobrovskij abschließend, dass alle Bauern ohne Ausnahme, sowohl Orthodoxe als auch Katholiken, den „weißrußischen Dialekt" nutzten.[42]

Der Bearbeiter des 1864 erschienenen Minsk-Bandes, I. Zelenskij, hatte keine Außengrenzen zu beschreiben, zählte sein Gouvernement aber zur „Litauischen Rus'" (*Litovskaja Rus'*). Die Tatsache, dass Minsk terminologisch mitunter der „Weißen Ruß" (*Belaja Rus'*) entzogen und der „Schwarze Ruß" (*Černaja Rus'*) zugerechnet worden sei, führte Zelenskij auf Missverständnisse zurück, die aus der administrativen Einteilung der polnischen Woiwodschaften und der dialektalen Ausdifferenzierung des Ostslavischen resultierte. Faktisch hätten die Begriffe „Weißrußen", „Schwarzrußen" und „Polesier" im Laufe der Zeit lediglich die ursprünglichen Stammesbezeichnungen Kriwitschen, Dregowitschen und Jatwigen abgelöst.[43]

Der Bearbeiter des 1865 erschienenen Černigov-Bandes, M. Domantovič, konnte auf ethnische Besonderheiten und soziale Rivalitäten in einer Region verweisen, die seit der Frühen Neuzeit eine Anlaufstelle für Flüchtlinge gewesen ist, die der Leibeigenschaft und religiösen Verfolgung in anderen Gebieten entgehen wollten. Indes hätten sich die Alteingesessenen, die „Südrussen" (*južnorussy*) oder „Kleinrussen" (*malorussy*), schon längst die Areale mit Schwarzerde-Böden gesichert.[44] Die Übersiedler aus dem ehemaligen Großfürstentum Litauen seien in „Kleinrussland" (*Malaja Rossija*) unter der Bezeichnung „Litwinen" (*litviny*) bekannt. Weil sie am rechten Ufer der in den Dnepr fließenden Desna keine ertragreichen Böden bewirtschaften könnten, hätten sie härtere Lebensbedingungen auf sich zu nehmen als die Alteingesessenen und seien daher von schlechter Konstitution. Abgesehen davon seien sie an sprachlichen Besonderheiten und durch ihre weiße Kleidung zu erkennen.[45]

*

Die russländische Ethnographie ging aus einer Abteilung der 1845 gegründeten Kaiserlichen Russländischen Geographischen Gesellschaft hervor. In deren Auftrag erstellte der deutschstämmige Beamte Peter von Köppen (Petr Ivanovič Keppen; 1793–1864), der zuvor Materialien zur Geographie und Geschichte der Krim gesammelte hatte, 1851 eine „Ethnographische Karte des Europäischen Russland" (*Ėtnografičeskaja karta Evropejskoj Rossii*). Diese erschien 1853 in zweiter Auflage in einer mit statistischen Angaben versehenen Broschüre „Über die ethnographische Karte des Europäischen Russland" (*Ob ėtnografičeskoj karte Evropejskoj Rossii*). Die zweisprachige Karte – russisch und deutsch – folgt einem kolonialistischen Blick. Da die Titularnation außen vorgelassen wird und nur die sogenannten „Fremdstämmigen" (*inorodcy*) Berücksichtigung finden, erfolgt per se keine Unterscheidung zwischen Großrussen, Belarusen und Ukrainern. Aufgrund der Bevölkerungsverteilung erscheint dadurch beispielsweise auch das Wilnagebiet fest in russischer Hand.[46]

---

42 Ebd., S. 622/23.
43 Materialy dlja geografii i statistiki Rossii, sobrannye oficeram general'nogo štaba. Minskaja gubernija. Čast' I-II. Sost. I. Zelenskij. S.-Peterburg 1864, I, S. 2/3.
44 Materialy dlja geografii i statistiki Rossii, sobrannye oficeram general'nogo štaba. Černigovskaja gubernija. Sost. M. Domantovič. S.-Peterburg 1865, S. 529-531.
45 Ebd., S. 532/533.
46 [Petr Keppen:] Ėtnografičeskaja karta Evropejskoj Rossii, sostavlena Petrom Keppenom. S.-Peterburg 1851. Online: Geoportal Russkogo Geografičeskogo obščestva, https://geoportal.rgo.ru/record/1674 (letzter Zugriff: 27.5.2024); Livejournal, https://humus.livejournal.com/7562776.html (letzter Zugriff: 27.5.2024); Keppen, Petr: Ob ėtnografičeskoj karte Evropejskoj Rossii. 2-oe izd. S.-Peterburg 1853. Online: Livejournal, https://humus.livejournal.com/8368459.html (letzter Zugriff: 27.5.2024).

In der Folge kam es bei der Klassifzierung der Ostslaven zu einer Ausdifferenzierung. Die Deutschbalten Gustave Theodor Pauly (1817–1867) und Roderich von Erckert (1821–1900) legten 1862/1863 ethnographische Beschreibungen und Karten in französischer Sprache vor. Ausgehend von der Landesbezeichnung *Russie Blanche* („Weißrußland") wurde bei der Beschreibung der dazugehörigen Bevölkerungsgruppe die provisorische Lösung *Russes de la Russie Blanche* („Russen Weißrußlands") genutzt und auf die Ausformulierung eines Ethnonyms verzichtet.

Der deutschstämmige Ethnograph Gustave Theodor Pauly war seit 1841 in russischen Diensten und machte sich seit 1857 als Mitglied der Russischen Geographischen Gesellschaft um die „Ethnographische Beschreibung der Völker Russlands" (*Description ethnographique des peuples de la Russie*) verdient. Es handelte sich um einen Band mit 62 Lithographien von Vertretern aller Ethnien in Volkstrachten, der 1862 zum 1.000 Jahrestag der Berufung des legendären Rjuriks veröffentlicht wurde. An dem darin enthaltenen Porträt von „Weißrußen" aus dem Gouvernement Mogilev fällt zweierlei auf. Zum einen fügt sich ihr Äußeres nahtlos in den Reigen von Personendarstellungen in bäuerlicher Tracht aus anderen europäischen Regionen ein. Zum anderen spielt die helle Farbe dabei keine außergewöhnliche Rolle. Vielmehr verweisen die Muster auf Kleid und Schürze der Frau sowie die farbliche Gestaltung des Gürtels beim Mann auf lokale Traditionen des Ornaments (Abb. 2).

Insgesamt gesehen ging Pauly von der These aus, dass der Antagonismus von Zarenreich und Polen-Litauen für die Ost-West-Spaltung der Slaven gesorgt habe. Aus diesem Spannungsverhältnis resultiere zugleich die Brückenfunktion, die die westlichen Peripherien infolge der ethnischen Ausdifferenzierung der Ostslaven ausübten:

> „So bilden die Slaven den europäischen Osten, die Russen den slavischen Osten und die Russen in Großrussland den russischen Osten. Diese echten Russen finden in den Kleinrussen und den Russen Weiß-Rußlands ein Übergangselement zu den Westslaven."[47]

Vor diesem Hintergrund unterschied Pauly im Verein mit den Bearbeitern der „Materialien zur Geographie und Statistik Russlands" die „Kleinrussen" (*Petits-Russiens*) oder „Ruthenen" (*Ruthénes*) am Dnepr von den „Weißrußen" (*Biélorousses*) oder „Russinen" (*Russines*) an der Düna. Dabei maß er den Gouvernements Kiev (Kyjiv) und Minsk jeweils eine Übergangsfunktion zu. In diesem Zusammenhang grenzte er die „litauischen Gouvernements" Vil'na und Grodno von den „weißrußischen Gouvernements" Vitebsk, Mogilev, Smolensk ab.[48] Die französische Wortschöpfung *Biélorousses* konnte sich in der Folge nicht durchsetzen.

Im Anhang von Paulys Sammelband findet sich eine „Ethnographische Karte des Kaiserreichs Russland" (*Carte éthnografique de l'Empire de Russie*). Diese wurde von dem in russischen Diensten stehenden deutschstämmigen Offizier Roderich von Erckert (1821–1900) konzipiert und von dem Altertumsforscher und Geographen Heinrich Kiepert (1818–1899) gezeichnet, der 1859 auf die Professur für Geographie an der Humboldt Universität in Berlin berufen werden sollte. Kiepert hatte 1849 als Mitarbeiter des Geographischen Instituts, eines Verlages für Kartenwerke und Globen in Weimar, bereits eine zweiblättrige Karte unter dem Titel „Polen, Westrussland bis zum Dniepr, die Ostseeprovinzen und die Nieder-Donauländer nebst einer Übersicht der Theilungen von Polen" vorgelegt. Die Karte erschien 1859 noch ein-

---

47 *C'est ainsi que les Slaves forment l'orient européen, les Russes, l'orient slave, et les Russes de la Grande-Russie, l'orient russe. Ce véritables Russes trouvent dans les Petits-Russiens et les Russes de la Russie-Blanche un élément transitoire aux Slaves de l'ouest*. T[heodor] de Pauly: Description ethnographique des peuples de la Russie. St. Peterburg 1862, S. 4.
48 Ebd., S. 64 und 81.

Abb. 2: Porträt von Bauern aus dem Gouvernement Mogilev
Bildunterschrift: Belorussy (Mogilevskoj gubernii). Russes du Gouvernement de Mohileff (Russie Blanche).
Quelle: Belorussy (Mogilevskoj gubernii). Russes du Gouvernement de Mohileff (Russie Blanche). In: T[heodor] de Pauly: Description ethnographique des peuples de la Russie. St. Peterburg 1862, S. 84/85.

mal auf einem Blatt. „Weiss-Russland" taucht darin nur auf einer am linken oberen Bildrand platzierten Nebenkarte „Polnisches Gebiet in verschiedenen Zeitperioden" auf.[49] In der Karte, die Kiepert nach Erckerts Anweisungen 1862 zu Paulys Sammelband beisteuerte, wird bei der Titularnation der „Russen" (*Russes*) zwischen den „Russen Großrusslands" (*Russes de la Grande Russe*), den „Kleinrussen" (*Petits Russiens*), den „Russen Weiß-Rußlands" (*Russes de la Russie Blanche*), den „Russen Sibiriens" (*Russes de la Siberie*) und den „Kozaken" (*Kozaks*) unterschieden. Die Verbreitung der Belarusen erstreckte sich demnach bis vor die Tore von Smolensk, langte aber nicht mehr bis ins Wilnagebiet oder ins Brester Gebiet.[50]

Als Mitglied der Russischen Geographischen Gesellschaft veröffentlichte von Erckert im Jahr des polnischen Januaraufstandes von 1863 noch einmal einen speziellen „Ethnographischen Atlas der Provinzen, die ganz oder teilweise von Polen bewohnt werden" (*Atlas ethnographique des provinces habitées en totalité ou en partie par des Polonais*). Die mit dem Titel „Ethnographische Tafel" (*Tableau etnographique*) überschriebene erste Karte enthält neben einer Übersicht über die Verteilung einzelner Ethnien auch eine Statistik zur Nationalitätenverteilung in Russland, Preußen und Österreich. Zwar werden die Ostslaven tabellarisch unter dem Sammelbegriff „Russen" (*Russes*) geführt, doch nimmt die Karte eine klare Abgrenzung zwischen „Kleinrussen" (*Petit-Russiens*) und „Weißrußen" (*Russes de la Russie-Blanche*) vor. Das Territorium „Weißrußlands" versteht sich, wie bereits in der Karte zu Paulys Sammelband von 1862, im Kern als Gebiet der Gouvernements Minsk und Mogilev mit Teilen der Gouvernements Grodno, Vil'na und Vitebsk. Die westlichen Landesteile sind von polnischen Sprachinseln durchzogen (Karte 5).[51] Auf einer separaten, den „Russen" (*Russes*) gewidmeten Karte führte von Erckert noch aus, dass sich die Ostslaven in den ansonsten von Polen und Litauern bewohnten Provinzen durch eine gemeinsame Sprache und einen gemeinsamen Glauben auszeichneten. Während sich der Adel in früheren Jahrhunderten mit der Konversion zum Katholizismus an das Polentum assimiliert habe, sei das Volk immer russisch geblieben.[52]

Die 1864 erschienene russische Ausgabe des „Ethnographischen Atlas" versah Erckert mit einem einleitenden „Blick auf die Geschichte und Ethnographie der westlichen Gouvernements Russlands" (*Vzgljad na istoriju i ètnografiju zapadnych gubernij Rossii*). Was den von Pauly beschriebenen russisch-polnischen Antagonismus betrifft, erachtete von Erckert das konfessionelle Unterscheidungsmerkmal wichtiger als das sprachliche. Dabei ging er in Anlehnung an P. Bobrovskij, den Bearbeiter des 1863 erschienenen Grodno-Bandes der Reihe „Materialien zur

---

49 Heinrich Kiepert: Polen, Westrussland bis zum Dniepr, die Ostseeprovinzen und die Nieder-Donauländer nebst einer Übersicht der Theilungen von Polen. Weimar 1849. Online: Bibliothèque nationale de France. Gallica, https://gallica.bnf.fr/ark:/12148/btv1b53099761p (letzter Zugriff: 28.5.2024). Revidirt [sic] 1859. Online: Münchener Digitalisierungszenrum, https://www.digitale-sammlungen.de/de/view/bsb00149554?page=,1 (letzter Zugriff: 27.5.2024).

50 [Roderich von Erckert:] Carte éthnographique de l'Empire de Russie par R. d'Erckert. Dessinées par H. Kiepert. Berlin 1862. Online: Library of Congress, https://www.loc.gov/resource/gdclccn.2018688983/?sp=70&r=-0.381,-0.008,1.566,0.758,0 (letzter Zugriff: 26.6.2024).

51 [Roderich von Erckert:] Tableau Ethnographique. In: Atlas etnographique des provinces habitées en totalité ou en partie par des polonais par R. d'Erkert capitaine aux gardes, membre effectig de la societé géographique impérile de Russie. St. Petersburg 1863, Tafel I. Online: Big Ten Academic Alliance Geospatial Information Network, https://geo.btaa.org/catalog/p16022coll229:618 (letzter Zugriff: 25.7.2024). Karte separat: Wikimedia Commons, https://commons.wikimedia.org/wiki/File:Tableau_Ethnographique_(Georg_Ferdinand_Robert_ d%27Erckert,_1863).jpg (letzter Zugriff: 26.6.2024).

52 [Roderich von Erckert:] Russes. In: Ebd., Tafel III. Online: Big Ten Academic Alliance Geospatial Information Network, https://geo.btaa.org/catalog/p16022coll229:618 (letzter Zugriff: 25.7.2024).

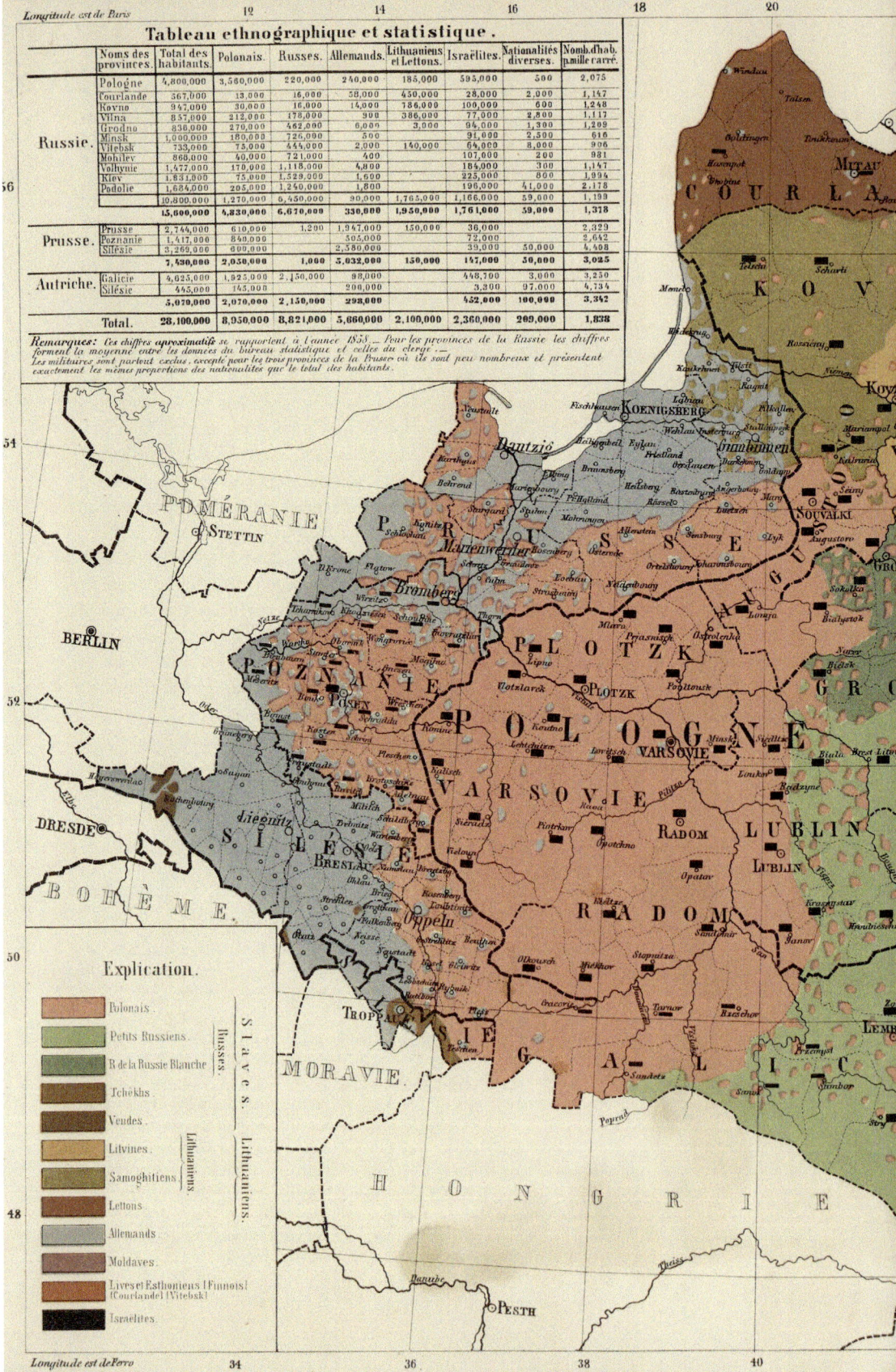

Karte 5: Erckerts ethnographische Karte

Quelle: Atlas etnographique des provinces habitées en totalité ou en partie par des polonais par R. d'Erkert capitaine aux gardes, membre effectig de la societé géographique impérile de Russie. St. Petersburg 1863, S. I. Online: Big Ten Academic Alliance Geospatial Information Network, https://geo.btaa.org/catalog/p16022coll229:618 (letzter Zugriff: 25.7.2024).

Geographie und Statistik Russlands", von der Behauptung aus, dass die Wörter „Katholik" und „Pole" in der Region Synonyme darstellten. Ein Katholik, „der die weißrußische oder kleinrussische Sprache" verwende, betrachte sich als Pole und werde auch von anderen als solcher angesehen. Ausgehend von diesem Befund, sei der Ausdruck „katholischer Weißruße" (‚*katoličeskij Belorus*') in das Reich der Fiktionen zu verbannen. Im Umkehrschluss ist festzuhalten, dass von Erckert wohl oder übel das Auftauchen des Ethnonyms *Belorus* in orthodoxen Kreisen zu registrieren hatte. Es handelte sich um eine von der russischen Titularnation abweichende Identitätskonstruktion: „… mit Ausnahme der sich in den Gouvernements Vitebsk und Mogilev sowie im östlichen Teil des Gouvernements Minsk zur orthodoxen Religion Bekennenden ist niemandem im Volk der Ausdruck ‚*Belorus*' für die Bezeichnung des Volkstums oder „weißrußisch" für die Bezeichnung der Sprache bekannt."[53]

Folglich ging von Erckert davon aus, dass das gemeine Volk nicht über den Horizont des eigenen Dorfes hinausblicke. Es nenne seine Sprache ohne jegliche ethnische Zuschreibung „einfache Sprache" (eigentlich *prosta mova*, in russischer Übersetzung *prostoj jazyk*). Als Eigenbezeichnungen dienten im Sinne des imperialen Selbstverständnisses „Russe" (*Russkij*), unter Bezugnahme auf die historische Tradition „Litauer" (*Litovec*) und zur Abgrenzung vom polnischen Landadel „Bauer" (*krest'janin*).[54] Aus imperialer Sicht hatte von Erckert dennoch ein Dilemma zu konstatieren. Jeder, der sich auf die Suche nach dem russischen Element mache, fände genug Russen, und jeder, der nach dem polnischen Element fahnde, genug Polen.[55] Vor diesem Hintergrund markierte von Erckert in Übereinstimmung mit Pauly zwei Gruppen von „Weißrußen". Die erste Gruppe bestehe aus den „echten Weißrußen" (*nastojaščie Belorussy*). Diese verteilten sich auf die Gouvernements Vitebsk und Mogilev sowie den östlichen Teil des Gouvernements Minsk. Für die zweite, weiter westlich, also an der Grenze zu Polen lebende Gruppe ließe sich keine ethnische Identität feststellen.[56]

Von Erckerts Arbeiten zu den „westlichen Provinzen" wurden von dem russischen General, Ethnographen und Kartographen deutschbaltischer Herkunft Aleksandr Fedorovič Rittich (1831–1915) fortgesetzt. Dieser erstellte in den Jahren 1862 bis 1864 unter der Leitung des Verantwortlichen für den Bau orthodoxer Kirchen in den westlichen Gouvernements, D. S. S. Batjuškov, einen russisch-französischen „Atlas der Bevölkerung der Westrussischen Gebiets nach Glaubensbekenntnis" (*Atlas narodonaselenija zapadno-russkogo kraja po ispovedanijam*), der neben einer „Karte des westrussischen Gebiets" (*Karta zapadno-russkogo kraja*) die einzelnen Gouvernements in neun separaten Teilen präsentiert. Auf den Karten wurde das Bekenntnis der Bevölkerungsmehrheit farblich gekennzeichnet, auf Tabellen an den Kartenrändern oder im Anhang statistische Angaben über Kirchen, Gläubige und Ethnien geliefert. In einer „Statistischen Tabelle des Westrussischen Grenzgebiets nach Glaubensbekenntnissen (*Statističeskaja tablica Zapadno-ruskogo kraja, po ispovedajami*)" sowie am Seitenrand der entsprechenden Karten werden von den 716.412 Orthodoxen im Gouvernement Minsk 634.450 als „Weißrußen" (*belorussy*) und 19.546 als „Kleinrussen" (*malorossy*) bezeichnet. Dazu kamen 53.390 „Großrussen" (*velikorossy*) und 9.025 „Litauer" (*litovcy*); von den 483.394 Orthodoxen

---

53 … *za isključeniem ispovedujuščich pravoslavnuju religiju v Vitebskoj, Mogilevskoj i vostočnoj časti Minskoj gubernii, vyraženija „Belorus", dlja označenija narodnosti, i „belorusskij" dlja označenija jazyka, nikomu v narode ne izvestny*. R. F. Erkert: *Vzgljad na istoriju i ėtnografiju zapadnych gubernij Rossii. (S atlasom)*. S.-Peterburg 1864, S. 8.
54 Ebd.
55 Ebd., S. 9.
56 Ebd., S. 64.

im Gouvernement Grodno werden 384.460 den „Weiß- und Schwarzrußen" (*černorusy*) und 98.934 den „Kleinrussen" zugerechnet. In den Regionen Podlachien und Polesien gab es dementsprechend eine erhebliche Anzahl explizit noch nicht genannter Ukrainer und einen diffusen Anteil an „Schwarzrußen" (die eigentlich in Novogrudok zu verorten wären). Abgesehen davon spielten Katholiken nur an den westlichen Peripherien eine Rolle. Das Wilnagebiet wurde als orthodox deklariert.[57]

In den nächsten beiden Jahrzehnten intensivierte Rittich seine ethnograpischen Forschungen. 1875 veröffentlichte er im Auftrag der Kaiserlichen Geographischen Gesellschaft eine aktualisierte „Ethnographische Karte des Europäischen Russland" (*Ėtnografičeskaja Karta Evropejskoj Rossii*). Sie erschien im Kartographischen Unternehmen von Aleksej Afinogenovič Il'in (1834–1889). In der Karte fanden 46 Ethnien Berücksichtigung. Rittich unterschied zwischen „Großrussen" (*velikorussy*), „Weißrußen" (*belorussy*) und „Kleinrussen" (*malorussy*). Die Weißrußen verortete er im Gebiet zwischen Vil'na und Smolensk, die Kleinrussen prinzipiell südlich der Prypjat, im Westen aber auch darüber hinaus in weiten Teilen Polesiens.[58] Diese Auffassung vertrat Rittich auch 1885 in seinem Buch „Slavische Welt. Historisch-geographische und ethnographische Untersuchung" (*Slavjanskij mir. Istoriko-geografičeskoe i ėtnografičeskoe issledovanie*). Darin findet sich eine schwarz-weiß schraffierte Karte von „Litauen und Weißrußland" (*Litva i Belorussija*). Der Kartenausschnitt langt von der Weichsel bis zur Desna und enthält Schraffuren für „Litauer" (*litovcy*) und „Weißrußen" (*belorussy*). Zu „Weißrußland" gezählt werden Avgustovo (Augustów), Lida, Vil'na (Vilnius), Dünaburg/Dvinsk (Daugavpils), Smolensk, Dorogobuž, Roslavl', Loev (Loeŭ im Nordwesten von Černihiv) und Belostok (Białystok), nicht aber Bel'sk (Bielsk-Podlaski) oder das Brester Gebiet mit Pinsk und Kobrin (Kobryn).[59] Jedenfalls wurde mit dem Begriffspaar „Litauen und Weißrußland" eine Alternative zum Terminus Nordwestgebiet geschaffen, die in der Folge Schule machen sollte.

*

Vor diesem Hintergrund überrascht, dass die Sprache als Unterscheidungsmerkmal der Ostslaven in der Ethnographie oder Kartographie zwar eine Rolle spielte, vor 1870 aber keine systematische Erfassung vorgenommen wurde. Immerhin hatten die Moskauer *Trudy obščestva ljubitelej rossijskoj slovesnosti* („Arbeiten der Gesellschaft der Liebhaber der russlän-

---

57 Atlas narodonaselenija zapadno-russkogo kraja po ispovedanijam, sostavlen pri Ministerstve vnutrennych del v kanceljarii Zavedujuščego ustrojstvom pravoslavnych cerkvej v zapadnych gubernijach Izd. 2-oe, ispravl. i dop. S.-Peterburg 1864. Online: Geoportal russkogo geografičeskogo obščestva, https://geoportal.rgo.ru/catalog/tematicheskie-atlasy/atlas-narodonaseleniya-zapadno-russkogo-kraya-po-ispovedaniyam-1864 (letzter Zugriff: 28.5.2024); Gosudarstvennaja publičnaja istoričeskaja biblioteka Rossii, http://elib.shpl.ru/ru/nodes/4742-rittix-a-f-atlas-narodonaseleniya-zapadno-russkogo-kraya-po-ispovedaniyam-spb-1864 (letzter Zugriff: 28.5.2024); Prezidentskaja biblioteka, https://www.prlib.ru/item/317120 (letzter Zugriff: 28.5.2024).

58 [A. F. Rittich:] Ėtnografičeskaja Karta Evropejskoj Rossii sostavil po poručeniju Imperatorskogo Russkogo Geografičeskogo Obščestva dejstvitel'nyj člen onogo A. F. Rittich pod nabljudeniem special'noj komissii iz Vice-predsedatelja Imperatorskogo Geografičeskogo Obščestva P. P. Semenova. S.-Peterburg 1875. Online: Wikipedia Commons, https://ru.m.wikipedia.org/wiki/%D0%A4%D0%B0%D0%B9%D0%BB:Ethnic_Map_of_European_Russia_by_Aleksandr_Rittich-1875.jpg (letzter Zugriff: 28.5.2024); Livejournal, https://humus.livejournal.com/4351670.html (letzter Zugriff: 28.5.2024).

59 [A. F. Rittich:] Litva i Belorussija. In: Ders.: Slavjanskij mir. Istoriko-geografičeskoe i ėtnografičeskoe issledovanie. Varšava 1885, S. 24. Online: Rossijskaja gosudarstvennaja biblioteka, https://search.rsl.ru/ru/record/01003649147 (letzter Zugriff: 28.5.2024).

dischen Wortkunst") bereits 1822 einen Beitrag „Über den weißrußischen Dialekt" (*O belorusskom narečii*) von K. F. Kalajdovič veröffentlicht. Dieser lieferte im Anhang ein „Kurzes Wörterbuch des Weißrußischen Dialekts" (*Kratkoj slovar' Belorusskago narečija*) mit gerade einmal 67 Beispielen, die 1813 möglicherweise im Nachgang zu Napoleons Russlandfeldzug vor Ort notiert worden waren.[60] Als „Weißrußischen Dialekt" (*Belorusskoe narečie*) definierte der Autor das multikulturelle Sprachgemisch der ostslavischen Bevölkerung in den ehemaligen Gebieten Polen-Litauens, welches in der Frühen Neuzeit zu einer Schriftsprache geworden war:

> „Unter dem Namen des Weißrußischen Dialekts verstehen wir den Stil, der in Weißrußland (*Belorussija*), Kleinrussland, Litauen und Polen, lebenden Frommen, Katholiken und Unierten. Dieser Dialekt ist ein Gemisch aus der slavisch-rußischen, polnischen, deutschen teils lateinischen Sprache, das zu einer Zeit zusammengesetzt wurde, als unter dem Einfluss der polnischen Wortkunst die reine slavische Sprache vergessen wurde. Geistliche und Weltliche schrieben in diesem Dialekt, den sie ruthenische Sprache nannten, vom 16. bis zur Mitte des 17. Jahrhunderts ..."[61]

Darüber hinaus erschien 1863 in Vil'na eine anonyme Broschüre unter dem Titel „Erzählungen im weißrußischen Dialekt" (*Razskazy na belorusskom narečii*). Diese hatte am 1. Dezember 1862, also kurz vor Ausbruch des polnischen Januaraufstandes, die Zensur passiert. Es handelte sich weder um eine unterhaltsame Märchensammlung noch um eine romantische Beschwörung des Volkstums, sondern um ein gegen die griechisch-katholische Kirche gerichtetes Pamphlet. Es enthielt fünf Essays und Dialoge in unterschiedlichen belarusischen und ukrainischen Dialekten. Die Texte sollten im Lehrbezirk von Vil'na Verbreitung finden. Für die russisch-orthodoxe, sprich ostslavische Bevölkerung war die geographische Zuordnung von Interesse, die in einem ukrainischen Dialekt unter der folgenden Fragestellung abgehandelt wurde: „Wer waren unsere ältesten Väter und was war ihr Los bis zur Union?" (*Kto budy naši najdavšijšni didy i jakaja ich bula dolja do unii?*).

> „Das Land, in dem jetzt Pintschuken [Leute aus Pinsk], Mintschuken [Leute aus Minsk], Vitebsker, Mogilever leben, heißt Weiße Ruß (*Bilaja Rus'*); in diesem Land lebte seit Alters her das slavische Volk, verwandt mit den Völkern, die lange lebten und jetzt leben in den südlichen und östlichen russischen Gebieten leben. Dieses Volk nannte sich zuerst Kriwitschen oder Kriwitschen-Slaven: so gab es einst die Polocker Kriwitschen, – von diesen Kriwitschen stammen unsere Vorväter. Wir können jetzt nicht bestimmen, welches großes Stück Landes die Polocker Kriwitschen in Anspruch nahmen; wir können nur sagen, dass die jetzigen Gouvernements Vitebsk und Mogilev, ein kleiner Teil des Gouvernements Grodno mit den Städten Volkovysk (Vaŭkavysk) und Brest (Brèst) die Stätten waren, wo das weißrußische Volk lebte. Wo waren die Grenzen Weißrußlands (*Bilorussija*)? Es gibt keine Methode das so zu bestimmen, wie es erforderlich ist; wir wissen, dass die Gouvernements Vil'na (Vilnius), Smolensk und Pskov die Weiße Ruß von der südöstlichen Rus' getrennt haben; und im Westen, neben Weißrußland, lebten Litwinen, ..."[62]

---

60 K. F. Kalajdovič: O belorusskom narečii. In: Trudy obščestva ljubitelej rossijskoj slovesnosti (1822) Nr. 1, S. 67-80, hier S. 73-80.
61 *Pod imenem Belorusskago narečija razumeem my slog živšich v Belorussii, Malorussii, Litve in Pol'še, Blagočestivych, Katolikov i Uniatov. Eto narečie est' smes' iz jazykov Slavjano-Ruskago, Pol'skago, Nemeckago častiju Latinskago, sostaviešajasja v to vremja, kogda ot vlijanija Pol'skoj slovesnosti zabyvali čistyj jazyk Slavjanskij. Duchovnye i svetski pisali na sem narečii, imenuja onoe jazykom Rus'kim, s XVI do istečenija XVII stoletija ...* Ebd., S. 68.
62 *Storona, dě živut teper Pynčuki, Mynčuki, Vytobci, Mogilevci, zovětcja Biloj Rus'ju; v hětuj storoni z věl'my davnych časuv živ narod Slovjan'skij, rudnyj z narodamy, kotoryi davnij žily i těpěr živut v pudněvych i vschudnich russ'kich krajach. Narod toj vpěrš zvavsja Kryvyčamy, al'bo kryvyc'kymi Slovjanamy: tak, buly ko-*

Da die Landesbezeichnung noch nicht normiert war, wird einerseits von „Weißer Ruß" (*Bilaja Rus'*) – der Landstrich von Pinsk bis Vitebsk – und andererseits von „Weißrußland (*Bilorussija*) – die Gouvernements Vitebsk und Mogilev – gesprochen. Das „i" konnotiert in beiden Fällen einen ukrainischen Dialekt. Zum einen werden die Polocker Kriwitschen als Vorfahren der Bevölkerung der Weißen Ruß benannt, zum anderen die Gouvernements Vitebsk und Mogilev sowie Teile der Gouvernements Minsk, Grodno. Vil'na, Pskov und Smolensk als Siedlungsraum der „Weißrußen" bezeichnet. In jedem Falle wird ein Territorium in den Blick genommen, das den historischen Grenzen des Großfürstentums Litauen entspricht.

Um die „weißrußische" Volkskunde machte sich als erster der aus dem Gouvernement Mogilev stammende Lehrer Ivan Ivanovič Nosovič (1788–1877) verdient. Dieser hatte nach seiner Ausbildung am Geistlichen Seminar von Mogilev in verschiedenen Lehranstalten der Nordwestprovinzen unterrichtet. Nach seiner Pensionierung ließ er sich 1844 in Mstislavl' nieder, um ethnologische Forschungen zu betreiben. In den Jahren 1867 bis 1869 erschien eine „Sammlung weißrußischer Sprichwörter" (*Sbornik belorusskich poslovic*), 1870 ein „Wörterbuch der weißrußischen Mundart" (*Slovar' belorusskogo narečija*) und 1873 eine „Sammlung weißrußischer Lieder" (*Sbornik belorusskich pesen*).

Im Vorwort der St. Petersburger Akademie der Wissenschaften zum Wörterbuch von 1870 heißt es, der „weißrußische Dialekt" (*belorusskoe narečie*) im einst von den Kriwitschen besiedelten Becken von Düna und Dnep sei gerade wegen seiner Archaik von sprachwissenschaftlichem Interesse: „Der weißrußische Dialekt, der auf der weiten Fläche von Memel und Narew bis zu den Höhen der Wolga und von der Westlichen Düna bis zur Prypjat und zur Ipuc' vorherrschend ist, und der von den Bewohnern der nordwestlichen und teilweise daran angrenzender Gouvernements gesprochen wird, oder die Örtlichkeiten, die einst die Stämme der Kriwitschen besiedelten, haben wegen der unversehrten wertvollen Relikte einer alten Sprache schon lange die Aufmerksamkeit der vaterländischen Philologen auf sich gezogen."[63]

Eine Professionalisierung erfuhr die Ethnographie des „Westrussischen Gebiets" (*Zapadno-Russkij kraj*) durch eine Initiative der Kaiserlichen Russischen Geographischen Gesellschaft, die auf das Jahr 1862 zurückgeht, aber erst ab 1872 Früchte tragen sollte. Es handelte sich um die Idee, die westlichen Peripherien des Zarenreichs, genauer das „Westrussische Gebiet" durch ethnographische Expeditionen statistisch zu erfassen und dementsprechend zu kartieren. Das Unternehmen sollte in der Reihe „Arbeiten der ethnographisch-statistischen Expedition in das

---

lys' Kryvyči Poloc'kyi, - ot héty Kryvyči buly našymy pradidamy. Ně možemo tepér dovidatysja, či vélykii kusok zémli zajmovaly Kryvyči Poloc'kyi; možemo tul'ko skazaty, že těperešnjaja Vytěbskaja, Mogylěvskaja gubernii, malěn'kij kavaločok Grodněnskoj z mistamy Vovkovyskom i Běrestem – buly tymy mijs'cjamy, dě žyv Biloruss'kij narod. Děž' buly granicy Bilorussii? Něma sposobu pokazaty těe, jak potreba; znaem, že Vylen'skaja, Smolen'skaja i Ps'kov'skaja guběrnii otdiljaly Biluju Rus' ot Rusi poludněvo-vschudněi; a z zachodu, kolo Bilorussii, žily Lityny, ... Razskazy na belorusskom narečii. Vil'no 1863. Nachdruck in: Dzejasloŭ. Literaturna-mastackae i publicystyčnae vydanne (Minsk 2004) Nr. 9, S. 203-212. Online: https://dziejaslou.by/old/www.dziejaslou.by/inter/dzeja/dzeja.nsf/htmlpage/lat902ec.html?OpenDocument (letzter Zugriff: 2.7.2024); Wikimedia Commons, https://commons.wikimedia.org/wiki/File:Рассказы на белорусском наречии.pdf (letzter Zugriff: 2.7.2024).

63 *Belorusskoe narečie, kotoroe javljaetsja gospodsvujuščim n a obšírnom prostranstve ot Nemana i Nareva do verchovev Volgi i ot Zapadnoj Dviny do Pripeti i Iputi, kotorym govorjat žiteli severo-zapadnych i nekotorych častej smežnych s nimi gubernii, ili tech mestnostej, kotorye někogda naseljalo Krivíčskoe plemja, uže davno obraščalo na sebja vnimanie otečestvennych filologov po ucelevšim v nem dragocennym ostatkam starinnogo jazyka.* Slovar' belorusskogo narečija. Sostavlennyj I. I. Nosovičem. S.-Peterburg 1870, unpaginierte Vorwort. Dopolnenie k Belorusskomu slovarju. S.-Peterburg 1881. Reprint Minsk 1983. Nachdruck und Nachwort in zwei Bänden von G. Freidhof und P. Kosta. München 1984–1986.

Westrussische Gebiet" (*Trudy ėtnografičesko-statističeskoj ėkspedicii v Zapadno-Russkij kraj*) seinen Abschluss finden, war aber nur im Hinblick auf die Ukraine erfolgreich.

Der aus dem Gouvernement Kostroma stammende Ethnograph und Belletrist Sergej Vasil'evič Maksimov (1831–1901) unternahm zwar 1868 im Auftrag der Geographischen Gesellschaft eine Expedition in die „weißrußischen" Gouvernements Vitebsk, Mogilev und Minsk, lieferte aber keinen Bericht. Maksimov hatte nach seinem Studium der Medizin an der Universität Moskau und der Medizinisch-Chirurgischen Akademie in St. Petersburg unterschiedliche Regionen des Russländischen Reiches bereist und darüber zahlreiche Artikel mit ethnographischen Beschreibungen verfasst. Niederschlag fanden die Ergebnisse seiner Expedition in das „Nordwestgebiet" allenfalls in seiner Monographie „Die Landstreicher-Ruß um Christi willen" (*Brodjačaja Rus' Christa-radi*, S.-Peterburg 1877) und in einem Beitrag im „Litauen und Weißrußland"-Band der Reihe „Malerisches Russland" (*Živopisnaja Rossija*, 1882).

Damit wurde die Deutungshoheit über die Siedlungsgrenze von „Weißrußen" und „Kleinrussen" der „Südwest-Abteilung" (*Jugo-Zapadnyj otdel*) des Projekts der Geographischen Gesellschaft überlassen. Für diese verantwortlich war der aus dem Gouvernement Černigov (Černihiv) stammende Ethnograph und Publizist Pavlo Platonovič Čubin'skyj (1839–1884), der mit seinem Gedicht „Noch sind der Ruhm und die Freiheit der Ukraine nicht gestorben" (*Šče ne vmerli Ukrajini ni slava, ni volja ...*) den Text für die heutige Nationalhymne gestiftet hatte. Wegen seines Engagements in der ukrainischen Nationalbewegung wurde er 1862 nach dem erfolgreichen Abschluss seines Studiums an der Juristischen Fakultät der Universität St. Petersburg nach Archangel'sk verbannt. Nach seiner Rückkehr unternahm er 1869/70 im Auftrag der Geographischen Gesellschaft eine ethnographische Expedition in die Ukraine, die er – dem Verbreitungsgebiet der „kleinrussischen" Sprache folgend – bis nach „Weißrußland" und Moldawien ausdehnte. Seine Ergebnisse veröffentlichte Čubin'skyj von 1872 bis 1878 in sieben Bänden in der Reihe „Arbeiten der ethnographisch-statistischen Expedition in das Westrussische Gebiet".[64]

In seinem Vorwort umriss Čubin'skyj am 1. Dezember 1870 sein Einsatzgebiet wie folgt: das „Südwestgebiet" (*Jugo-Zapadnyj kraj*), d.h. Wolhynien, Podolien und das Gouvernement Kiev (Kyjiv) sowie die südlichen Teile der Gouvernements Grodno (Kreise Brest-Litovsk/Brėst und Kobrin/ Kobryn) und Minsk (Kreise Pinsk und Mozyr'/Mazyr), die westlichen Teile der Gouvernements Lublin und Sedlec (Siedlce) und die nordöstlichen Teile Bessarabiens. Zwar gehe es um die „im Gebiet vorherrschende Bevölkerung" – d.h. eigentlich „Kleinrussen" – doch seien benachbarte „Poleschuken", „Podolier" und „Ukrainer" ebenfalls in Betracht zu ziehen.[65] Dadurch wurde ein über West-Polesien hinausragendes Gebiet, das in west-östlicher Linie von Bel'sk über Pružany bis Pinsk verläuft und dabei Brest einschließt, für die Ukraine im heutigen Sinne reklamiert.

Dass die „Weißrußen" im Zarenreich in der Forschung eher stiefmütterlich behandelt wurden, kommt auch in der „Geschichte der russischen Ethnographie" (*Istorija russkoj ėtnografii*) des liberalen Literaturkritikers und Publizisten Aleksandr Nikolaevič Pypin (1833–1904) zum

---

64 Trudy ėtnografičesko-statističeskoj ėkspedicii v Zapadno-Russkij kraj, snarjažennoj Imperatorskim Russkim Geografičeskim Obščestvom. Jugo-Zapadnyj otdel. Materialy i issledovanija. sobrannye P. P. Čubinskim. T. I. Vyp. 1. Verovanija i sueverija. Zagadki i poslovicy. Koldovodstvo. Vyp. 2. Poslovicy, zagadki, koldovodstvo. T. II. Malorusskie skazki. T. III. Narodnyj dnevnik (obyčai i obrjady, priuročennye k vremenam goda). T. IV. Obrjady: rodiny, krestiny, svad'ba, pochorony. T. V. Pesni ljubovnye, semejnye, bytovye i šutočnye. T. VI. Narodnye juridičeskie obyčai. T. VII. Vyp. 1. Evrei. Poljaki, Plemena nemalorusskogo proischoždenija. Malorussy (statistika, sel'skij byt, jazyk). Vyp. 2. Malorussy jugo-zapadnogo kraja. S.-Peterburg 1872–1878.
65 Ebd., T. I, S. XI–XX, hier XII und XIV.

Ausdruck. Pypin hatte nach seinem Studium der Geschichte in Kazan' und der Literatur in St. Petersburg 1857 seine Magisterdissertation „Skizze der Literaturgeschichte alter russischer Erzählungen und Märchen" (*Očerk literaturnoj istorii starinnych povestej i skazok russkich*) vorgelegt, seine wissenschaftliche Laufbahn aber vorzeitig abgebrochen. Kurz nach seiner Berufung auf eine außerordentliche Professur für allgemeine Literaturgeschichte an der Universität St. Petersburg war er 1861 ebenso wie andere Kollegen aus Protest gegen die Einmischung des Ministers für Aufklärung in die inneren Angelegenheiten der Universität von seinem Posten zurückgetreten. Fortan betätigte er sich publizistisch in Zeitschriften wie *Sovremennik* („Zeitgenosse") oder *Vestnik Evropy* („Bote Europas"). Nicht nur seine liberalen Ansichten, auch seine Verbindung zu seinem aus politischen Gründen nach Sibirien verbannten Cousin Nikolaj Gavrilovič Černyševskij (1828–1889) standen für eine oppositionelle Haltung gegenüber dem Zarenregime. Pypin wurde von der Akademie der Wissenschaften dennoch 1891 zunächst als korrespondierendes und dann 1898 als ordentliches Mitglied aufgenommen.

Die in den Jahren 1890 bis 1892 in vier Bänden veröffentlichte „Geschichte der russischen Ethnographie" war von 1881 bis 1888 bereits als Artikelserie in der Zeitschrift *Vestnik Evropy* erschienen. Markanterweise fand „Weißrußland" erst im letzten Band gemeinsam mit „Sibirien" Berücksichtigung (*Belorussija i Sibir'*).[66] Unwillkürlich stiftete Pypin damit eine Verbindung zwischen dem „Wilden Westen" im Sinne einer Brutstätte der polnischen Aufstände und dem „Wilden Osten" im Sinne eines Gefängnisses für die russischen Revolutionäre.

Angesichts der Tatsache, dass „Weißrußland" in der russischen Öffentlichkeit erst nach dem polnischen Januaraufstand von 1863/64 Aufmerksamkeit geschenkt worden war, meinte Pypin nicht nur die Existenz einer „weißrußischen Ethnographie" (*belorusskaja ėtnografija*), sondern auch die Bedeutung eines „weißrußischen Volkstums" (*belorusskaja narodnost'*) zumindest rhetorisch in Frage stellen zu können.[67] Weil sich die bisherige Forschung bisher nicht um ein „westrussisches oder weißrußisches Volkstum" (*zapadno-russkaja ili belorusskaja narodnost'*) gekümmert habe, müsse man davon ausgehen, „dass ‚Weißrußland' nur ein geographischer Terminus ist (*čto Belorussija est' tol'ko geografičeskij termin*)".[68]

Erst im Nachgang zu dieser provokativen These vertrat Pypin die Ansicht, dass ein „weißrußischer ‚Stamm'" durchaus existiere. Wenn man die Frage beantworten wolle, inwieweit sich sein Charakter vom großrussischen unterscheide, müsse man sich mit der Geschichte und der Alltagsstruktur auseinandersetzen.[69] Die Entwicklungen der „weißrußischen Sprache" (*belorusskij jazyk*) oder des „weißrußischen Dialekts" (*belorusskoe narečie*) und der „großrussischen Sprache" (*velikorusskij jazyk*) seien in unterschiedlichen politischen Kontexten zwar parallel verlaufen. Im Gegensatz zum „kleinrussischen Dialekt" (*malorusskoe narečie*) habe sich die kulturelle Eigenart des „weißrußischen Dialekts" im russländisch-imperialen Zusammenhang aber nicht weiter ausgeprägt.[70]

*

Um die Popularisierung des „Nordwestgebiets" machte sich in der Folge der Ministerialbeamte Pompej Nikolaevič Batjuškov (1811–1892) verdient. Batjuškov hatte in den 1850er Jahren im

---

66 A. N. Pypin: Istorija russkoj ėtnografii. T. I-II. Obščij obzor izučenij narodnosti i ėtnografija velikorusskaja. T. III. Ėtnografija malorusskaja. T. IV. Belorussija i Sibir'. S.-Peterburg 1890–1892.
67 Ebd., T. IV Belorussija i Sibir'. S.-Peterburg 1892, S. 3.
68 Ebd., S. 3/4.
69 Ebd., S. 4.
70 Ebd., S. 6.

Generalgouvernement Vil'na (Vilnius) Erfahrungen in der Leitung des Lehrbezirks und als Vize-Gouverneur von Kovno (Kaunas) gesammelt. Ab 1857 fungierte er als Vize-Direktor im St. Petersburger Department für ausländische Konfessionen. Von 1865 bis 1867 wendete er sich als Leiter des Komitees für Kirchenbau wieder den Westlichen Provinzen zu. Anschließend übernahm er in Moskau eine Reihe öffentlicher Ämter.

Ab Mitte der 1860er Jahre entfaltete Batjuškov eine rege Publikationstätigkeit. Von 1865 bis 1886 erschienen acht Bände der Reihe „Denkmäler des russischen Altertums in den westlichen Gouvernements" (*Pamjatniki russkoj stariny v zapadnych gubernijach*). 1887 bis 1892 folgten fünf Sammelbände zu den Nordwestprovinzen mit Titeln wie „Die Chełmer Ruß. Historische Beschreibung" (*Cholmskaja Rus'. Istoričeskoe opisanie*; 1887), „Wolhynien. Historische Schicksale des Südwestgebiets" (*Volyn'. Istoričeskie sud'by Jugo-Zapadnogo kraja*; 1888), „Weißrußland und Litauen. Historische Schicksale des Nordwestgebiets" (*Belorussija i Litva. Istoričeskie sud'by Severo-Zapadnogo kraja*, 1890), „Podolien. Historische Beschreibung" (*Podolija. Istoričeskoe opisanie*, 1891) und „Bessarabien. Historische Beschreibung" (*Bessarabija. Istoričeskoe opisanie*, 1892).

Der 1890 erschienene Band „Weißrußland und Litauen" beruhte auf Beiträgen der Professoren der Kiever Geistlichen Akademie Ivan Ignat'evič Malyševskij (1828–1897) und Nikolaj Ivanovič Petrov (1840–1921) sowie des Publizisten Mitrofan Ivanovič Gorodeckij (1846–1893). Der aus der Kleinstadt Negneviči im Kreis Novogrudok (Navahrudak) des Gouvernements Minsk stammende Kirchenhistoriker Malyševskij hatte von 1837 bis 1843 die Geistliche Lehranstalt von Žiroviči (Žyroviči), von 1843 bis 1849 das Minsker Geistliche Seminar und von 1849 bis 1853 die Kiever Geistliche Akademie besucht. Hier unterrichtete er von 1853 bis 1861 als Bakkalaureus und von 1862 bis 1897 als Professor für Geschichte der russischen Kirche. Malyševskijs jüngerer Kollege, der Kirchenhistoriker und Philologe Petrov war seit 1870 an der Kiever Geistlichen Akademie erst Dozent und dann außerordentlicher Professor für Theorie der Wortkunst und Geschichte der russländischen Literatur.

In der Einleitung zu „Weißrußland und Litauen" führte Batjuškov 1890 aus, dass man unter „Weißrußland" (*Belorussija*) im eigentlichen Sinne die Gouvernements Mogilev und Vitebsk verstehe. Abgesehen von den in den südlichen Landesteilen vorherrschenden „Kleinrussen" seien „Weißrußen" (*belorussy*) darüber hinaus auch in den Gouvernements Minsk und Grodno sowie im Gouvernement Vil'na und im Gouvernement Smolensk zu finden. „Weißrußland und Litauen" erachtete Batjuškov als Synonym für den russischen Nordwesten: „Daher kann die Geschichte Weißrußlands und Litauens mit der Geschichte von Russlands Nordwestgebiet identifiziert werden."[71] Dem entspricht auch eine im Anhang mitgelieferte „Karte der Gouvernements Vil'na, Grodno, Kovno, Vitebsk, Mogilev und Minsk mit Hinweis auf die Grenzen Weißrußlands und Litauens" (*Karta gubernii vilenskoj, grodnenskoj, kovenskoj, vitebskoj, mogilevskoj i minskoj s pokazaniem granic Belorussii i Litvy*). Sie wurde im Kartographischen Unternehmen von Aleksej Afinogenovič Il'in (1834–1889) erstellt. „Weißrußland und Litauen" werden als einheitliche Landschaft präsentiert, die Smolensk und Černigov außen vor lässt, im Westen aber Pinsk, Brest-Litovsk, Belostok und Grodno enthält.[72]

---

71 Zitat: *Poetomu istorija Belorussii i Litvy možet byt' otoždestvlena s istoriej Severo-Zapadnogo kraja Rossii.* Belorussija i Litva. Istoričeskie sud'by Severo-Zapadnogo kraja. Izd. P. N. Batjuškovym. S. Peterburg 1890. Izdannaja P. N. Batjuškovym v 1890 g. kniga posvjaščena cerkovnoj, voennoj i političeskoj istorii Belarusi s drevnejšich vremen do XIX v. Minsk 2004, S. 11.

72 Karta gubernii vilenskoj, grodnenskoj, kovenskoj, vitebskoj, mogilevskoj i minskoj s pokazaniem granic Belorussii i Litvy. In: Ebd., Anhang.

In den 1890er Jahren widmete sich zunehmend auch die Geschichtswissenschaft dem Großfürstentum Litauen. Als Doyen der mittelalterlichen Litauenforschung ist der Moskauer, aus dem Gouvernement Rjazan' stammende Historiker Matvej Kuz'mič Ljubavskij (1860–1936) zu bezeichnen. Das Thema, dem er sich verschrieben hatte, war der „Litauisch-Russische Staat" (*Litovsko-Russkoe gosudarstvo*). 1894 verteidigte er seine Magisterdissertation „Die Gebietseinteilung und Lokalverwaltung des Litauisch-Russischen Staates zur Zeit der Herausgabe des Ersten Litauischen Statuts" (*Oblastnoe delenie i mestnoe upravlenie Litovsko-Russkogo gosudarstva ko vremeni izdanija Pervogo Litovskogo statuta*), 1900 seine Doktordissertation „Die Litauisch-russische Adelsversammlung. Versuch zur Geschichte der Institution im Zusammenhang mit dem inneren Bau und dem äußeren Leben des Staates" (*Litovsko-russkij sejm. Opyt po istorii učreždenija v svjazi s vnutrennim stroem i vnešnej žizn'ju gosudarstva*).[73] Ljubavskijs Karriere an der Universität Moskau verlief lange Zeit geradlinig. 1895 wurde er Privatdozent am Lehrstuhl für Russische Geschichte, 1902 Professor für Russische Geschichte, 1908 Dekan der Historisch-Philologischen Fakultät und 1911 Rektor der Universität. Nach der Oktoberrevolution musste er 1918 in die Archivverwaltung des Gebiets Moskau überwechseln, 1930 wurde er nach Ufa verbannt.

Neben Ljubavskij ist als Spezialist für das Großfürstentum Litauen noch der aus dem Gouvernement Černigov stammende Rechtshistoriker Fedor Ivanovič Leontovič (1833–1911) zu nennen. Leontovič hatte von 1852 bis 1955 das Juristische Lyzeum in Nežin (Nižyn bei Černihiv) besucht und danach von 1856 bis 1860 an der Juristischen Fakultät der Universität Kiev studiert. 1864 verteidigte er seine Magisterdissertation „Historische Untersuchung über die Rechte der litauisch-russischen Juden" (*Istoričeskoe issledovanie o pravach litovsko-russkich evreev*) und 1868 seine Doktordissertation „Ältere kroatisch-dalmatinische Gesetzgebung" (*Drevnee chorvato-dalmatskoe zakonodatel'stvo*). Nach der vorübergehenden Ausübung einer Privatdozentur an seiner Heimatuniversität wechselte Leontovič an die Neurussland-Universität von Odessa, wo er als Experte für die Geschichte des russischen Rechts 1865 zunächst auf eine Dozentur und dann 1868 auf eine Professur berufen wurde. Obgleich er es in Odessa bis zum Posten des Rektors brachte, wechselte er 1892 an die Universität Warschau. Hier veröffentlichte er 1894 seine „Studien zur Geschichte des litauisch-russischen Rechts. Die Herausbildung des Territoriums des Litauischen Staates" (*Očerki istorii litovsko-russkogo prava. Obrazovanie territorii Litovskogo gosudarstva*).[74]

Ein weiterer russischer Historiker, der sich zumindest in seinen Vorlesungen mit dem Großfürstentum Litauen befasste, war Aleksandr Evgen'evič Presnjakov (1870–1929). Dieser hatte von 1889 bis 1893 an der Historisch-Philologischen Fakultät der Universität Petersburg studiert. Der Titel seiner 1909 veröffentlichten Magisterdissertation lautete „Das Fürstenrecht in der Alten Ruß" (*Knjažnoe pravo v Devnej Rusi*), das Thema seiner 1918 vorgelegten Doktordissertation war „Die Bildung des Großrussischen Staates. Studien zur Geschichte des 13.-15. Jahrhunderts" (*Obrazovanie Velikorusskogo gosudarstva. Očerki po istorii XII-XV stoletij*). Presnjakov unterrichtete in St. Petersburg an verschiedenen Gymnasien und wurde 1907 Privatdozent und 1918 Professor für russische Geschichte. 1927 übernahm er noch eine Professur am Institut der Roten Professur in Moskau.

In seinen 1908/9 und 1909/10 gehaltenen, aber erst posthum 1939 veröffentlichten „Vorlesungen zur russischen Geschichte" (*Lekcii po russkoj istorii*) berücksichtigte Presnjakov auch das Thema „Die westliche Ruß und der Litauisch-Russische Staat" (*Zapadnaja Rus' i Litovsko-Russkoe go-*

---

73 M. K. Ljubavskij: Oblastnoe delenie i mestnoe upravlenie Litovsko-Russkogo gosudarstva ko vremeni izdanija Pervogo Litovskogo statuta. Istoričeskie očerki. Moskva 1892; ders.: Očerk istorii Litovsko-Russkogo gosudarstva do Ljublinskoj unii vključitel'no. Moskva 1910. Izd. 2-oe. Moskva 1915.

74 F. I. Leontovič: Očerki istorii litovsko-russkogo prava. Obrazovanie territorii Litovskogo gosudarstva. S.-Peterburg 1894.

sudarstvo). Presnjakov benannte drei Typen des „russischen Volkstums", den großrussischen, „weißrußischen" und den ukrainischen. Historische Prozesse hätten zur Herausbildung von „politischen Einheiten" geführt. Aus dem nordöstlichen, dem Fürstensystem von Vladimir-Suzdal sei das Moskauer Reich erwachsen. Davon zu unterscheiden sei „das Großfürstentum Litauen, das „von einem nicht-slavischen Volkstum geschaffen wurde", jedoch auf der „territorialen, ethnographischen und kulturellen Grundlage des weißrußischen Volkstums" beruhe. Schließlich hob Presnjakov noch das Fürstentum von Halytsch und Wolhynien hervor, ein „südrussischer Staat", der nach einer kurzen Blüte zerfallen sei, aber Traditionen des Litauischen Staates und des Polnischen Königtums aufrechterhalten habe.[75] Presnjakov positionierte sich dezidiert gegen einen ukrainischen Separatismus, wie er von dem an der Universität im österreichischen Lemberg (L'viv) lehrenden Historiker und Politiker Mychajlo Hruševs'kyj (1866–1934) vertreten wurde. Dieser hatte in einem provokativen Artikel von 1904 gefordert, das übliche Schema der russischen Geschichte mit einer Kontinuitätslinie von der Kiewer Rus über das Moskauer Reich bis zum Petersburger Imperium fallen zu lassen.[76] Im Unterschied zur Ukraine spielte die Weiße Ruß in Presnjakovs Denken keine Rolle, er schenkte den Traditionen der *Belarus'* keine Aufmerksamkeit.[77]

Angesichts der Tatsache, dass die Tradition belarusischer Staatlichkeit neben dem frühneuzeitlichen Großfürstentum Litauen auch auf das mittelalterliche Fürstentum Polock zurückzuführen ist, verwundert das Desinteresse der vorrevolutionären russländischen Historiographie an diesem Thema. Die erste Monographie über das Fürstentum Polock stammt von dem russisch-ukrainischen Historiker Vasil' Juchymovyč Danylevyč (1872–1936). Jedoch handelte es sich bei dieser 1896 in der Universität von Kiev (Kyjiv) gedruckten „Studie zur Geschichte des Polocker Landes bis zum Ende des 14. Jahrhunderts" (*Očerk istorii Polockoj zemli do konca XIV stoletija*) lediglich um eine prämierte studentische Kursarbeit. Im Anschluss daran arbeitete Danylevyč von 1897 bis 1900 als Lehrer in Dorpat, wo 1898 eine weitere Arbeit erschien, nämlich „Die Verkehrswege des Polocker Landes bis zum Ende des 16. Jahrhunderts" (*Puti soobščenija Polockoj zemli do konca XIV stoletija*).[78] 1903 wurde Danylevyč Privatdozent an der Universität Char'kov, ab 1907 unterrichtete er am Lehrstuhl für russische Geschichte an der Universität Kiev. Im Ersten Weltkrieg 1915 musste er als wissenschaftlicher Assistent an der Universität Warschau (Warszawa) nach Rostov am Don emigrieren. Von 1918 bis 1920 war er in der unabhängigen Ukraine Professor in Kyjiv, danach unterrichtete er in verschiedenen wissenschaftlichen Institutionen der sowjetischen Ukraine.

*

Der Wissensstand des 19. Jahrhunderts zur „Weißen Ruß" oder zu „Weißrußland" wurde im renommierten „Enzyklopädischem Wörterbuch" (*Ėnciklopedičeskij slovar'*), der russischen Ausgabe des deutschen „Brockhaus", zusammengefasst. Das in den Jahren 1890 bis 1907 in

---

75 A. E. Presnjakov: Lekcii po russkoj istorii. T. II. Vyp. 1. Zapadnaja Rus' i Litovsko-Russkoe gosudarstvo. Moskva 1939, S. 7.
76 Mychajlo Hruševs'kyj: Zvyčajna schema 'russkoï' istoriï i sprava racional'noho ukladu istoriï Schidn'noho Slovjanstva. In: Stat'i po slavjanovedeniju. Vyp. I. Izd. 2-oe. Pod red. V. I. Lamanskogo. S-Peterburg 1904, S. 298-304. Deutsch: Das übliche Schema der „russischen" Geschichte und die Frage einer rationellen Gliederung der Geschichte des Ostslawentums. In: Jahrbuch der Ukrainekunde (1982), S. 376-383.
77 Presnjakov: Lekcii po russkoj istorii (wie Anm. 217), S. 11/12.
78 V. E. Danilevič: Očerki istorii Polockoj zemli do konca XIV st. Kiev 1896; ders.: Puti soobščenija Polockoj zemli do konca XIV stoletija. Jur'ev 1898.

82 Bänden und vier Ergänzungsbänden erschienene Werk ging auf eine Kooperation des Petersburger Buchdruckers Ilja Abramovič Efron (1847–1917) mit dem Leipziger Verlag F. A. Brockhaus zurück, der sein „Konversations-Lexikon" von 1891 bis 1895 in 14. Auflage vertrieb. Aus heutiger Sicht überraschen nicht nur die Kürze der Einträge zu „Weißrußland", sondern auch die Knappheit der Informationen.

Der 1891 erschienene Artikel „Belaja Rus'" (Weiße Ruß) stammt von dem Petersburger Historiker Andrej Vasil'evič Ėkzemljarskij (1846–1900), der ansonsten durch Studien zu den Fürsten des Kiewer Reichs bekannt wurde. In dem Artikel wird auf das Siedlungsgebiet der „Weißrußen" Bezug genommen, die Frage der Herkunft des Namens aber offengelassen:

> „In alter Zeit nannte man Weißrußland (*Belorussija*) oder Weiße Ruß (*Belaja Rus'*) einen Teil des jetzigen Russlands zwischen den Flüssen Düna, Dnepr und Drut; übrigens verstand man zu unterschiedlichen Zeiten unter diesem Namen verschiedene Teile der westlichen Hälfte des jetzigen Russlands, so wie man jetzt darunter nur das Gouvernement Mogilev und einen Großteil des Gouvernements Vitebsk versteht, was der ethnographischen Verteilung des weißrußischen Stammes nicht entspricht (…). Die Frage, warum und wann diese Bezeichnung gebildet wurde, ist bis zu diesem Zeitpunkt nicht entschieden."[79]

Im anonym erschienenen Artikel „Belorussija" (Weißrußland) heißt es kurz und knapp:

> „Weißrußland (*Belorussija*) ist eine Bezeichnung, die einem Teil Russlands gegeben wurde, der sich lange Zeit unter der Herrschaft Litauens und Polens befand, und nur danach erneut zu Russland zurückkehrte. Unter dem Namen Weißrußland verstand man früher vor allem die Fürstentümer Polock, Vitebsk, Mstislavl' und Smolensk. Nun versteht man unter dem Namen Weißrußland vorrangig die Gouvernements Minsk, Mogilev, Vitebsk und den des westlichen Teils des Gouvernements Smolensk."[80]

In dem unter den Initialen A. S. verfassten Artikel „Belorussy" (Weißrußen) wird zum einen auf die kulturelle Blüte im 16. und beginnenden 17. Jahrhundert hingewiesen.[81] Zum anderen wird die Armut und die Rückständigkeit der Region auf die Unterdrückung der Bevölkerung in der Vergangenheit zurückgeführt. Im Petersburger Imperium sei man sich erst nach der 1861 erfolgten Befreiung der Bauern aus der Leibeigenschaft „über die „Existenz eines russischen Volks im Westgebiet" im Klaren geworden.[82]

Eine Dekade später, als die „Große Enzyklopädie. Wörterbuch allgemeinzugänglicher Zeugnisse zu allen Gebieten des Wissens" (*Bol'šaja Ėnciklopedija. Slovar' obščedostupnych svedenij po vsem otrasljam znanija*) auf dem russischen Buchmarkt erschien, hatte sich an dem dürftigen Wissensstand nicht viel geändert. Bei der „Großen Enzyklopädie" handelte sich um die

---

[79] *V starore vremja Belorussieju ili Beloju Rus'ju nazyvalas' čast' nynešnej Rossii meždu rekami Dvinoj, Dneprom i Drut'ju; vpročem, v raznoe vremja pod ėtim imenem razumeli raznye časti zapadnoj poloviny nynešnej Rossii, kak i teper' razumejut pod nim tol'ko Mogilevskuju i ne vsju Vitebskuu gubernii, čto nesoglasno s ėtnografičeskim razseleniem belorusskogo plemenie (sm. Belorussy). Vopros o tom, počemu i kogda proizošlo ėto nazvanie do sich por ne rešen. Belaja Rus'.* In: *Ėnciklopedičeskij slovar'. Izd. F. A. Brokgauz, I. A. Efron. T. V. S.-Peterburg* 1891, S. 173/174 (A. Ė. = A. V. Ėkzemljarskij).

[80] *Belorussija – nazvanie, davaemoe časti Rossii, nachodivšejsja dolgoe vremja pod vladyčestvom Litvy i Pol'ši, i tol'ko vposledstvii snova vozvraščnnoj Rossii. Pod imenem Belorussii prežde razumelis' preimuščestvenno knjažestva Polockoe, Vitebskoe, Mstislavskoe i Smolenskoe. Nyne pod imenem Belorussii preimuščestvenno podrazumevajut gubernii Minskuju, Mogilevskuju, Vitebskuju i zapadnuju čast' Smolenskoj. Belorussija.* In: Ebd., S. 231.

[81] Belorussy. In: Ebd., S. 232-234, hier 232/233 (A. S.).

[82] Ebd., S. 234.

Kurzfassung der fünften Auflage von „Meyers Konversations-Lexikon. Ein Nachschlagewerk des allgemeinen Wissens", das von 1893 bis 1897 in 17 Bänden im Leipziger Bibliographischen Institut veröffentlicht worden war. Die russische Ausgabe war mit eigenen Beiträgen zur russischen Kultur angereichert. Sie erschien von 1900 bis 1905 in 20 Bänden und 1907 bis 1909 in 22 Bänden. Redakteur war der Soziologie und Publizist Sergej Nikolaevič Južakov (1849–1910). Die Beiträge zu „Weißrußland" erschienen im vierten Band, bei dem noch der Historiker Pavel Nikolaevič Miljukov (1859–1943) als zweiter Redakteur zur Verfügung stand.

Im Artikel „Belorusskaja pis'mennost'" (Weißrußische Schriftlichkeit) heißt es 1901: „Nicht bis zur Stufe der Literatursprache ausgearbeitet, ist die Weißrußische Sprache ziemlich reich an Denkmälern der Schriftlichkeit."[83] Im Artikel „Belorusskij jazyk" (Weißrußische Sprache) steht: „Die weißrußische Sprache herrscht im Gebiet von der Prypjat bis zum Bassein der Westlichen Düna, von den polnischen Grenzen bis zur Quelle der Wolga und Oka."[84] Im Artikel „Belorussy" (Weißrußen) wird darauf hingewiesen, dass die Herkunft der Bezeichungen „*belorussy*" und „*Belorussija*" ungeklärt sei. „Alba Russia" tauche als Bezeichnung der Grenzgebiete des Moskauer Reiches im 16. Jahrhundert auf, die „*Belaja Rus*'" (Weiße Ruß) spiele erst ab 1655 als Herrschertitel von Aleksej Michajlovič eine Rolle. Von den westlichen und östlichen „Weißrußen" seien die Poleschuken (*Polešuki*) zu unterscheiden. Polesien bildet den Übergang von den Weißrußen zu den Kleinrussen in Wolhynien.[85]

*

Zum 400. Jubiläum der Romanov-Dynastie erschien 1913 der Band „Russland. Geographische Beschreibung des Russländischen Imperiums nach Gouvernements und Gebieten mit geographischen Karten" (*Rossija. Geografičeskoe opisanie Rossijskoj Imperii po gubernijam i oblastjam s geografičeskimi kartami*), der von dem Journalisten Aleksandr Efimovič Rjabčenko mit Unterstützung des Fürsten Michail Aleksandrovič (1866–1933) erstellt wurde. Im Inhaltsverzeichnis wurden die Gouvernements und Gebiete des Russländischen Imperiums nach „natürlich-historischen Gruppen" geordnet. Das „Litauisch-Weißrußische Gebiet" (*Litovsko-Belorusskij kraj*) wurde wie folgt unterteilt: „Zu seinem Bestand gehören Weißrußland (Gouv. Smolensk, Mogilev, Minsk, Vitebsk), gelegen am Oberen Dnepr und seinen Zuflüssen Pripjac, Beresina, und Sož, und Litauen (Gouv. Kovno, Vil'na, Grodno), am Becken der Memel befindlich."[86]

Zu Beginn des Ersten Weltkrieges sprach die „Moskauer dialektologische Kommission" das letzte Wort zur Verteilung der „weißrußischen" Sprache. Die 1903 in Moskau bei der Abteilung für russische Sprache und Wortkunst der Petersburger Akademie der Wissenschaften gegründete Kommission veröffentlichte 1914 eine „Dialektologische Karte der russischen Sprache in Europa"

---

83 Zitat: *Ne buduči razrabotan do stepeni literaturnogo jazyka, B. jaz. odnako dovol'no bogat' pamjatnikami pis'mennosti*). Belorusskaja pis'mennost. In: Bol'šaja Ėnciklopedija. Slovar' obščedostupnych svedenij po vsem otrasljam znanija pod red. S. N. Južakova i P. N. Miljukova. T. 4-yj. Izdateli: Bibliografičeskij Institut (Mejer) v Leipzige i Vene. S. Peterburg 1901, S. 221/222.
84 Zitat: *Belorusskij jazyk gospodstvuet v oblasti ot Pripjati do bassejna Zap. Dviny, ot pol'skich granic do istokov Volgi i Oki*. Belorusskij jazyk. In: Ebd., S. 222/223.
85 Belorussy. In: Ebd., S. 223-225, hier 223 und 224.
86 Zitat: *V sostav ego vchodit Belorussija (gub. Smolenskaja, Mogilevskaja, Minskaja, Vitebskaja), raspoložennaja po verchnemu Dnepru i ego pritokam Pripjati, Berezine i Sožu, i Litva (Kovenskaja, Vilenskaja, Grodnenskaja gub.), nachodjaščajasja v bassejne r. Nemana*. Rossija. Geografičeskoe opisanie Rossijskoj Imperii po gubernijam i oblastjam s geografičeskimi kartami. S.-Peterburg 1913, unpaginiert. Online: Runivers, https://runivers.ru/lib/book7761/450334/ (letzter Zugriff: 29.5.2024).

(*Dialektologičeskaja karta russkogo jazyka v Evrope*) und 1915 den dazugehörigen Kommentar „Versuch einer dialektologischen Karte der russischen Sprache in Europa mit Beilage einer Studie zur russischen Dialektologie" (*Opyt dialektologičeskoj karty russkogo jazyka v Evrope s priloženiem očerka russkoj dialektologii*). Zu den Bearbeitern zählten die Linguisten Nikolaj Nikolaevič Durnovo (1876–1937), Nikolaj Nikolaevič Sokolov (1875–1923) und Dmitrij Nikolaevič Ušakov (1873–1923). Im Westen, Norden und Osten des Territoriums der heutigen Republik Belarus legten die Moskauer Koryphäen die Verbreitung des „weißrußischen Dialekts" großzügig aus. Sie bezogen die Gebiete um Belostok (Białystok), Vil'no (Vilnius) und Smolensk/Dorogobuž ein. Das Gebiet nördlich von Černigov und die Region der Prypjat begriffen sie als Übergangszone zwischen dem „weißrußischen" und dem „kleinrussischen Dialekt". West-Polesien mit den Kreisen Bel'sk, Brest-Litovsk (Brėst), Kobrin (Kobryn), Pružany und Slonim (mit Pinsk) ordneten sie dem „kleinrussischen Dialekt" zu.[87] Wegen der Oktoberrevolution und der Gründung der Sowjetunion konnte dieses Werk seine Spuren allerdings nur noch in der akademischen Welt hinterlassen.

4.2. Westrussen und Litwinen

In der zweiten Hälfte des 19. Jahrhunderts begannen Publizisten aus den sogenannten „litauischen" und „weißrußischen" Gouvernements sich über die kulturelle Bedeutung ihrer Heimat Gedanken zu machen. Im Hinblick auf sprachliche und ethnische Identitäten bildeten sich zwei Fraktionen heraus, deren Geister sich an der Bewertung des Großfürstentums Litauen schieden. Diejenigen, die an den Wissenschaftszentren und Bildungsinstitutionen des Zarenreichs einen sozialen Aufstieg erfahren hatten, neigten dazu als „Westrussen" oder Vertreter „West-Russlands" (*Zapadnaja Rossija*) die historische Kontinuität der Kiewer Rus groß zu schreiben und den polnischen Einfluss in der Frühen Neuzeit zu verdammen. Diejenigen, die lediglich in der lokalen Presse oder in landeskundlichen Einrichtungen ein Unterkommen gefunden hatten, blickten hingegen als „Litwinen" oder Anhänger des historischen „Litauen" (*Litva*) nostalgisch auf die Blüte der ruthenischen Kultur im 16. und 17. Jahrhundert zurück. Je nach Sprachmilieu lässt sich in idealtypischer Weise eine „weißrußische" von einer „belarußischen" Fraktion unterscheiden.

Stammten die Protagonisten der belarußischen Nation zunächst noch aus dem polnischen Landadel oder aus der Riege der Popensöhne, traten später zunehmend Dorflehrer und Autodidakten auf den Plan. Während es in den 1830er Jahren darum ging, das regionale Idiom der ostslavischen Bauern, die „einfache Sprache" (*prosta mova*), hoffähig zu machen, rückten im Zusammenhang des polnischen Aufstands von 1863/64 auch soziale Fragen auf die Tagesordnung. Dabei geriet die belarußische Nationalbewegung durchaus in das Fahrwasser russischer gesellschaftlicher Strömungen. Als Äquivalent für ein nicht vorhandenes Bildungsbürgertum kam im Zarenreich nach der 1861 erfolgten Befreiung der Bauern aus der Leibeigenschaft der

---

87 Dialektologičeskaja karta russkogo jazyka v Evrope. Sostavlena členami Moskovskoj Dialektologičeskoj Komissii, sostojaščej pri Otdelenii russkogo jazyka i slovesnosti Akademii Nauk: N. N. Durnovo, N. N. Sokolovym i D. N. Ušakovym. Ispolnena členom I.R.G. Ob-va I. P. Poddubnym. Izd. Imperatorskogo Geografičeskogo Obščestva. Petrograd 1914. Online: Wikimedia Commons, https://commons.wikimedia.org/wiki/File:Dialektologicheskaia_Karta_1914_goda.jpeg (letzter Zugriff: 30.7.2024); Livejournal, https://toyahara.livejournal.com/1909517.html (letzter Zugriff: 30.7.2024). Zu den Grenzen des „Weißrussischen Dialekts" (*Belorusskoe narečie*) vgl. Opyt dialektologičeskoj karty russkogo jazyka v Evrope s priloženiem očerka russkoj dialektologii. Sost. D. N. Durnovo, N. N. Sokolov, D. N. Ušakov. Moskva 1915, S. 47-58, insbesondere S. 47/48.

Kollektivbegriff Intelligencija für die Welt der oppositionellen Gelehrten in Gebrauch. Pflegte diese Gruppe zunächst noch einen kultivierten Lebensstil, der liberale Überzeugungen mit guten Manieren vereinte, griffen nach dem Attentat auf den Reform-Zaren Alexander II. (1818–1881) zunehmend revolutionäre Ideologien um sich, vom Nihilismus über den Materialismus bis zum Agarsozialismus. Wissenschaftler, Literaten, Künstler, Ärzte, Juristen und Geistliche begriffen sich als das Gewissen der Nation oder die Vertretung des Volkes.

An dieser Entwicklung nahm die jüdische Bevölkerung nur bedingt teil. Sie genoss innerhalb des Zarenreichs keine Freizügigkeit, sondern hatte nach den Teilungen Polen-Litauens in ihren angestammten Gebieten im sogenannten Ansiedlungsrayon zu verbleiben. Im Hinblick auf ihre litauische Herkunft, die mit politischen Privilegien wie Gemeindeautonomie und kulturellen Traditionen wie der jiddischen Alltagssprache verbunden war, entwickelte sich die Eigenbezeichnung „Litwak". Diejenigen, die im Rahmen der jüdischen Aufklärung oder als Mitglieder sozialistischer Parteien aus ihren traditionellen Lebenswelten auszubrechen trachteten, suchten ihr Heil nicht nur in russländischen Hochschuleinrichtungen, sondern auch in den Kreisen der russischen Intelligencija. Eine Alternative verhieß allenfalls der Zionismus. Die Weiße Ruß spielte im Mental Mapping der Litwaken bis auf wenige Ausnahmen aber keine Rolle.

*

Obwohl im Großfürstentum Litauen eine ruthenische Kanzleisprache gepflegt wurde, auf die sich die belarußische Sprache zurückführt, blieben nationale Bekenntnisse – wie für eine ständische Gesellschaft auch nicht anders zu erwarten – eher rar. In Zeiten einer zumeist von Calvinisten verfassten reformatorischen Literatur gab es im 16. und 17. Jahrhundert aber durchaus Ruthenen, die abendländische Hochschulen besuchten und die damalige Welt bereisten. Das Selbstverständnis dieser Generation ist für die Fixierung einer belarußischen Geschichtslandschaft von Interesse. In der Tat lassen sich noch einige autobiographische Zeugnisse befragen. Fassen wir die relevanten Äußerungen zusammen, lässt sich neben einer lokalen Identität durchaus eine Vorstellung von Ruthenien festhalten.

Der gebürtige Polozker Kaufmannssohn Francisk Skorina (Francišak Skaryna; 1470–1551/52) gilt als Erstdrucker und Aufklärer der Belarußen. Er studierte ab 1504 in Krakau Philosophie und ab 1512 in Padua Medizin. Danach übersetzte und edierte er von 1517 bis 1519 in Prag und von 1522 bis 1525 in Wilna (Vilnius) Teile des Alten Testaments und liturgischer Schriften ins Altruthenische. Seine Druckerei muss 1530 bei einem Brand zu Schaden gekommen sein. Als er sich 1534 bemühte, seine Tätigkeit in Moskau fortzusetzen, wurde er unter dem Vorwurf vertrieben, den Häresien des lateinischen Abendlandes zu frönen.

Für eine aufgrund seiner Weltläufigkeit denkbare Konversion Francisk Skorinas zum Katholizismus oder Protestantismus gibt es trotz seines latinisierten Vornamens keine Hinweise. Seine Prager Bibelübersetzung war weniger volkssprachlich als vielmehr kirchenslavisch ausgerichtet. Auf einen Traditionsbruch weist jedoch bereits ein Skorina-Porträt auf dem Titelblatt hin. Darüberhinaus finden sich in den resümierenden Vorworten jedes Buches Beispiele für die Sprechweise aus Skorinas Polocker Heimat. Indem sich der Autor auf das Allgemeinwohl berief, bekannte er sich neben dem Patriotismus auch zum Humanismus. Die an verschiedenen Orten vorgenommenen Eigenbezeichnungen bezeugen aber eine multiple Identität. Sein Selbstverständis erschließt sich aus den Akten der Universitäten Krakau und Padua sowie den Nachworten seiner

Drucke von Auszügen aus dem Alten Testament. Skorina verstand sich nicht nur als „Polocker Sohn", sondern gleichermaßen auch als „Litauer" (Lithuanus) und „Ruthene" (Ruthenus).[88]

Im Unterschied zu Skorina bemühte sich Vasil Tjapinski (um 1530/40-1599/1600), der nach seinem Militärdienst im Livländischen Krieg um 1580 auf seinem Landgut bei Lepel' eine Druckerei einrichtete, um die Übersetzung des Neuen Testament. Die von ihm vorgelegten Evangelien nach Matthäus, Markus und Lukas haben es in sich. Denn zum einen druckte Tjapinski auf zwei Spalten verteilt das kirchenslavische Original und eine zeitgenössische ruthenische Fassung. Und zum anderen konzipierte er ein programmatisches Vorwort, das aber nur handschriftlich überliefert ist. Darin berief er sich auf das „ruthenische Volk" (ruski narod) und das litauische „Vaterland" (otčizna). In Anspielung auf Skorina oder andere Schriftkundige führte er aus, dass er weder Deutscher noch Italiener sei, weder einen Doktortitel noch ein Priesteramt innehabe. Sein Ideal bestehe darin, als „Ruthene" (rusin) seiner Heimat zu dienen. Diese wird „Ruthenien" (Rus') genannt. Von der Weißen Ruß ist nicht die Rede. Aus nationalgeschichtlicher Perspektive scheint sich hinter Tjapinskis Ausführungen ein Appell zur Verwendung einer altruthenischen Sprache (ruski) zu verbergen. Doch das Gegenteil ist der Fall: Vasil Tjapinski ging es um die Aufwertung und Wiederbelebung der kirchenslavischen Tradition. Seiner Auffassung nach werde diese Sprache mangels Schulen nicht mehr unterrichtet und von niemandem gesprochen. Stattdessen erfolge die theologische Verständigung über das Polnische oder Lateinische. So gesehen liest sich Vasil Tjapinskis Vorwort wie eine Kampfschrift gegen die Polonisierung der orthodoxen ostslavischen Kultur.[89]

Das erste Bekenntnis als Belaruße in der lateinischen Form *Leucorussus* ist im wahrsten Sinne des Wortes als Ausdruck dichterischer Freiheit zu verstehen. Der aus der Gegend an der Düna stammende, sich aber als polnischer Dichter profilierende Salomon Rysiński (ca. 1565–1625) trug sich am 2. Dezember 1586 in die Matrikel der Universität Altdorf bei Nürnberg als „Salomon Pantherus, Leucorussus" ein. 1587 veröffentlichte er unter dem Künstlernamen, den er aus der Gattung der Großkatzen (Panthera) entlehnt hatte, noch eine Briefsammlung: „Zwei Bücher der Briefe Salomon Panthers" (*Epistolarum Solomonis Pantheri libri duo*). Bei der Frage nach seiner Herkunft, die bei Immatrikulationen in der Regel teils mit der Geburtsstadt, teils mit der zugehörigen Nation angegeben wurde, verzichtete der bekennende Calvinist im Unterschied zu anderen Studenten aus Polen-Litauen jedenfalls auf „Polonus" und wählte stattdessen die griechisch-lateinische Wortkombination „Leucorussus" – „Weiß-Reuße" oder „Weiß-Ruthene".[90]

*

Nach den Napoleonischen Kriegen setzte im ersten Drittel des 19. Jahrhunderts die Entdeckung des belarußischen Volkes und der belarußischen Sprache ein. Die Initiative ging dabei vor allem von polnischen Kulturschaffenden aus. Eine Tradition, in der die Belarußen gleichermaßen als archaisch und authentisch beschrieben werden, lässt sich bis auf einen Artikel zurückverfolgen, der 1817 im *Dziennik Wileński* („Wilnaer Journal") erschienen ist. Es ging um „Denkmäler der slavischen Mythologie, die in den Bräuchen der Landbevölkerung der Weißen Ruß erhalten

---

88 Francysk Skaryna. Zbornik dakumentaŭ i matèryjalaŭ. (Rèd. Ja. D. Isaevič, V. A. Čamjarycki). Minsk 1988, S. 57/58, 63, 66, 69, 72, 215, 217.
89 Evanhelije in der Übersetzung des Vasil Tjapinski um 1580. Facsimile und Kommentare. Hrsg. v. Heorhi Halenčanka. Paderborn u.a. 2005, S. 2-8.
90 Die Matrikel der Universität Altdorf. Hrsg. v. Elias von Steinmeyer. Erster Teil: Text. Zweiter Teil: Register. Würzburg 1912, hier: Erster Teil, S. 29.

sind" (*Zabytki mitologii słowiańskiej w zwyczajach wiejskiego ludu na Białej Rusi dochowywane*). Die ansonsten unbekannte Autorin Marya Czarnowska berichtete über Sitten und Gebräuche im Gouvernement Mogilev und sprach dabei von der „Weißen Ruß" oder „Weiß-Ruthenien" (*Biała Ruś*).[91] In der Tat wurde die Vorstellung von der *Belarus'* als historische Gemeinschaft oder geographische Einheit vor allem im Ausland initiiert.

Konstitutiv für die belarußische Idee sollte der Messianismus von Adam Bernard Mickiewicz (1798–1855) werden. Der aus der Gegend von Novogrudok (Navahrudak) stammende polnische Nationaldichter befand sich beim Ausbruch des polnischen Novemberaufstandes 1831 auf einer Italienreise und verfolgte die Entwicklungen dann von Preußen aus. Nach dem Scheitern des Aufstandes schloss er sich der „Großen Emigration" nach Paris an. Mickiewiczs Werk war von einem politischen Messianismus inspiriert und von der Märtyrerrolle des polnischen Staates geprägt. Im Pamphlet „Die Bücher des Polnischen Volkes und der polnischen Pilgerschaft" (*Księgi narodu polskiego i pielgrzymstwa polskiego*) und im Versepos „Pan Tadeusz oder Der letzte Einritt in Litauen" (*Pan Tadeusz, czyli ostatni zajazd na Litwie*) begründete er 1832 und 1834 einen Litauen-Mythos.

In den „Büchern des Polnischen Volkes" forderte Mickiewicz den Schulterschluss von Vertretern aller Regionen. Er ging zwar von einer lokalen Identität aus: „... ich bin Litthauer und du Masovier (*ja Litwin, a ty Mazur*)." Doch kam es ihm auf die gemeinsame Sache an: „Litthauer und Masovier sind Brüder; zanken sich denn Brüder darüber, daß der eine Ladislaus und der andere Witowt heißt? Ihr Name ist einer, der Name des Polen."[92] In diesem Zusammenhang gab Mickiewicz in einer „Litanei der Pilgerschaft" auch seiner messianistischen Vision Ausdruck: „Mutter Gottes, die unser Vaterland die Königin / von Polen und Litauen nennt. / Erlöse das Polenland und Litthauen."[93]

In den ersten Zeilen der Einleitung in den „Pan Tadeusz" suggerierte der Autor mit einer nostalgischen Erinnerung an die Tage seiner Kindheit, dass das Heil aus der Heimat, nämlich von Litauen zu erwarten sei:

> „Litauer Land! O Heimat! Bist wie das Gesunden: / Zu schätzen weiß dich nur, wem du für ganz entschwunden / Wie deine Schönheit vor mir prangt, in aller Zier / Will ich sie sehn und preisen, denn ich sehne mich nach dir! / O reinste Jungfrau! Die dein Heiligtum du pflegest, / Tschenstochau und das spitze Tor [in Vilnius], das Schloss du hegst / Von Nowogródek, mit dem Volke treu und wahr, / Die mich als Kind genesen ließ so wunderbar! (...) [sic] So wirst du einst durch Wunder uns nach Hause führen."[94]

---

91 Marya Czarnowska: Zabytki mitologii słowiańskiej w zwyczajach wiejskiego ludu na Białej Rusi dochowywane. In: Dziennik Wileński (1817) Nr. 4, S. 396-408.

92 Zitat: *Litwin i Mazur bracia są; czyż kłócą się bracia o to, iż jednemu na imie Władysław, drugiemu Witowt? Nazwisko ich jedne jest, nazwisko Polaków.* Księgi narodu polskiego i pielgrzymstwa polskiego. Paris 1832, S. 72. Die Bücher des Polnischen Volkes und der polnischen Pilgerschaft. Aus dem Polnischen des Mickiewicz übersetzt von P.-J. B.-G.g.r. Deutschland [i.e. Paris] 1833, S. 71.

93 *Matko Boska którą Ojcowie nais, / nazwali królową Polski i Litwy. Zbaw Polskę i Litwę.* Ebd. (1832), S. 120-123, hier 120; (1833), S. 119-122, hier 120.

94 Zitat: *Litwo! Ojczyzno moja! ty jesteś jak zdrowie; / Ile cię trzeba cenić, ten tylko się dowie[,] Kto cię stracił. Dziś piękność twą w całej ozdobie / Widzę i opisuję, bo tęsknię po tobie. / Panno świeta, co jasnéj bronisz Czętochoey / I w Ostréj świecisz Bramie! Ty, co gród zamkowy / Nowogródzki i ochraniasz z jego wiernym ludem! / Jak mnie dziecko do zdrowiu powródciłaś cudem, (...;) Tak nas powrócisz cudem na Ojczyzny łono.* Adam Mickiewicz: Pan Tadeusz, czyli ostatni zajazd na Litwie. Historia szlachecka z roku 1811 i 1812 we dwunastu księgach wierszem. Paris 1834, S. 7/8. Pan Tadeusz oder Der letzte Einritt in Litauen. Versepos. Neue deutsche Versübertragung von Walter Schamschula. Stuttgart 2008, S. 13.

Anzumerken ist, dass es sich bei Mickiewiczs Heimatstadt „Nowogródek" um das heutige belarusische Navahrudak im Südwesten von Minsk handelte. In der Kartographie seiner Zeit wurde die Gegend noch als „Schwarzrussland" beschrieben.

Unterstützung fand Mickiewicz bei dem polnischen Historiker und Politiker Joachim Lelewel (1786–1861). Dieser veröffentlichte 1839 in Paris eine „Geschichte Litauens und Rutheniens bis einschließlich der Union mit Polen in Lublin 1569" (*Historyja Litwy i Rusi aż do unii z Polską v Lublinie 1569 zawartej*), die eine Alternative zum Moskauer Anspruch auf die Nachfolge der Kiewer Rus bot.[95] Auf die Bedeutung der Kriwitschen bei der Ethnogenese der „Weiß-Ruthenen" hatte bereits Adam Stanisław Naruszewicz (1733–1796) hingewiesen. Der aus der Gegend von Pinsk stammende Jesuit ist als polnischer Dichter und als Hofhistoriograph des Königs Stanislaus II. August (1732–1798) bekannt geworden. In den Jahren 1780 bis 1786 veröffentlichte er die Bände II–VIII seiner bis ins Jahr 1386 reichenden „Geschichte des polnischen Volkes seit Beginn der Christianisierung" (*Historia narodu polskiego od początku chrześcijaństwa*).[96]

Für den, von der „Königlichen Warschauer Gesellschaft der Freunde der Wissenschaft" posthum 1824 veröffentlichten ersten Band hatte Naruszewicz zwei Geschichtskarten konzipiert, in denen er den Stammsitz der Kriwitschen im Gebiet zwischen der mittleren Prypjat und dem oberen Dnepr verortete. Auf einer Karte „Die Herrschaft der slavischen Völker von der Wolga bis zur Elbe und Saale vom 6. bis 9. Jahrhundert nach Christus" (*Panowanie narodow slowianskich od Wolgi az do Elby i Sali od wieku VI az do IX po chrystusie*) sind oberhalb von „Nowogrod W[eliki]" (Groß-Novgorod/Novgorod Velikij) die „Nord-Ruthenen" (*Rusini połnocni*) eingetragen, oberhalb von „Nowogrod Siewierski" (Novgorod Severskij/Novhorod Siver'skyj) die „Süd-Ruthenen" (*Rusini południowi*), dazwischen bei Smolensk am oberen „Dniepr" (Dnepr) die „Groß-Kriwitschen" (*Krzywiczanie więksi*). Am südlichen Ufer der „Prypeć" (Prypjat) finden sich unweit der Mündung des Flusses Styr die legendäre Stadt Krzywica und das Land der „Kriwitschen" (*Krzywiczanie*).[97] Auf einer Karte „Polen während der ersten Fürsten, also im 9. und 10. Jahrhundert" (*Polska za pierwszych xiążąt czyli w IXym i Xym wieku chrystusie*) werden „Nordruthenien" oder die „Nördliche Ruß" (*Ruś połnocna*) und „Südruthenien" oder die „Südliche Ruß" (*Ruś południowa*") unterschieden. „Weiß-Ruthenien" respektive die „Weiße Ruś" (*Ruś Biała*) findet sich in dem Gebiet südlich der Düna und westlich des Dnepr, das Land der Kriwitschen wie in der Karte zuvor unmittelbar südlich der Prypjat.[98]

*

---

95 Joachim Lelewel: Historyja Litwy i Rusi aż do unii z Polską v Lublinie 1569 zawartej. Paryż 1839. Dzieje Litwy i Rusi aż do unii z Polską v Lublinie 1569 zawartej. Opracował Jerzy Ochmański. Wstępek poprzedił Henryk Łowmiański. Warszawa 1969.

96 Adam Naruszewicz: Historia narodu polskiego od początku chrześcijaństwa. T. 2–6: Panowanie Piastów. Warszawa 1780–1785. T. 7: Panowanie Węgrów. Warszawa 1786. T. 1 z rękopisów Biblioteki Puławskiej i J. Sierakowskiego wyd. Cz. 1–2. Warszawa 1824.

97 Panowanie narodow slowianskich od Wolgi az do Elby i Sali od wieku VI az do IX po chrystusie. In: Ebd., T. 1 (1824), zwischen S. 232 und 233. Bałtycka Biblioteka Cyfrowa, https://bibliotekacyfrowa.eu/dlibra/publication/65041/edition/58774?language=pl (26.7.2024). Karte separat: Polona, https://polona.pl/item-view/db146a85-d70c-4c74 816c-41598fb62998?page=0 (letzter Zugriff: 24.5.2024).

98 Polska za pierwszych xiążąt czyli w IXym i Xym wieku chrystusie. In: Ebd., T. 1 (1824), zwischen S. 584 und 585. Bałtycka Biblioteka Cyfrowa, https://bibliotekacyfrowa.eu/dlibra/publication/65041/edition/58774?language=pl (26.7.2024).

Tatsächlich begannen sich polnisch sozialisierte und russisch akademisierte Adlige im zweiten Drittel des 19. Jahrhunderts für die Belange der belarußischen Bauern oder die Sprache des einfachen Volkes zu interessieren. Die Entdeckung oder gar Erweckung des belarußischen Bauernvolkes wurde von einer gebildeten Trägerschicht vorgenommen, die unter den Bedingungen der Zensur mit literarischen Texten ein Publikum fand, das eine erlesene Minderheit repräsentierte. Seit den 1830er Jahren widmeten sich Autoren wie Jan Barszczewski (Barščeŭski; ca. 1790–1851), Jan Antoni Czeczot (Čačot; 1796–1847) und Wincenty Jakub Dunin-Marcinkiewicz (Dunin-Marcinkevič; 1808–1884) der Folklore im Großfürstentum Litauen und verfassten in romantischer Manier Texte in polnischer wie belarußischer Sprache, wobei sie Elemente aus der „einfachen Sprache" (*prosta mova*) des Volkes verwendeten.

Der aus der Gegend von Navahrudak stammende Jan Czeczot wurde 1823 wegen Mitgliedschaft in der Studentenorganisation der Philomaten aus Vil'na (Vilnius) nach Sibirien verbannt, kehrte 1833 nach Lepel' zurück und begann ab 1837 „Volkslieder von der Memel" (*Piosnki wieśniacze znad Niemna*) zu veröffentlichen. Der Titel der erweiterten Ausgaben lautete 1844 „Volkslieder von der Memel mit Anlage der Originale in slavisch-kriwitscher Sprache" (*Piosnki wieśniacze znad Niemna z dołączeniem pierwotwornych w mowie słowiańsko-krewickiej*) und 1846 „Volkslieder von der Memel und der Düna, einige Sprüche und Dummheiten in slavisch-kriwitschen Worten mit ihrer Aufnahme durch die Gelehrten" (*Piosnki wieśniacze znad Niemna i Dźwiny, niektóre przysłowia i idiotyzmy w mowie sławiano-krewickiej z postrzeżeniem nad nią uczynionymi*).

Der aus der Gegend von Rossony (Rasony) im Gouvernement Vitebsk (Vicebsk) stammende Schriftsteller Jan Barszczewski war der Sohn eines unierten Priesters. Nach dem Abschluss der Jesuitenakademie von Polock (Polack) unterrichtete Barszczewski in den 1820er und 1830er Jahren in St. Petersburg als Lehrer für Griechisch und Latein. In der ersten Hälfte der 1840er Jahre organisierte er einen literarischen Kreis, der den Almanach *Niezabudka* („Unvergessen") herausgab. Im Anschluss daran veröffentlichte Barszczewski in St. Petersburg von 1844 bis 1846 das vierbändige Buch „Szlachcic Zawalnia, oder Weißruthenien in fantastischen Geschichten" (*Szlachcic Zawalnia, czyli Białoruś w fantastycznych opowiadaniach*). Danach ließ er sich auf einem Gut bei Žitomir (Žytomyr) in der heutigen Ukraine nieder.

Barszczewskis Sammlung enthält moralisierende Horrorgeschichten, die von Großvater Zawalnia, einem Angehörigen des Landadels (Szlachta), in polnischer Sprache erzählt werden. Es handelt sich um Legenden und Mythen aus Barszczewskis Heimat im Dreieck der Städte Polock, Sebež und Level' (die beiden Letzteren gehören heute zur Russischen Föderation). Auf dem Titelblatt des ersten Bandes ist auch eine Einführung des Journalisten und Verlegers Romuald Podbereski (1812–1856) verzeichnet: „Begleitet von einem kritischen Blick auf die weißruthenische Literatur" (*Poprzedzone krytycznym rzutem oka na Literaturę Białoruską*).[99] Bemerkenswert ist nicht nur der Begriff *Białoruś*, der später mit *Belarus'* (1891) und *Weißruthenien* (1915) übersetzt werden sollte, sondern auch der Verweis auf die Existenz einer „weißruthenischen/belarußischen Literatur" (*literatura białoruska*) (Abb. 3).

Der aus der Gegend von Bobruisk (Babruisk) stammende Dunin-Marcinkiewicz lebte in den 1839er Jahren als Beamter in Minsk und erwarb 1849 ein Herrenhaus bei Ivenec (Ivjanec), wo er ein Theater unterhielt. Seine Verserzählungen über das Landleben schrieb Dunin-Marcinkiewicz teils auf Polnisch, teils auf Belarußisch. 1846 verfasste er das Singspiel „Idylle" (*Sielanka*) und

---

99 Jan Barszczewski: Szlachcic Zawalnia, czyli Białoruś w fantastycznych opowiadaniach. Poprzedzone krytycznym rzutem oka na Literaturę Białoruską przez Romualda Podbereskiego. T. I–IV. Petersburg 1844–1846.

1855 das belarußische Poem „Hapon" (russ. Gapon). Während des polnischen Januaraufstandes 1863 wurde Dunin-Marcinkiewicz zeitweilig interniert.

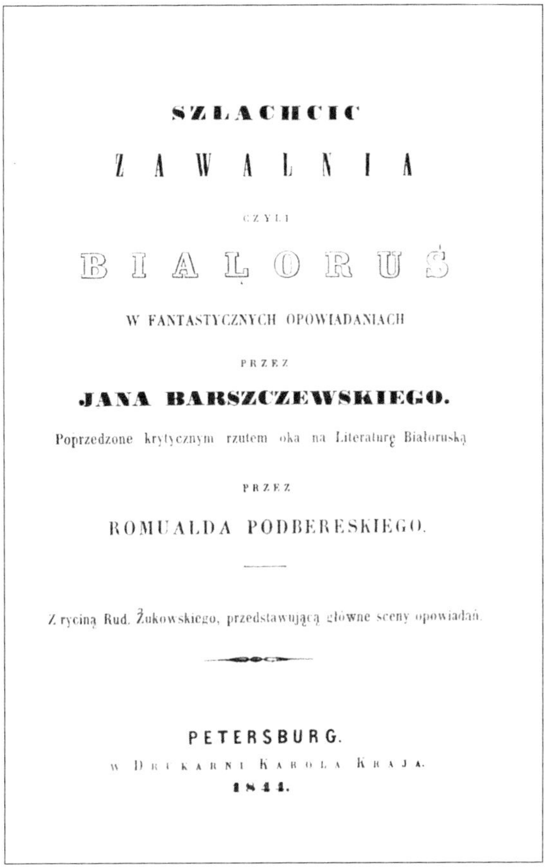

SZLACHCIC

ZAWALNIA

CZYLI

BIAŁORUŚ

W FANTASTYCZNYCH OPOWIADANIACH

PRZEZ

JANA BARSZCZEWSKIEGO.

Poprzedzone krytycznym rzutem oka na Literaturę Białoruską

PRZEZ

ROMUALDA PODBERESKIEGO.

Z ryciną Rud. Żukowskiego, przedstawiającą główne sceny opowiadań.

PETERSBURG.

W Drukarni Karola Kraja.

1844.

Abb. 3: Der polnische Name der Weißen Ruß
Quelle: Jan Barszczewski: Szlachcic Zawalnia, czyli Białoruś w fantastycznych opowiadaniach. Poprzedzone krytycznym rzutem oka na Literaturę Białoruską przez Romualda Podbereskiego. Petersburg 1844.

Neben den literarischen volkssprachlichen Werken gab es auch russischsprachige Reisebeschreibungen, die über Land und Leute Auskunft gaben. Sie stammen von Pavel Michajlovič Špilevskij (1823–1861), der als Sohn eines Geistlichen im Dorf Šipiloviči bei Bobruisk im Gouvernement Minsk geboren wurde. Nach dem Studium am Geistlichen Seminar in Minsk und an der Geistlichen Akademie in St. Petersburg unterrichtete Špilevskij ab 1848 an der Geistlichen Lehranstalt in Warschau (Warszawa) Rhetorik. Von 1846 bis 1852 veröffentlichte er im *Žurnal Ministerstva narodnogo prosveščenija* („Journal des Ministeriums für Volksaufklärung") eine Reihe von „Weißrußischen Volksüberlieferungen" (*Belorusskie narodnye predanija*). Diese erwecken den Eindruck einer archaischen Mythologie und wurden lange Zeit für bare Münze genommen, der Inhalt gilt heutzutage aber als fiktiv. Seine publizistische Tätigkeit setzte Špilevskij auch nach seinem 1853 erfolgten beruflichen Wechsel nach St. Petersburg fort, zuerst als Aufseher an einem Institut für Pädagogik und dann als Lehrer an einer Verwaltungsschule. Die von 1853 bis 1856 im *Panteon* („Pantheon") erschienene Serie „Weißrußland in charakteristischen Beschreibungen und phantastischen Erzählungen" (*Belorussija v charakterističeskich opisanijach i fantastičeskich skazkach*) hat eher unterhalsamen Wert. Von landeskundlichem Interesse sind hingegen die von 1853 bis 1855 im *Sovremennik* („Zeitgenosse") publizierten Reportagen „Reise durch Polesien und das Weißrußische Gebiet" (*Putešestvie po Poles'ju i Belorusskomu kraju*)". Beschrieben wird die Route von Warschau über das „Litauische Brest/Brest-Litowsk" (*Brest-Litovskij*) in das „Weißrußische Minsk" (*Minsk Belorusskij*). Neben den beiden Landschaftsbezeichnungen Polesien und „Weißrußland" verwendete Špilevskij den Begriff „Westliche Ruß" (*Zapadnaja Rus'*); die Bewohner nannte er „Weiße-Ruß-Leute" (*beloruscy*).

Von polnischen Geschichtsschreibern früherer Zeiten sei die Eigenständigkeit der Region mit dem Begriff „Weiße Ruß" (hier *Belaja Ruś*, eigentlich *Ruś biała*) unterstrichen worden.[100]

Vor diesem Hintergrund legte der aus dem Gebiet Mogilev stammende Jurist Iosif Vikent'evič Turčinovič (geboren 1824) in St. Petersburg 1857 die erste Gesamtdarstellung der „weißrußischen" Geschichte vor: „Überblick über die Geschichte Weißrußlands seit den ältesten Zeiten" (*Obozrenie istorii Belorussii s drevnejšich vremen*). Bevor Turčinovič Anfang der 1860er Jahre als Richter in das Gouvernement Irkutsk zog, hatte er bereits einige andere historische Studien veröffentlicht. Zu nennen sind aus dem Jahr 1853 die Broschüren „Über den Landbesitz und das Erbe in der alten Ruß" (*O pozemel'noj sobstvennosti i nasledstve v drevnej Rusi*) und „Gesellschaftliche Lebensweise der Slaven im Altertum. Über Eigentum und Erbschaft in der alten Ruß" (*Obščestvennyj byt slavjan v drevnosti. O sobstvennosti i nasledstve v drevnej Rusi*) sowie aus dem Jahr 1854 das Buch „Geschichte der Landwirtschaft Russlands, von historischen Zeiten bis zum Jahr 1850" (*Istorija sel'skogo chozjajstva Rossii, ot vremen istoričeskich do 1850 goda*).

Turčinovičs Gesamtdarstellung ist das das erste russischsprachige Buch, auf dessen Titelblatt der Begriff „Weißrußland" (*Belorussija*) zu lesen ist (Abb. 4). Den Landesnamen führte der Autor unter Vorbehalt auf die Vorliebe seiner Bewohner für die weiße Kleidung zurück.[101] Ihm ging es darum, die Geschichte einer Landschaft zwischen den Flüssen Düna, Dnepr und Druc oder der zeitgenössischen Gouvernements Vitebsk (Vicebsk) und Mogilev (Mahileŭ) zu skizzieren:

> „Das gegenwärtige Weißrußland (*Belorussija*) erstreckte sich in früheren Zeiten von Nord nach Süd von der Düna-Stadt Drissa [Drysa, seit 1962 Verchnjadzvinsk] und dem See Osveja [Asvejskae vozera] bis Mogilev und Druck, und von Ost nach West von Velikie Luki und vom Fluss Lovat' bis zur Kleinstadt Belyj [heute Oblast Tver'] an der Grenze der Gouvernements Vil'na und Minsk, d.h. Weißrußland nannte sich anfänglich das Land zwischen Düna, Dnepr und Drut [Druc]; in der heutigen Zeit sind unter der allgemeinen Bezeichnung Weißrußland zwei gegenwärtige Gouvernements bekannt: das von Mogilev und das von Vitebsk, ausgenommen ihrer drei Livländischen Bezirke …"[102]

Diese Region könne eine „eigene Geschichte" beanspruchen, auch wenn diese es nicht immer gut mit ihr gemeint habe. Die eigenständige ältere, vom Fürstentum Polock bestimmte und bis ins 15. Jahrhundert langende Geschichte sei wenig bekannt, die neuere Geschichte sei in die politische Entwicklung Litauens, Polens und Russlands eingebunden. Aufgrund der geographischen Lage habe sich „Weißrußland" bis zum 19. Jahrhundert einer Mächtekonstellation gegenübergesehen, in der „fast alle Fragen, die das politische Leben dieser Staaten ausmachen, mit der Waffe entschieden wurden". Mit anderen Worten habe das Schicksal für „Weißrußland" einen „jahrhundertlangen blutigen Kampf" ausersehen.[103] Im Hauptteil konzentrierte sich Turčinovič nicht nur auf die Darstellung militärischer Ereignisse und religiöser Entwicklungen, sondern auch auf die Beschreibung von Kulturdenkmälern.

*

---

100 P. M. Špilevskij: Putešestvie po Poles'ju i Belorusskomu kraju. Minsk 2004, S. 51, 102, 131.
101 Io[sif] Turčinovič: Obozrenie istorii Belorussii s drevnejšich vremen. S.-Peterburg 1857 Ebd., S. III.
102 Zitat: *Nastojaščaja Belorussija, v prežnija vremena, prostiralas': s severa na jug ot goroda Drissy na Dvine i ozera Osveja do Mogileva i Drucka, a s vostoka na zapade ot Velikich Luk i ot reki Lovati do mestečka Belogo, na granice gubernij Vilenskoj i Minskoj, t.e. Belorussieju, v samom načale, nazyvalas' strana meždu Dvinoju, Djeprom i Drut'ju; v nastojaščee že vremja, po obščim nazvaniem Belorussii izvestny dve nynešnija gubernii: Mogilevskaja i Vitbeskaja, za isključeniem trech ee Lifljandskich uezdov …* Ebd., S. IV/VII.
103 Ebd., S. VII/VIII.

In der zweiten Hälfte des 19. Jahrhunderts formierte sich im moderaten Lager der russländischen Gelehrten eine wissenschaftliche Schule, die sich „Westrussland" verpflichtete. Zu den Anhängern zählten Intellektuelle aus den sogenannten „litauischen" und „weißrußischen" Gouvernements, die in den russländischen Bildungsinstitutionen einen sozialen Aufstieg erfahren hatten und dann fern der Heimat lebten, aber auch russische Forscher, die mit einem ansonsten eher vernachlässigten Thema zu wissenschaftlichen Ehren zu gelangen hofften.

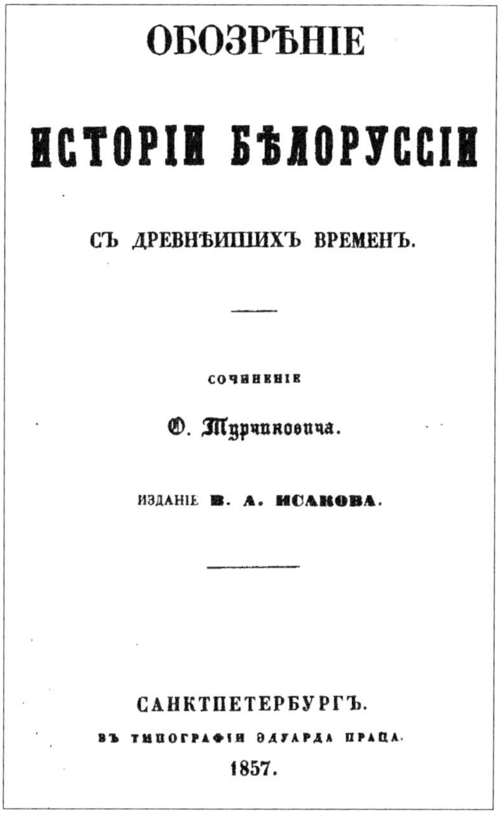
ОБОЗРѢНІЕ

ИСТОРІИ БѢЛОРУССІИ

СЪ ДРЕВНѢЙШИХЪ ВРЕМЕНЪ.

СОЧИНЕНІЕ

Ѳ. Турчиновича.

ИЗДАНІЕ В. А. ИСАКОВА.

САНКТПЕТЕРБУРГЪ.

ВЪ ТИПОГРАФІИ ЭДУАРДА ПРАЦА.

1857.

Abb. 4: Der russische Name der Weißen Ruß
Quelle: Io[sif] Turčinovič: Obozrenie istorii Belorussii s drevnejšich vremen. S.-Peterburg 1857.

Auf die Tagesordnung gesetzt wurde der „Westrussismus" durch den aus dem Gouvernement Grodno (Hrodna) stammenden Historiker und Publizisten Michail Osipovič Kojalovič (1828–1891). Kojalovič machte als Sohn eines unierten Priesters an der Geistlichen Akademie in St. Petersburg Karriere, ab 1856 am Lehrstuhl für vergleichende Theologie und russisches Schisma, ab 1862 am Lehrstuhl für bürgerliche und kirchliche Geschichte und ab 1868 am Lehrstuhl für russische bürgerliche Geschichte. Nach der Verteidigung seiner Doktordissertation „Geschichte der Wiedervereinigung der westrussischen Unierten alter Zeiten (bis 1800)" (*Istorija vossoedinenija zapadnorusskich uniatov starych vremen [bis 1800]*) wurde Kojalovič 1873 ordentlicher Professor. Seine „Geschichte des russischen Selbstbewusstseins nach historischen Denkmälern und wissenschaftlichen Werken" (*Istorija russkogo samosoznanija po istoričeskim pamjatnikam i naučnym sočinenijam*), in der er 1884 die Rolle des Subjektivismus in der Geschichte hervorhob, fand bei den Apologeten des Slavophilismus Anklang. Zum Vorkämpfer des Westrussismus wurde Kojalovič durch seine 1864 erstmals veröffentlichten „Vorlesungen zur Geschichte der Westlichen Ruß" (*Lekcii po istorii Zapadnoj Rusi*). Sie erschienen 1884 in überarbeiteter zweiter Auflage unter dem Titel „Lektüren zur Geschichte der Westlichen Ruß" (*Čtenija po istorii Zapadnoj Rusi*). Die noch im selben Jahr publizierte dritte Auflage enthielt eine ethnographische Karte.[104]

Im Vorwort zur Ausgabe von 1884 entwarf Kojalovič in missionarischer Manier ein Bildungsprogramm für „Kleinrussen" (*malorossy*), „Weißrußen" (*belorussy*) und „Litwinen" (*lit-*

104 M. O. Kojalovič: Lekcii po istorii Zapadnoj Rusi. Moskva 1864; ders.: Čtenija po istorii Zapadnoj Rusi. Novoe izd., pererab. i dop. s izd. 1864 g. S.-Peterburg 1884. Izd. 3-'e. Priložena ėtnografičeskaja karta. S.-Peterburg 1884, S. IV.

viny). Bei den Letzteren handelte es sich nicht um ethnische „Litauer" (*litovcy*), sondern um die ostslavische Bevölkerung der sogenannten „litauischen Gouvernements". Von den polnisch-litauischen Juden, den Litwaken war hingegen nicht die Rede. Kojalovič kam es darauf an, „Westrussland" (*Zapadnaja Rossija*) mit russischen Augen zu sehen, will heißen „auf Russisch zu kennen, auf Russisch zu verstehen". In diesem Sinne galt es, die breite Masse des Volkes am Fortschritt von Bildung und Wissenschaften im Zarenreich teilhaben zu lassen.[105]

In der ersten Lektion definierte Kojalovič den Begriff „Westrussland" (*Zapadnaja Rossija*). Die Variante von 1864 benennt „Weißrußland oder Litauen" als eine Komponente und betrachtet „Kleinrussland" lediglich als Appendix:

> „Unter dem Namen Westrussland (*Zapadnaja Rossija*) zu verstehen sind nicht allein Weißrußland (*Belorussija*) oder Litauen (*Litva*), sondern gemeinsam mit ihnen Kleinrussland (*Malorossija*), d.h. zu verstehen ist das gesamte Land, das im Westen vom Dnepr und Südwesten von der Düna bis zur Grenze des Polnischen Königtums und Österreichischen Imperiums liegt."[106]

In der Definition von 1884 wird zwischen „Weißrußland" und „Litauen im eigentlichen, stammesmäßigen Sinne" unterschieden und von der „sogenannten Ukraine" gesprochen:

> „Unter dem Namen Westrussland (*Zapadnaja Rossija*) zu verstehen sind Weißrußland (*Belorussija*), das westliche Kleinrussland (*Malorossija*), oder die sogenannte Ukraine (*Ukrajna*), und Litauen (*Litva*) im eigentlichen, stammesmäßigen Sinne, d.h. unter dem Namen Westrussland ist das Land zu verstehen, das im Westen des Dnepr liegt und im Südwesten von den Gebieten der oberen Düna bis zur Grenze Preußens, weiter bis Polen, oder dem sogenannten Weichselgouvernement, und schließlich bis zur Grenze des österreichischen Staates."[107]

Bekannte Kojalovič in der Originalausgabe unter dem unmittelbaren Einfluss des polnischen Januaraufstandes von 1863/64 noch seine persönliche Betroffenheit und seine konterrevolutionäre Gesinnung, stand die Fassung von 1884 im Zeichen einer inhaltlichen Versachlichung, ohne jedoch von polonophoben und antisemitischen Sentenzen frei zu sein. In der Originalfassung verwies Kojalovič zum einen auf den Zusammenhang von Heimatverbundenheit und Lokalpatriotismus. Zum anderen leitete er aus der westrussischen Geschichte einen spezifischen „Demokratismus" und „Sozialismus" ab. Darunter verstand er in anachronistischer Weise „eine russische, rechtgläubige Aristokratie".[108] In der aktualisierten Fassung hob Kojalovič die historischen Grundzüge stärker hervor: Habe unter den Kiever Fürsten per se eine Einheit des Landes bestanden, sei im Großfürstentum Litauen das „russische Leben" durch die Dominanz der „westrussischen Sprache" aufrechterhalten worden. Erst unter polnischer Oberherrschaft sei durch die Assimilierung des Adels und der Stadtbewohner der Verlust ostslavischer Kultur spürbar geworden.[109] Immerhin hätten der russische Glaube, die russische Sprache und der russische

---

105 Ebd. (1884), S. IV.
106 Zitat: *Pod imenem Zapadnoj Rossii nužno razumet' ne odnu Belorussiju ili Litvu, a vmeste s nimi i Malorossiju, t.e. nužno razumet' vsju tu stranu, kotoraja ležit na zapad ot Dnepra i jugozapad ot Dviny do granicy Carstva Pol'skogo i Avstrijskoj Imperii.* Ebd. (1864), S. 3/4.
107 Zitat: *Pod imenem zapadnoj Rossii nužno razumet' Belorussiju, zapadnuju Malorossiju, ili tak nazyvaemuju Ukrajnu, i Litvu v sobstvennom, plemennom smysle, t.e. voobšče pod imenem zapadnoj Rossii nužno razumet' vsju tu stranu, kotoraja ležit na zapade ot Dnepra i jugo-zapade ot oblastej verchnej Dviny do granic Prussii, dalee do Pol'ši, ili tak nazyvaemych privisljanskich gubernij, i nakonec do granic avstrijskogo gosudarstva.* Ebd. (1884), S. 1.
108 Ebd. (1864), S. 4/5 und 15/16.
109 Ebd. (1884), S. 2.

Handel unter der Masse der Bevölkerung noch einen Konsens gestiftet.[110] Diesem habe sich allenfalls der polnische Landadel (Szlachta) widersetzt, insbesondere der aus dem „weißrußischen" Novogrudok (Navahrudak) stammende polnische Nationaldichter Adam Mickiewicz.[111]

In der zweiten Lektion zählte Kojalovič die neun Gouvernements Kovno (Kaunas), Vil'na (Vilnius), Grodno (Hrodna), Minsk, Vitebsk (Vicebsk) und Mogilev (Mahilëŭ), Kiev (Kyjiv), Podolien und Wolhynien zu „Westrussland".[112] Während sich die „kleinrussischen" Stämme auf die Schwarzerdegebiete verteilten – „Schwarzerde und Kleinrussen" seien als „zwei Seiten einer Medaille" anzusehen –, fände man die „Weißrußen" dort, wo es Sand oder Sümpfe gebe.[113] Aufgrund ihrer sozioökonomischen Rückständigkeit wohne den „Weißrußen" keine gesellschaftliche Kraft inne, sie hätten ihre altertümliche Lebensweise beibehalten.[114]

Die 1884 erschienene dritte Auflage von Kojalovičs „Lektüren zu Geschichte der westlichen Ruß" enthielt im Anhang eine „Ethnographische Karte des russischen Volkes im Europäischen Russland und Österreich" (Ėtnografičeskaja karta russkogo naroda v Evropejskoj Rossii i Avstrii). Diese stammte aus dem Kartographischen Unternehmen von Aleksej Afinogenovič Il'in (1834–1889) und vertrat im Hinblick auf West-Polesien eine Position, die sich in der russländischen Wissenschaft durchgesetzt hatte. Das komplette Gebiet um Brest (Brėst) wurde neben den Regionen südlich der Prypjat den „Kleinrussen" zugewiesen. Unwillkürlich leistete Kojalovič als gebürtiger „Weißruße" damit Argumenten des ukrainischen Nationalismus Vorschub. Ansonsten wurden die Siedlungsgebiete der „Weißrußen" übertrieben großzügig ausgelegt. Ihnen fielen im Westen die Gebiete von Belostok (Białystok) und Vil'na (Vilnius) und im Osten die Gebiete um Smolensk zu.[115]

*

Für die belarußische Nationsbildung spielten zwei Texte eine herausragende Bedeutung, die 1891 veröffentlichte Gedichtsammlung „Belarußische Rohrpfeife" (Dudka biełaruskaja) von Francišak Bahuševič und das seit 1903 erscheinende literatur- und sprachwissenschaftliche Monumentalwerk „Die Weißrußen" (Belorussy) von Efim Karskij. Beide Texte sind elementar für die Identität der Belarußen und die Konstruktion der Weißen Ruß/Belarus'. Bahuševič setzte die Sprache der belarußischen Bauern und die Grenzen ihrer Verbreitung auf die Tagesordnung, Karskij verlieh der belarußischen Kulturgeschichte und der belarußischen Kartographie eine wissenschaftliche Fundierung. Während der eine auf Belarußisch schrieb, bevorzugte der andere das Russische.

Der aus dem Vorwerk Svirani (Svironis) im Vilejka-Kreis (heute Rajon Švenčionys an der litauisch-belarusischen Grenze) im Gouvernement Vil'na stammende Rechtsanwalt Francišak Bahuševič (Francisk-Benedikt Kazimirovič Boguševič; 1840–1900) gilt als der Begründer des kritischen Realismus in der belarußischen Literatur. Im Jahr der Bauernbefreiung von 1861 hat-

---

110 Ebd., S. 4.
111 Ebd., S. 7 und 9.
112 Ebd., S. 23/24.
113 Ebd., S. 23/24 und 26.
114 Ebd., S. 30/31 und 31/32.
115 Ėtnografičeskaja karta russkogo naroda v Evropejskoj Rossii i Avstrii s pokazaniem plemennych ego podrazdelenij na velikorussov, malorussov i belorussov, a takže s pokazaniem mestožitel'stva litovskogo naroda v Rossii i Prussii i pol'skogo naroda v Rossii, Prussii i Avstrii. Kartogr. zav. A. Il'ina. In: M. O. Kojalovič: Čtenija po istorii Zapadnoj Rusi. Izd. 3'-e. Priložena ėtnografičeskaja karta. S.-Peterburg 1884, Anhang. Online: Gosudarstvennaja Publičnaja istoričeskaja biblioteka Rossii, http://elib.shpl.ru/ru/nodes/10455-etnograficheskaya-karta-russkogo-naroda-v-evropeyskoy-rossii-i-avstrii (letzter Zugriff: 26.6.2024).

te er sein Studium an der Physikalisch-Mathematischen Fakultät der Universität St. Petersburg wegen staatlicher Beschränkungen der Hochschulfreiheit bereits nach zwei Monaten abgebrochen und stattdessen eine Tätigkeit als Dorflehrer in Dociški im Kreis Lida an der heutigen belarusisch-litauischen Grenze zu Litauen aufgenommen. Den polnischen Novemberaufstand hatte er 1863/64 in den Wäldern von Augustów an der heutigen polnisch-litauischen Grenze unterstützt. Nach dem Abschluss des Juristischen Lyzeums in Nežin (Nižyn bei Černihiv) hatte er 1868 begonnen, seinen Lebensunterhalt als Jurist auf dem Gebiet der heutigen Ukraine zu verdienen. 1884 kehrte er nach Vil'na zurück, wo er sich nebenberuflich als Literat betätigte.

Bahuševičs in lateinischer Schrift verfasste Gedichtsammlungen basieren auf der belarußischen Folklore, mussten wegen der zarischen Politik der Russifizierung oder De-Polonisierung aber im Ausland erscheinen: „Belarußische Rohrpfeife" (*Dudka biełaruskaja*; Kraków 1891) unter dem Pseudonym Maciej Buraczok (abgeleitet von *burak*, d.h. „Rübe") und „Belarußischer Geigenbogen" (*Smyk biełaruski*; Poznań 1894) unter dem Pseudonym Szymon Reuka „aus der Gegend von Barysaŭ" (*z pad Barysowa*). Bahuševič trat als „Dichter aus dem Volk" auf, relativierte die soziale Spaltung zwischen „Bauern" und „Herren" und kreierte auf der Basis der „einfachen Sprache" (*prosta mova*) eine nationale Leserschaft.

Im Vorwort zur „Belarußischen Rohrpfeife" erhob Bahuševič 1891 die Weiße Ruß zu seinem politischen Programm. Gleich zu Anfang appellierte er an seine Landsleute, die eigene Sprache, das Belarußische, nicht nur zu schätzen, sondern auch zu pflegen:

> „Liebe Brüder, Kinder meines Mutterlandes! Indem ich Euch meine Arbeit vorlege, muss ich mit Euch ein wenig über unser unglückliches Los, über unsere althergebrachte väterliche Sprache reden, die wir selbst, und nicht nur wir, sondern auch alle finsteren Gestalten ‚bäuerlich' nennen, aber sie nennt sich ‚belarußisch' („*biełaruskaja*')." [116]

Interessanterweise verwendete Bahuševič an dieser Stelle eine Schreibweise des Adjektivs *biełaruskaja*, die sich vom Titel der ersten Auflage seines Werkes unterscheidet. Im Unterschied zu späteren Ausgaben enthält der ursprüngliche Titel nämlich noch die polnische Vorsilbe *biała*. Diese linguistische Feinheit ist deshalb von Relevanz, weil Bahuševič in seiner Muttersprache erst noch einen Namen für sein Vaterland kreieren musste. Er tastete sich gewissermaßen über die mit „Weißruthenien" zu übersetzenden Kunstwörter *białarusija* und *bełarusija* an den Neologismus *Biełaruś* heran. Ganz neu war das Wort aber nicht. Es folgte lediglich dem polnischen Ausdruck *Białoruś*. Das Problem bestand für Bahuševič aber darin, dass die Heimat der belarußisch sprechenden Bauern kein einheitliches Terrritorium darstellte, sondern über mehrere russische Gouvernements verteilt war.

In historischer Perspektive hatte Bahuševič eine Region vor Augen, die im polnisch-litauischen Kontext in Frieden mit ihren Nachbarn zu leben imstande war, aber immer als Durchmarschzone für fremde Heere herhalten musste. So gesehen konnten die Bewohner dieses „Ländle" (*ziamielka*) eine „weiße Weste" oder ein „reines Gewissen" beanspruchen:

> „Seit Vorzeiten, als unser Ländle (*ziamielka*) sich mit Litauen vereinte, als es sich freiwillig Polen anschloss, nannten es alle gerade deshalb ‚Weißruthenien' (*białarusija*) und nicht vergebens! Er war

---

[116] Zitat: *Bratcy miłyje, dzieci Ziamli-matki majej! Wam afiarujuczy pracu swaju, muszu z wami pahawaryć trochi ab naszaj doli-niadoli, ab naszaj baćkawaj zapradwiecznaj mowie, katoruju my sami, da i nie adny my, usie ludzi ciomnyje, „mużyckaj" zawuć, a zawieta jana „biełaruskaj".* Maciej Buraczok: Dudka biełaruskaja. Kraków 1891, S. III-V (Pradmova), hier I.

nicht groß, nicht klein, nicht rot, nicht schwarz, sondern weiß, rein: niemanden hat es geschlagen, niemanden herausgefordert, es hat sich nur verteidigt."[117]

Als Bahuševič von der Geschichte auf die Geographie zu sprechen kam, verwandelte sich das „Ländle" (*ziamielka*) in einen „Stammsitz" (*ziamlica*), aus „Weißruthenien" (*biełarusija*) wurde die „Weiße Ruß" (*Biełaruś*). Dieses groß geschriebene Land langte von Vil'na (Vilnius) bis Mazyr' oder von Vicebsk bis Černihiv und erfasste alle Kleinstädte und Dörfer, in denen die belarußische Sprache gepflegt wurde:

> „Es ist schon mehr als 500 Jahre her, bis zur Herrschaft des Fürst Witowt in Litauen, dass sich Weißruthenien (*biełarusija*) gemeinsam mit Litauen gegen die Einfälle der Kreuzritter verteidigte, und dass viele Städte, wie Polock, die Herrschaft der litauischen Fürsten anerkannten. Nach Witowt vereinigte der litauische Fürst Gedimin Weißruthenien (*biełarusija*) mit Litauen in einem starken Königtum und eroberte viel Land von den Kreuzrittern und von den übrigen Nachbarn. Litauen langte vor 520 Jahren von der Ostsee bis zum Schwarzen Meer, von den Flüssen Dnepr und Dnestr bis zur Memel, von der Stadt Kamenec bis Vjaz'ma (inmitten Großrusslands) und von Dünaburg bis Kremenčug. In der Mitte Litauens lag, wie der Kern in der Nuss, unser Stammsitz – *Biełaruś*! Vielleicht fragt jemand: wo ist die *Biełaruś* heute? Dort Brüder, ist sie, wo unsere Sprache lebt: von Vilnius bis Mazyr', von Vicebsk fast bis Černihiv, in Hrodna, Minsk, Mahiloŭ, Vilnius und vielen Flecken und Dörfern …"[118]

Mit der Erwähnung von Vilnius und Hrodna lenkte Bahuševič den Blick dabei über die „weißrußischen Gouvernements" hinaus auch auf die „litauischen Gouvernements", ließ aber auffälligerweise Brest (Brèst) und damit West-Polesien außer Acht. Neben dem Verweis auf die Querachse Vilnius-Mazyr' hätte sich aus heutiger Sicht weniger die Benennung der Tangente Vicebsk-Černihiv als vielmehr die Erwähnung der gegenläufigen Querachse Brèst-Vicebsk angeboten.

Im Unterschied zu dem revolutionär und patriotisch gestimmten Rechtsanwalt und Schriftsteller Bahuševič bekannte sich der renommierte Linguist und Ethnograph Efim Fedorovič Karskij (Jaŭchim Fëdaravič Karski; 1861–1931) zum Westrussismus. Karskij stammte aus dem Gebiet Grodno (Hrodna) und war in den Gegenden von Novogrudok (Navahrudak) und Minsk aufgewachsen. 1885 hatte er sein Studium am Historisch-Philologischen Institut in Nežin (Nižyn bei Černihiv) abgeschlossen. Nach der 1891 an der Universität Kiev erfolgten Verteidigung seiner Magisterdissertation „Zur Geschichte der Laute und Formen der weißrußischen Rede" (*K istorii zvukov i form belorusskoj reči*) öffnete sich ihm an der Universität Warschau (Warszawa) der Weg in eine wissenschaftliche Karriere. Karskij wurde 1893 Lektor, 1894 Professor, 1902 Dekan und 1905 Rektor. Sein dreibändiges Werk über „Die Weißrußen"

---

117 Zitat: *Z pradwieku, jak nasza ziamielka z Litwoj złuczyłasia, jak i z Polszaj zjadnałasia dobrawolnaja, dyk usio jaje „biełarusiaj" [sic] zwali z nia darmaż heta! Nia wialikaja, nia małaja, nia czyrwonaja, nia czornaja jana była, a biełaja, czystaja: nikoha nia biła, nia padbiwała, tolki baraniłasia.* Ebd., IV/V.

118 Zitat: *Užo bolsz jak piatsot hadoŭ tamu, da panawania kniazia Witenesa na Litwie, biełarusija razam z Litwoj baraniłasia ad kryżackich napaści i szmat miestaŭ, jak Połock, pryznawali nad saboj panawanie kniazioŭ Litoŭskich, a posle Witenesa Litoŭski kniaź Giadymin złuczyŭ susim biełarusiju z Litwoj u adno silnaja karaleŭstwa i adwajawaŭ szmat ziamli ad kryżakoŭ i ad druhich susiedaŭ. Litwa piatsot dwadcać hadoŭ tamu nazad użo była ad Baltyckaho mora udoŭżki aż da Czornaho, ad Dniapra i Dniastra raki, da Nicmna; ad Kamieńca miesta aż da Wiazmy, – u siaredzinie Wialikarosji; ad Dynaburga i za Kramiańczyk, a u siaredzinie Litwy, jak toje ziarno u harechu, była nasza ziamlica – Biełaruś! Może chto spytaje: hdzież ciapier Biełaruś? Tam bratcy, jana hdzie nasza mowa żywieć: jana ad Wilna [sic] da Mazyra, ad Witebska za małym nia da Czarnihawa, hdzie Grodna, Mińsk, Mahiloŭ, Wilnia i szmat miasteczkaŭ i wiosak …* Ebd.

(*Belorussy*) erschien von 1903 bis 1922 in acht Teilen.[119] Aus politischen Gründen wechselte Karskij 1910 von Warschau nach St. Petersburg, wo er 1916 Mitglied der Akademie der Wissenschaft und 1917 Universitätsprofessor wurde. Im Bürgerkriegsjahr 1918/19 hielt sich Karskij zeitweilig in Minsk auf, ohne aber politisch oder wissenschaftlich Fuß fassen zu können. Von 1924 bis 1929 leitete er das Museum für Anthropologie und Ethnographie in Leningrad.

Im Hinblick auf die Rolle der „Weißen Ruß" (*Belaja Rus'*) in der mittelalterlichen Geschichte kam Karskij 1903 zu dem Schluss, dass diese Bezeichnung allgemein bekannt war, ohne in Betracht zu ziehen, dass damit lange Zeit nicht das Siedlungsgebiet der Belarußen/Ruthenen gemeint war.[120] Für die eigene Gegenwart wollte Karskij dem Begriff „Weiße Ruß" keine Bedeutung zugestehen, obgleich er im Lager der Sozialrevolutionäre durchaus verwendet wurde. Bei der Gleichsetzung von Pole und Katholik knüpfte Karskij an die Ausführungen Roderich von Erckerts (1821–1900) an. Mit den „Hiesigen" (*tutejszy/ tutėjšy*) brachte Karskij aber eine neue Kategorie in die Debatte ein:

> „In der Gegenwart kennt das einfache Volk in Weißrußland (*Belorussija*) diese Bezeichnung nicht. Auf die Frage: ‚Wer bist du?', antwortet der gemeine Mann ‚ein Russe', und wenn er ein Katholik ist, dann nennt er sich entweder Katholik oder Pole; manchmal nennt er seine Heimat Litauen, manch einer sagt ganz einfach, dass er ein ‚Hiesiger' (*tutėšij/tutejszy*) ist, ein Lokaler, wobei er sich natürlich einer Person gegenübergestellt sieht, die großrussisch spricht, wie ein ins Westgebiet Zugewanderter."[121]

In Bezug auf die Herkunft des Begriffs „Weiße Ruß" (*Belaja Rus'*) wußte Karskij im Nachgang zur Darstellung Michail Bez-Kornilovičs von 1855 nur auf den „äußeren Anblick der Weißrußen" zu verweisen, die weiße Gewänder und weiße Kopfbedeckungen bevorzugten. Der vorherrschende Typ der Weißrussen bestehe aus „auffälligen Blondinen mit blauen oder hellgrauen Augen".[122]

Im ersten Kapitel seines Buches versuchte Karskij, das „Territorium, das vom weißrußischen Volksstamm eingenommen wird", wissenschaftlich zu beschreiben.[123] Als Kriterium für eine „Ethnographische Karte" ließ er nur die Alltagssprache, nicht aber die Volkszugehörigkeit gelten. Dabei zog er die Assimilation von Litauern im Wilnagebiet ebenso in Betracht wie die von „Weißrußen" im Gebiet von Kaluga und Orel.[124] Ungeachtet der fließenden Übergänge, die zwischen dem „Weißrußischen" und dem „Kleinrussischen" einerseits und dem „Weißrußischen" und dem „Großrussischen" andererseits bestehen, war Karskij geneigt, unterschiedliche Konsequenzen zu ziehen.[125] Während er im Südwesten die Gegend um Brest ohne weitere

---

119 E. F. Karskij: Belorussy. T. I. Vvedenie v izučenie jazyka i narodnoj slovesnosti. Varšava 1903; ders.: Belorussy. T. I. Vvedenie v izučenie jazyka i narodnoj slovesnosti. Vil'na 1904. T. II. Jazyk belorusskogo plemeni. 1. Istoričeskij očerk zvukov belorusskogo narečija. Varšava 1908. 2. Istoričeskij očerk slovoobrazovanija i slovoizmenenija v belorusskom narečii. Varšava 1911. 3. Očerki sintaksisa belorusskogo narečija. Dopolnenija i popravki. Varšava 1912. T. III. Očerki slovesnosti belorusskogo plemeni. 1. Narodnaja poėzija. Moskva 1916. 2. Staraja zapadnorusskaja literatura. Petrograd 1921. 3. Chudožestvennaja literatura na narodnom narečii. Petrograd 1922. Neudruck unter dem Hauptitel „Belorusy": Minsk 2006/2007.
120 Ebd. I (1903), S. 114/115; (2006), S. 113/114.
121 Zitat: *V nastojaščee vremja prostoj narod v Belorussii ne znaet ėtogo nazvanija. Na vopros: kto ty? Prostoljudin otvečaet – russkij, a esli on katolik, to nazyvaet sebja libo katolikom, libo poljakom; inogda svoju rodinu nazovet Litvoj, a to i prosto skažet, čto on „tutėšij" (tutejszy) – zdešnij, konečno, protivopolagaja sebja licu, govorjavščemu po-velikorusski, kak prišlomu v zapadnom krae.* Ebd. I (1903), S 116; (2006), S. 114.
122 Ebd. I (1903), S. 117; (2006), S. 115.
123 Karskij: Belorussy I (1903), S. 3-29; (2006), S. 33-52.
124 Ebd. I (1903), S. 4; (2006), S. 34.
125 Ebd. I (1903), S. 11/12; (2006), S. 38/39.

Erklärungen den „Kleinrussen" überließ, begründete er weitergehende weißrußische Ansprüche im Südosten im Gebiet zwischen Mogilev und Orel mit der „Lebensweise" (*obraz žizni*) der Bevölkerung. Damit kam ein ethnisches Kriterium ins Spiel. Von den „Großrussen" ließen sich die „Weißrußen" nämlich dadurch abgrenzen, dass sie Bewohner von Wäldern und Sümpfen waren. In diesem Zusammenhang habe ihre natürliche Umwelt, nicht nur die Weltanschauung, sondern auch die Volkspoesie in besonderer Weise geprägt.[126]

Letzten Endes meinte Karskij, 14 Gouvernements oder 72 Kreise in den Rahmen der „weißrußischen Sprachgrenze" einbeziehen zu dürfen:

> „Auf diese Weise dehnt sich die weißrußische Rede in einem oder anderem Maße über die folgenden Gouvernements aus: Vitebsk (ein großer Teil), Kurland (ein unbedeutender Teil), Kovno (ein unbedeutender Teil), Vil'na (ein großer Teil), Grodno (die Hälfte), Suvalki (ein Kreis), Minsk (ein großer Teil), Mogilev (das gesamte Gouvernement), Černigov (ein bedeutender Teil im Norden), Orel (die westliche Ecke), Kaluga (ein unbedeutender Teil), Smolensk (ein großer Teil), Tver' (ein unbedeutender Teil), Pskov (ein unbedeutender Teil)."[127]

Neben der Ethnographie zog Karskij auch die Geographie zu Rate. Dabei kam er zu dem Schluss, dass sich Wasserscheiden im Norden, Osten und teilweise im Süden „als natürliche Grenzen des weißrußischen Volksstammes erwiesen".[128] Diesbezüglich zeige sich,

> „dass die Grenze des weißrußischen Volksstammes, allgemein gesagt, im Osten und Norden entlang der Wasserscheiden von Flüssen und ihrer Zuläufe verläuft, die auf der einen Seite aus dem Becken des Dnepr (Desna mit den Zuflüssen Bolva, Sož, Dnepr) und der Westliche Düna (Obša, Lučessa, Meža, Düna, Drissa) besteht, auf der anderen Seite aus dem Becken der Wolga und ihrer Zuflüsse (Oka, Žizdra, Ugra, Vazuza), der Lovat' und der Velikaja. Im Westen und im Süden dienen Sümpfe als Grenzen der Weißrußen".[129]

In der Tat sollte die „Ethnographische Karte des weißrußischen Volksstammes" (*Ėtnografičeskaja karta belorusskogo plemeni*), die Karskij dem ersten Band seines Werkes über die „Weißrußen" 1903 beifügte, das Selbstverständnis der Weißen Ruß/*Belarus'* als eine geographische Entität nachhaltig beeinflussen (Karte 6). Gleichwohl bezog sich Karskij lediglich auf ethnographische Publikationen und eigene Feldforschungen, nicht aber auf die Ergebnisse der ersten allgemeinen Volkszählung des Russländischen Reiches von 1897.[130] Häufig bleibt unbeachtet,

---

126 Ebd. I (1903), S. 13; (2006), S. 41.
127 Zitat: *Takim obrazom, belorusskaja reč' v toj ili drugoj stepeni razdaetsja v gubernijach: Vitebskoj (bol'šaja čast'), Kurljandskoj (neznačitel'naja čast'), Kovenskoj (neznačitel'naja čast'), Vilenskoj (bol'šaja čast'), Grodnenskoj (polovina), Suvalkskoj (odin uezd), Minskoj (bol'šaja čast'), Mogilevskoj (vsja gubernija), Černigovskoj (značitel'naja čast' na severe), Orlovskoj (zapadnyj ugol'), Kalužskoj (neznačitel'naja čast'), Smolenskoj (bol'šaja čast'), Tverskoj (neznačitel'naja čast'), Pskovskoj (neznačitel'naja čast').* Ebd. I (1903), S. 19; (2006), S 45.
128 Ebd. I (1903, S. 23; (2006), S. 48.
129 Zitat: *... to okažetsja, čto granica belorusskogo plemeni, voobšče govorja, na vostoke in na severe idet po vodorazdelam rek i ich pritokov, sostavljajuščich, s odnoj storony, bassejn Dnepra (Desna s pritokom Bolvoj, Sož, Dnepr), Zap. Dviny (Obša, Lučessa, Meža, Dvina, Drissa), s drugoj – bassejn Volgi i ee pritokov (Oki, Žizdry, Ugry, Vazuzy), Lovati i Velikoj. Na zapade i na jug graniceij belorussov služat bol'še bolota.* Ebd. I (1903), S. 21; (2006), S. 46.
130 Pervaja Vseobščaja perepis' naselenija Rossijskoj imperii 1897 g. [Kn. 1-89]. Pod red. N. A. Trojnickogo. [S.-Peterburg] 1899–1905, im Einzelnen: T. IV, Nr. 1-3: Vil'na (1899–1904); T. V, Nr. 1-3: Vitebsk (1899–1903); T. XI: Grodno (1904); T. XXII: Minsk (1904); T. XXIII: Mogilev (1903); T. XL: Smolensk (1904). Vgl. die Rubrik „Rezul'taty perepisi po gubernijam (Vyp. 1-89)". Online: Prezidentskaja biblioteka, https://www.prlib.ru/section/1330129 (letzter Zugriff: 21.8.2024).

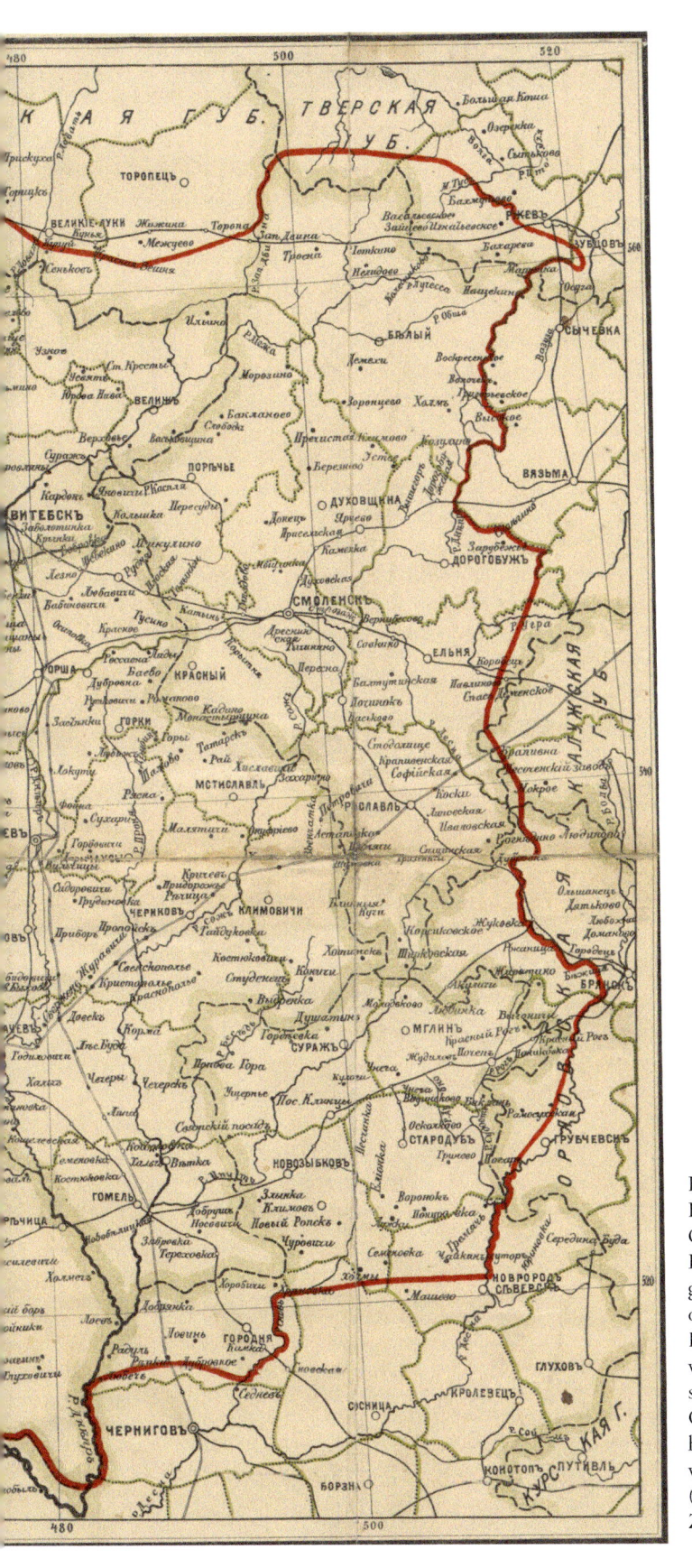

Karte 6: Karskijs ethnographische Karte
Quelle: E. F. Karskij: Ėtnografičeskaja karta belorusskogo plemeni. I. Granica belorusskoj oblasti. II. Belorusskie govory. In: Ders.: Belorussy. T. I. Vvedenie v izučenie jazyka i narodnoj slovesnosti. Varšava 1903, Anhang Online: Wikimedia Commons, https://commons.wikimedia.org/wiki/File:Biełarusy._Беларусы_(J._Karski,_1903)_(2).jpg (letzter Zugriff: 16.10.2024).

dass Karskijs Karte aus zwei Teilen besteht: die erste Variante zeigt neben den bestehenden Verwaltungsgrenzen (Gouvernements und Kreise) die „Grenze des weißrußischen Gebiets" (*Granica belorusskoj oblasti*), die zweite Variante differenziert innerhalb der Sprachgrenze noch sechs unterschiedliche Zonen „Weißrußischer Redeweisen" (*Belorusskie govory*). Der Karte zufolge bestand „Weißrußland" aus den Gouvernements Grodno, Minsk, Vitebsk und Mogilev einschließlich des Wilnagebiets und der Gebiete um Belostok (Białystok) und Smolensk. Bei der Klassifizierung West-Polesiens als „kleinrussisch" folgte Karskij offensichtlich den Einschätzungen des tschechischen Philologen Pavel Jozef Šafárik aus den 1840er Jahren und den Befunden der russländischen Militärgeographen aus den 1860er Jahren. In den Gegenden um Brest (Brėst) oder dem Gebiet um Černigov (Černihiv) spielten Karskijs Auffassung nach die „weißrußischen Redeweisen" keine Rolle.[131]

Zieht man die offiziellen statistischen Daten zurate, kann man ungeachtet ihrer beschränkten Zuverlässigkeit Karskijs Bewertung der Situation in West-Polesien nicht ohne Weiteres bestätigen. Der Volkszählung von 1897 zufolge sprachen im Gouvernement Grodno 1.142.714 Personen eine russische Sprache, 705.045 „Weißrußisch", 362.526 „Kleinrussisch" und 74.143 „Großrussisch". Gemäß den Daten der Zentralen Statistikverwaltung von 1862 (Tabelle 1) dominierten die „Kleinrussen" 1897 zwar immer noch in den Kreisen Brest (Brėst) und Kobrin (Kobryn). Im Unterschied zu den Zahlen von 1862 spielten sie aber in den Kreisen Pružany und Slonim keine Rolle mehr (Tabelle 2).

Kreis	Großrussisch	Kleinrussisch	Weißrußisch
Brest	17.759	140.561	3.997
Kobrin	5.746	146.789	1.563
Pružany	4.182	9.278	104.988
Slonim	4.704	189	182.654

Tabelle 2: Verteilung der ostslavischen Muttersprache in den südwestlichen Kreisen des Gouvernements Grodno nach der Volkszählung von 1897
Quelle: Pervaja vseobščaja perepis' naselenija Rossijskoj Imperii 1897 g. Online: Demoskop Weekly, https://www.demoscope.ru/weekly/ssp/rus_lan_97_uezd.php (letzter Zugriff: 31.7.2024).

Karskijs Indifferenz bezüglich West-Polesien blieb nicht ohne Folgen: Vor dem Ersten Weltkrieg sprach kein Geringerer als der tschechische Archäologe und Anthropologe Lubor Niederle (1865–1944) den „Weißrußen" (*Bělorusové*) noch einmal jeglichen Anspruch auf dieses Gebiet ab. Niederle lehrte seit 1898 als Professor an der Karls-Universität in Prag prähistorische Archäologie. Von 1902 bis 1934 erschien sein Hauptwerk „Slawische Altertümer" (*Slovanské starožitnosti*) in elf Bänden. Auf der Basis seiner prähistorischen Expertise veröffentlichte Niederle 1912 eine „Ethnographische Karte des Slaventums" (*Národopisná mapa Slovanstva*). Bei der Verbreitung der „Weißrußen" setz-

---

[131] E. F. Karskij: Ėtnografičeskaja karta belorusskogo plemeni. I. Granica belorusskoj oblasti. II. Belorusskie govory. In: Ders.: Belorussy. T. I. Vvedenie v izučenie jazyka i narodnoj slovesnosti. Varšava 1903. Neudruck: Belorusy. T. I. Vvedenie v izučenie jazyka i narodnoj slovesnosti. Minsk 2006, Anhang. „Granica belorusskoj oblasti" online: Wikimedia Commons, https://commons.wikimedia.org/wiki/File:Biełarusy._Беларусы_(J._Karski,_1903)_(2).jpg (letzter Zugriff: 16.10.2024). „Belorusskie govory" online: Wikimedia Commons, https://commons.wikimedia.org/wiki/File:Belarusians_1903.jpg#/media/File:Biełarusy._Беларусы_(J._Karski,_1903).jpg (letzter Zugriff: 16.10.2024). Als Nachdruck online: Wikimedia Commons, https://commons.wikimedia.org/wiki/File:Belarusians_1903.jpg (letzter Zugriff: 16.10.2024).

te er im Sinne Karskijs die größtmögliche Verbreitung an, nahm davon aber im Südwesten auch den größtmöglichen Anteil heraus. Das Gebiet südlich der Linie Bel'sk-Pružany und weiter entlang der Prypjat von Luninec bis Mozyr/Mazyr' schlug Niederle den Ukrainern zu.[132]

Karskijs „Ethnographische Karte des weißrußischen Stammes" erschien im Revolutionsjahr 1917 noch einmal in leicht revidierter Fassung als Broschüre in der Reihe „Arbeiten der Kommission zur Erforschung der Stammeszusammensetzung der Bevölkerung Russlands" (*Trudy Komissii po Izučeniju Plemennogo Sostava Naselenija Rossii*). Die im April 1917 bei der Akademie der Wissenschaften eingerichtete Kommission wurde von dem Orientalisten Sergej Fedorovič Ol'denburg (1863–1934) geleitet und blieb auch in der Sowjetunion aufrechterhalten. Diesmal ließ Karskij die Detailkarte zu den Redeweisen weg. In die Hauptkarte wurden nur minimale Präzisierungen beim Grenzverlauf eingetragen. Dafür fanden die Daten der Volkszählung von 1897 in den Fußnoten beim Kommentar zu den einzelnen Gouvernements Berücksichtigung.[133] Die in der Kartographie des Zarenreichs favorisierte und von Karskij sanktionierte „kleinrussische" Lösung konnte für West-Polesien lediglich deshalb nicht zum Tragen kommen, weil der Frieden von Riga 1921 diesen Landstrich der Zweiten Polnischen Republik überantwortete.

*

Auch die bekennenden Litwinen Adam Kirkor (1819–1886) und Mitrofan Dovnar-Zapol'skij (1867–1934) standen vor dem Dilemma ihre Ansichten unter den Bedingungen der Zensur in russländischen Institutionen und auf russländischen Foren präsentieren zu müssen. Ihre Kompromiss-Bereitschaft zeigte sich in der Beteiligung an repräsentativen imperialen Reihen wie „Malerisches Russland. Unser Vaterland in seiner ländlichen, historischen, stammlichen, wirtschaftlichen und alltäglichen Bedeutung" (*Živopisnaja Rossija. Otečestvo naše v ego zemel'nom, istoričeskom, plemennom, ėkonomičeskom i bytovom značenii*) und „Russland. Vollständige geographische Beschreibung unseres Vaterlandes" (*Rossija. Polnoe geografičeskoe opisanie našego otečestva*)

Die populärwissenschaftliche Reihe „Malerisches Russland" wurde in den Jahren 1881 bis 1901 in St. Petersburg im Verlag des aus Warschau stammenden Buchhändlers Mavrikij Osipovič Vol'f (Maurycy Bolesław Wolff; 1825–1883) verlegt. Unter der Herausgeberschaft des Vizepräsidenten der Kaiserlichen Russischen Geographischen Gesellschaft Petr Petrovič Semenov (seit 1906 mit Namenszusatz Tjan Šanskij, 1827–1914) – seines Zeichens Geograph, Statistiker, Botaniker, Entomologe und Zentralasienforscher – brachte es die Reihe auf insgesamt 19 Bände.

„Litauen und Weißrußland" fanden unter dem irritierenden Titel „Litauisches und Weißrußisches Polesien" (*Litovskoe i Belorusskoe Poles'e*) im dritten Band der Reihe „Malerisches Russland" 1882 Berücksichtigung. Der auf die berühmt-berüchtigten Waldlandschaften des ehe-

---

132 [Lubor Niederle:] Národopisná mapa Slovanstva. Sestavil Lubor Niederle. Praha 1912. Online: Universiteka biblioteka „Sv. Kliment Ochridski", http://unilib-dspace.nasledstvo.bg/xmlui/handle/nls/35743 (letzter Zugriff: 30.7.2024).

133 Ėtnografičeskaja karta belorusskago plemeni. Sostavlen v 1917 g. In: Ėtnografičeskaja karta belorusskogo plemeni. Sostavil E. F. Karskij. Petrograd 1917 (Trudy Komissii po izučeniju plemennogo sostava naselenija Rossii 2), Anhang. Online: Gosudarstvennaja publičnaja istoričeskaja biblioteka, http://elib.shpl.ru/ru/nodes/46413-etnograficheskaya-karta-belorusskogo-plemeni-pg-1917-trudy-komissii-po-izucheniyu-plemennogo-sostava-naseleniya-rossii-vyp-2 (letzter Zugriff: 11.6.2024). Karte separat: Gosudarstvennaja publičnaja istoričeskaja biblioteka, http://elib.shpl.ru/ru/nodes/46413#mode/inspect/page/45/zoom/4 (Karte; letzter Zugriff: 11.6.2024); Livejournal, https://clio-historia.livejournal.com/462284.html (Karte; letzter Zugriff: 11.6.2024).

maligen Großfürstentums Litauen bezugnehmende Titel (*poles'e*, d.h. „am Wald") erinnert an Pavel Špilevskijs Bericht aus den 1850er Jahren über die „Reise durch Polesien und das Weißrußische Gebiet" (*Putešestvie po Poles'ju i Belorusskomu kraju*). Mit Polesien im eigentlichen Sinne sind aber die Feuchtgebiete an der Prypjat („Pripjet-Sümpfe") gemeint. Zumindest wurde 1882 durch den umständlichen Titel sowohl der offizielle Begriff „Nordwestgebiet" vermieden als auch die inoffiziellen Bezeichnungen „Litauische Gouvernements" und „Weißrußische Gouvernements" umgangen. Der erste Teil „Litauisches Waldland" bezieht sich auf die Gouvernements Vil'na (Vilnius), Kovno (Kaunas) und Grodno (Hrodna), der zweite Teil „Weißrußisches Waldland" betrifft die Gouvernements Minsk, Mogilev (Mahilëŭ), Vitebsk (Vicebsk) und Smolensk. Im zweiten Teil findet der Name „Weißrußland" (*Belorussija*) für die Gouvernements von Vitebsk und Mogilev sowie für Teile des Gouvernements Minsk Verwendung.[134]

Abgesehen von zwei Studien Petr Semenovs über die ökonomische Situation im „Litauischen Gebiet (*Litovskaja oblast'*) und im „Weißrußischen Gebiet" *(Belorusskaja oblast')* und einer Studie Sergej Maksimovs – dessen Beitrag für die „Arbeiten der ethnographisch-statistischen Expedition in das Nordwestgebiet" immer noch ausstand – über das „Weißrußische Smolensk-Gebiet" (Belorusskaja smolenščina) wurde der Band im Wesentlichen von Adam Honory Kirkor (1819–1886) gestaltet.

Der aus dem Gouvernement Mogilev stammende Journalist, Archäologe und Historiker Adam Kirkor hatte von 1850 bis 1854 die „Gedenkbücher des Gouvernements Wilna" (*Pamjatnye knižki Vilenskoj gubernii*) ediert. 1855 war er zum Kurator des Wilnaer Museums für Altertümer berufen und als Mitglied in die Wilnaer Archäologische Kommission aufgenommen worden. 1857 hatte Kirkor begonnen, den Almanach „Vilnius-Portfolio" (*Teka Wileńska*) zu veröffentlichen, der zensurbedingt nur bis 1862 als „Wilnaer Sammelbrief" (*Pismo Zbiorowe Wileńskie*) weitergeführt werden konnte. Darüber hinaus hatte sich Kirkor ab 1860 um die Herausgabe der zweisprachigen Tageszeitung *Vilenskij vestnik/Kurier Wileński* („Wilnaer Kurier") bemüht. Wegen der Verschärfung der Zensur war Kirkor nach dem polnischen Januaraufstand von 1863/64 nach St. Petersburg gezogen, wo er im Verlagshaus Wolf 1868 die liberale Zeitung *Novoe vremja* (Neue Zeit) gegründet hatte. Aus finanziellen Gründen hatte er sich dann 1872 für die Auswanderung ins habsburgische Krakau (Kraków) entschieden.

Im Sammelband „Malerisches Russland" verklärte Kirkor „Weißrußland" in populärer Manier zu einem sagenumwobenen Reich: „Weißrußland mit seinen Hoheiten Dnepr und Düna, mit seinen dichten Wäldern, mit seinen undurchdringlichen Tundren und Sümpfen ist das Zartum der Wölfe und Ziegen, der Waldschrate und Elfen, das Zartum der Hexen und Zauberer ..."[135] Die Frage nach der Herkunft und der Bedeutung des Namens „Weißrußland" umging Kirkor mit einer verlegenen Antwort: „Vielleicht ist die naheliegende Definition dafür eine typische äußere Erscheinung und die weiße Kleidung, die manchmal nur grau ist."[136] Eine Abbildung aus dem unterhaltsamen, reichlich illustrierten Band zeigt denn auch, dass Versuche

---

134 Živopisnaja Rossija. Otečestvo naše v ego zemel'nom, istoričeskom, plemennom, ėkonomičeskom i bytovom značenii. Pod obščej red. P. P. Semenova. T. III. Litovskoe i Belorusskoe Poles'e. Čast' 1-aja. Litovskoe Poles'e [Očerk I-X: A. K. Kirkor: Očerk XI: P. P. Semenov]. Čast' 2-aja. Belorusskoe Poles'e [Očerk I-VIII: A. K. Kirkor; Očerk IX: S. V. Maksimov; Očerk X: P. P. Semenov]. S.-Peterburg/Moskva 1882. Reprintnoe vosproizvedenie izdanija 1882 goda. Minsk 1994.

135 Zitat: *Belorussija, s eja veličestvennymu Dneprom i Dvinoju, s eja dremučimi lesami, s neprochodimymi tundrami i bolotami, - carstvo volkov i koz', lešich i rusalkov, carstvo ved'm i čarovnic ...* Ebd., S. 236.

136 Zitat: *Možet byt', samoe blizkoe opredelenie ėto naružnyja tipičeskija čerty i odežda belaja, inogda tol'ko seraja*. Ebd., S. 249.

der Stilisierung eines „weißrußischen" Volkstyps nicht nur aufgrund der Farbtöne nebulös bleiben oder nichtssagend sind (Abb. 5).

Neben Adam Kirkor identifizierte sich auch der aus Rečica (Rėčyca) im Gouvernement Minsk stammende Historiker Mitrofan Viktorovič Dovnar-Zapol'skij (Mitrafan Viktaravič Doŭnar-Zapol'ski; 1867–1934) als Litwin. Die Tragik seiner Laufbahn bestand darin, dass er als Spiritus rector einer belarußischen Geschichtswissenschaft nicht zum Zuge kam, weil er in imperialen Kontexten agieren musste. Syptomatischerweise nahm Dovnar-Zapol'skij bereits vor seinem Hochschulstudium 1888 im *Minskij listok* („Minsker Blättchen") zur „weißrußischen" Geschichte Stellung. Von 1889 bis 1894 besuchte er die Historisch-Philologische Fakultät der Universität Kiev und fand dann bis 1899 im Moskauer Archiv des Justizministeriums eine Anstellung. In Kiev (Kyjiv) verteidigte er 1901 seine Magisterdissertation „Die Staatswirtschaft des Großfürstentums Litauen unter den Jagiellonen" (*Gosudarstvennoe chozjajstvo velikogo knjažestva Litovskogo pri Jagellonach*)

Abb. 5: Porträt von Bauern aus dem Gouvernement Minsk
Quelle: Tipy Minskoj gubernii. In: Živopisnaja Rossija. Otečestvo naše v ego zemel'nom, istoričeskom, plemennom, ėkonomičeskom i bytovom značenii. Pod obščej red. P. P. Semenova. T. III. Litovskoe i Belorusskoe Poles'e. Čast' 1-aja. Litovskoe Poles'e. Čast' 2-aja. Belorusskoe Poles'e. S.-Peterburg/Moskva 1882. Reprintnoe vosproizvdenie izdanija 1882 goda. Minsk 1994, S. 268.

und 1905 seine Doktordissertation „Studien zur Organisation des westrussischen Bauerntums im 16. Jahrhundert" (*Očerki po organizacii zapadnorusskogo krest'janstva v XVI v.*). 1905 beteiligte sich Dovnar-Zapol'skij in Kiev an der Organisation von Hochschulkursen für Frauen. 1906 war er Gründungsdirektor der Höheren Handelsschule, die er erst im Revolutionsjahr 1917 verließ. 1918 unterstützte er die Belarusische Volksrepublik (BNR), versuchte dann aber auch in der Sowjetunion wissenschaftlich Fuß zu fassen.

Wegen seines zeitweiligen Ausschlusses aus dem Kiever Gymnasium publizierte Dovnar-Zapol'skij im *Minskij listok* („Minsker Blättchen") bereits 1888 eine programmatische Artikelserie über die „Weißrußische Vergangenheit" (*Belorusskoe prošloe*). Darin äußerte er sich zu der von Aleksandr Pypin erstmals in der Zeitschrift *Vestnik Evropy* („Bote Europas") und dann noch einmal in seiner „Geschichte der russländische Ethnographie" formulierten Frage, ob „Weißrußland" eine Nation oder nur eine Landschaft repräsentiere.[137] In seinem Kommentar räumte Dovnar-Zapol'skij ein, dass „Weißrußland" für die meisten Russen eine Terra incognita

---

[137] M. V. Dovnar-Zapol'skij: Belorusskoe prošloe. (Po povodu statej A. Pypina, poměščennych v „Vestnike Evropy" prošlogo goda). In: Ders.: Issledovanija i stat'i. T. I. Kiev 1909, S. 317-345.

darstelle.¹³⁸ Ungeachtet dessen sei darauf hinzuweisen, dass sich die vom 9.-12. Jahrhundert herausgebildeten Grenzen des aus den Dregowitschen, Kriwitschen und Radimitschen hervorgegangenen „weißrußischen Stammes" bis zur Gegenwart erhalten hätten.¹³⁹ Der Integration in das Kiewer Reich habe kein inneres Einigungsstreben zugrundegelegen.¹⁴⁰ In der Zeit der Teilfürstentümer habe sich eine Blüte der „burgstädtischen Versammlungen" (*veče*) entfaltet: diese seien als „Ausdruck des Volkswillens" zu werten.¹⁴¹ Im Anschluss habe sich ein „Russisch-litauischer Staat" (*Russko-litovskoe gosudarstvo*) herausgebildet.¹⁴² Durch die Vereinigung Litauens mit Polen habe sich die Lage des „westrussischen Volkes" zwar verschlechtert, doch hätten Errungenschaften wie das Magdeburger Recht oder die Privilegien der Szlachta bewahrt werden können, allerdings zu Lasten der Bauern.¹⁴³ Auch wenn die Volkskunst und die Sprache den Fortbestand des „weißrußischen Stammes" garantiert hätten¹⁴⁴, sei dieser in das Fahrwasser des allmählichen Untergangs der polnischen Adelsrepublik geraten und habe dabei wegen der polnischen Dominanz seine eigenen Kräfte nicht entfalten können¹⁴⁵.

Der junge Dovnar-Zapol'skij war der Auffassung, dass es letzten Endes an Forschern oder einem Werk mangele, das die Vergangenheit mit der Gegenwart verbindet und den „Weißrußen" den ihnen gebührenden Platz unter den slavischen Stämmen zuweist.¹⁴⁶ Aus besagtem Grund veröffentlichte er 1891 eine gesonderte „Studie zur Geschichte der Länder der Kriwitschen und Dregowitschen bis zum Ende des 12. Jahrhunderts" (*Očerk istorii Krivičskoj i Dregovičeskoj zemel' do konca XII stoletija*). Darin legte Dovnar-Zapol'skij noch einmal dar, dass die Ethnogenese der „Weißrußen" auf anderen Wurzeln beruhe als diejenige der Großrussen.¹⁴⁷ Summa summarum sympathisierte Dovnar-Zapol'skij politisch gleichermaßen mit der belarußischen Nationalbewegung wie mit den russischen Sozialrevolutionären. Historiographisch fühlte er sich dem ökonomischen Materialismus verbunden. Er glaubte einerseits an die Objektivität des historischen Prozesses und befürwortete andererseits den Primat der Alltagsgeschichte. Im Hinblick auf die belarußische Geschichte idealisierte er das Großfürstentum Litauen, sah dabei aber die Polnisch-Litauische Union von Lublin 1669 genauso kritisch wie die Kirchenunion von Brest 1696. Weil er den Einfluss der großrussischen Bojaren als ebensolches Übel betrachtete wie die Vorherrschaft der polnischen Szlachta, stand er der Inkorporation Rutheniens in das Zarenreich nach den Teilungen Polen-Litauens am Ende des 18. Jahrhunderts ebenfalls skeptisch gegenüber.

Als Wissenschaftler seinem Patriotismus nachkommen konnte Dovnar-Zapol'skij erst wieder, als er nach Abschluss seiner Doktordissertation zur Teilnahme an der Reihe „Russland. Vollständige geographische Beschreibung unseres Vaterlandes" (*Rossija. Polnoe geografičeskoe opisanie našego otečestva*) eingeladen wurde. Die Reihe erschien von 1899 bis 1913 in elf Bänden bei der Kaiserlichen Russischen Geographischen Gesellschaft unter der Leitung ihres Vizepräsidenten Petr Petrovič Semenov (seit 1906 mit Namenszusatz Tjan Šanskij, 1827–1914) und des Vorsitzenden ihrer Ethnographischen Abteilung Vladimir Ivanovič Lamanskij

---

138 Ebd., S. 317.
139 Ebd., S. 318.
140 Ebd., S. 320.
141 Ebd., S. 322.
142 Ebd., S. 327.
143 Ebd., S. 333.
144 Ebd., S. 337/338.
145 Ebd., S. 341.
146 Ebd., S. 345.
147 M. V. Dovnar-Zapol'skij: Očerk istorii Krivičskoj i Dregovičeskoj zemel' do konca XII stoletija. Kiev 1891. Nachdruck: Moskva 2015.

(1833–1914). Sie wurde von Semenovs Sohn, dem Geographen und Statistiker Veniamin Petrovič Semenov (1870–1942) herausgegeben. Dieser hatte 1893 das Studium der Geologie und Paläontologie an der Physikalisch-Mathematischen Fakultät der Universität St. Petersburg abgeschlossen. Von 1895 bis 1917 arbeitete er in den Statistikabteilungen verschiedener Ministerien und gab Werke heraus wie „Der Handel und die Industrie des Europäischen Russland nach Bezirken" (*Torgovlja i promyšlennost' Evropejskoj Rossii po rajonam*; 13 Bde., 1909–1911) und „Stadt und Dorf des Europäischen Russland" (*Gorod i derevnja Evropejskoj Rossii*, 1910). Für den neunten Band der Reihe „Russland. Vollständige geographische Beschreibung unseres Vaterlandes", der 1905 unter dem Titel „Oberes Dnepr-Gebiet und Weißrußland" (*Verchnee Podneprov'e i Belorussija*) erscheinen sollte, zog Semenov neben Dovnar-Zapol'skij den Nižnyj Novgoroder Lehrer Andrej Kiprianovič Kabanov (1876–1922) und den Vitebsker Lehrer Aleksej Parfenovic Sapunov (1851–1924) heran.

Im Vorwort beschrieb Semenov die physische Gestalt einer Lanschaft, die in einer Anlage des Buches auch auf einer „Karte des Oberen Dnepr-Gebiets und Weißrußlands" (*Karta verchnego podneprov'ja i Belorussii*) dargestellt war[148]:

> „Das Gebiet des Oberen Dnepr-Gebiets und Weißrußlands (*Belorussija*), das aus den Gouvernements Vitebsk, Smolensk, Mogilev und Minsk besteht, umfasst nur mit seinem östlichen Rand die nordwestliche Ecke der mittelrussischen Höhen, bewässert vom Flussnetz der Wolga und der Oka, sein Zentrum liegt im Streifen erhöhter Schleppstellen zwischen den Flussbecken des Schwarzen Meeres und der Ostsee (Dnepr mit Prypjat, Düna und Memel), das sich parallel zur Eisenbahn Moskau-Brest entlangzieht."[149]

Im Unterschied zum Fachhistoriker Dovnar-Zapol'skij stellte der aus dem Kreis Veliž im Gouvernement Vitebsk stammende Historiker, Landeskundler und Archäologe Aleksej Parfenovic Sapunov (1851–1924) den Westrussismus gar nicht erst in Frage. Er hatte die Historisch-Philologische Fakultät der Universität Petersburg 1873 abgeschlossen und Latein und Griechisch am Alexander-Gymnasium in Vitebsk unterrichtet. Als Lehrer hatte Sapunov zwischen 1883 und 1888 drei von fünf geplanten Bänden zum „Vitebsker Altertum" (*Vitebskaja starina*) herausgegeben und 1893 die umfangreiche Monographie „Der Fluss Düna. Historisch-geographische Übersicht" (*Reka Zapadnaja Dvina. Istoriko-geografičeskij obzor*) veröffentlicht. Danach hatte Sapunov von 1897 bis 1901 als Gehilfe des Inspektors der Universität Moskau gedient und anschließend eine Stelle im Statistik-Komitee des Gouvernements Vitebsk angetreten. Nach der Revolution von 1905 engagierte sich Sapunov in der Partei der Oktobristen. 1907 wurde er von der Versammlung der Landbesitzer in die III. Staatsduma entsandt. Von 1911 bis 1924 unterrichtete er in der Vitebsker Abteilung des Moskauer Archäologischen Instituts und im Vitebsker Institut für Volksbildung.

---

148 Karta verchnego podneprov'ja i Belorussii. In: Ebd., Anhang. Gosudarstevennaja publičnaja istoričeskaja biblioteka Rossii, http://elib.shpl.ru/ru/nodes/174-karta-verhnyago-podneprovya-i-belorussii (letzter Zugriff: 2.9.2024).

149 Zitat: *Oblast' Verchnego Podneprov'ja i Belorussii, sostojaščaja iz gubernij Vitebskoj, Smolenskoj, Mogilevskoj i Minskoj, tol'ko vostočnym svoim kraem zachvatyvaet severo-zapadnyj ugol Srednerusskoj vozvyšennosti, orošemyj Vol'žskoj i Okskoj rečnoj set'ju, centrom že svoimi ležit v polose vozvyšennyj volokov meždu rečnymi bassejnami Černogo i Baltijskogo morej (Dneprom s Pripjat'ju, Zapadnoj Dvinoj i Nemanom), tjanuščichsja parallel'no Moskovsko-Brestskoj železnoj doroge*. Rossija. Polnoe geografičeskoe opisanie našego otečestva. Nastol'naja i dorožnaja kniga dlja russkich ljudej. Pod red. V. P. Semenova i pod obščim rukovodstvom P. P. Semenova i V. I. Lamanskogo. T. IX: Verchnee Podneprov'e i Belorussija. S.-Peterburg 1905, S. III; Verchnee Podneprov'e i Belorussija. Minsk 2006, S. 5.

Sapunovs konservative Ansichten über „Weißrußland und die Weißrußen" (*Belorussija i belorussy*) kamen am 26. September 1910 in einem Vortrag zum Ausdruck, den er vor der Vitebsker Gelehrten Archivkommission hielt. Darin erteilte er jeglichem Separatismus eine klare Absage.[150] Inhaltlich resümierte er bei der Erklärung der Farbe Weiß in der Landesbezeichnung gängige Stereotypen und bei der Beschreibung des Siedlungsgebietes seiner Bewohner Karskijs Ergebnisse. So wusste Sapunov zum Begriff „Weiße Ruß" (*Belaja Rus'*) lediglich auszuführen, dass er sich auf die äußere Gestalt und die Kleidung der Einheimischen beziehe oder „unabhängig" und „frei" bedeute. Der Ausdruck „Weißes Land" (*belaja zemlja*) in alten Akten meine abgabenfrei oder schuldenfrei.[151] Bei der Frage nach der Verbreitung der „Weißrußen" benannte Sapunov die 14 Gouvernements, die in Efim Karskijs ethnographischer Karte markiert waren. Demzufolge dehnte sich „Weißrußland" weit über Smolensk hinaus nach Osten aus. West-Polesien mit den Städten Brest und Pinsk blieb aber ausgeklammert.[152]

Wie das Beispiel Dovnar-Zapol'skij zeigt, ließ sich das Interesse an der rückständigen Welt der belarußischen Bauern nicht immer mit dem Bekenntnis zur nationalen Sache vereinbaren. Pate steht dafür auch der aus dem Gouvernement Minsk stammende Lehrer und Bankangestellte Adam Egorovič Bogdanovič (1862–1940). Es handelte sich um den Vater des Dichters Maksim Adamovič Bogdanovič (Maksim Adamavič Bahdanovič; 1891–1917). Nach Absolvierung des Lehrer-Seminars in Nesviž 1882 hatte sich Adam Bogdanovič einer lokalen Gruppe der terroristischen Organisation *Narodnaja volja* („Volkswille") angeschlossen, konzentrierte sich dann aber ab 1885 auf seine Tätigkeit als Lehrer an einer Schule in Minsk. In diesem Zusammenhang begann er, sich um die belarußische Folklore verdient zu machen. Seit 1886 publizierte er in Lokalzeitungen Artikel zur Geschichte und Ethnographie. Ab 1892 arbeitete er in Grodno in der Landwirtschaftsbank und übernahm gleichzeitig die Leitung der Bibliothek. Während seiner Grodnoer Zeit veröffentlichte Bogdanovič 1894 in der Zeitschrift *Naučnoe obozrenie* und 1895 noch einmal separat eine Studie über „Relikte der alten Weltanschauung bei den Weißrußen" (*Perežitki drevnego mirosozercanija u belorussov*). Danach verließ er aus dienstlichen Gründen seine Heimat nach Nižnyj Novgorod. 1907 zog er nach Jaroslavl' weiter, wo er in den 1920er Jahren die Bibliothek des Museums leitete.

In seiner Studie zur Weltanschauung der „Weißrußen" erlaubte sich Bogdanovič mit einem die Zensur passierenden Wortspiel eine versteckte Kritik an dem Begriff „Nordwestgebiet" (*Severo-zapadnyj kraj*). Während die Region in der offiziellen Presse unter dem Vorurteil der Rückständigkeit abgehandelt werde, konnotiere der Ausdruck „zapadly kraj" in der Sprache des Volkes Vernachlässigung („heruntergekommenes Gebiet").[153] Ungeachtet dessen bezog Bogdanovič mit einer Wertung, die seine berufliche Sozialisation widerspiegelt, Positionen des Westrussismus. Denn er prognostizierte, dass die russisch-imperiale Schule und die russisch-orthodoxe Kirche den „Weißrußen" zu ihrer nationalen Wiedergeburt verhelfen würden.[154]

*

---

150 A. P. Sapunov: Belorussija i belorussy. Čitany v sasedanii Vitebskoj Učenoj Archivnoj Komissii 26-go sentjabrja. Vitebsk 1910, S. 1.
151 Ebd., S. 9/10.
152 Ebd., S. 5/6.
153 A. E. Bogdanovič: Perežitki drevnego mirosocercanija u belorussov. Ėtnografičeskij očerk. Grodno 1895, S. 1. Moskva 2015, S. 1.
154 Ebd. (1895), S. 4/5; (2015), S. 12/13.

Während sich die „Etablierten" in russischsprachigen Medien bemühten, unter Bezugnahme auf die Blüte der altruthenischen Kultur im Großfürstentum Litauen eine eigene historische Tradition zu begründen, stellten die „Separatisten" in belarußischsprachigen Foren nicht nur die soziale Frage, sondern erhoben zugleich auch die Forderung nach nationaler Autonomie. Wie die Beispiele der Radikalen aus den 1860er und 1880er Jahren zeigen, war dafür mangels öffentlicher Foren vor der Revolution von 1905 nicht ohne weiteres ein Publikum zu finden.

Faktisch ist der aus der Gegend von Grodno stammende Jurist Wincenty Konstanty Kalinowski (Kastuś Kalinoŭski; 1838–1864) während des polnischen Januaraufstandes 1863/64 als Sozialrevolutionär hervorgetreten, ein Protagonist für die nationale Sache ist er aber nicht gewesen. Nach dem 1860 erfolgten Abschluss des Studiums an der Juristischen Fakultät der Universität St. Petersburg unterhielt Kalinoŭski in den „litauischen" Gouvernements Vil'na und Grodno konspirative Zirkel. In den Jahren 1862/63 gab er unter dem Pseudonym „Herr Jaśko aus der Gegend von Wilna" (*Jaśko haspadar z pad Wilni*) sieben Nummern der belarußischsprachigen Zeitschrift *Mužyckaja Prauda* („Bauernwahrheit") heraus, die vor dem Hintergrund der juristischen Befreiung der Bauern aus der Leibeigenschaft die zarische Bürokratie wegen der weiterhin bestehenden sozialen Ungerechtigkeit hinterfragte, die fünfundzwanzigjährige Wehrpflicht und die Unterdrückung der Unierten Kirche beklagte und politische Partizipation einforderte. Die Rede war dabei vom „Bauern" (*mužyk*) und seinem imperialen Widerpart, dem „Moskowiter" (*maskal'*), nicht aber vom „Belarußen". Identität konstituierte sich Kalinoŭskis Diktum zufolge sozial – weder sprachlich noch ethnisch, geschweige denn national.[155]

Wegen seiner aktiven Beteiligung am Januaraufstand wurde Kalinoŭski 1864 verhaftet und hingerichtet. Im Gefängnis gelang es ihm noch drei Briefe zu verfassen, die 1867 unter dem polnischen Titel „An das weißruthenische Volk. Briefe Konstanty Kalinowskis von unter dem Galgen" (*Do ludu białoruskiego. Pismo z pod szubienicy Konstantego Kalinowskiego*) bekannt wurden. Darin tauchen die „Bauern-Weißruthenen" (*mužyki Biełorusy*) einmal als Ansprechpartner auf, ein anderes Mal werden die „Weißruthenen" (*Biełorusy*) zu den Antagonisten der „Moskowiter" (*Maskali*) gezählt. Auch wenn eine moderne Ausgabe des Briefes die irreführende kyrillische Variante „Bauern der *Belarus'*" (*mužiki Belarusi*) anbietet, fällt keine Landesbezeichnung. Für die Bauern war Kalinoŭskis Einschätzung zufolge die soziale Gerechtigkeit von größerer Relevanz als die nationale Emanzipation oder die politische Unabhängigkeit.[156]

Zu Beginn der 1880er Jahre ließ in St. Petersburg eine belarußische Fraktion aus dem Lager der Populisten (*narodniki*) in einer Reihe von Briefen und in der Zeitschrift *Gomon. Belorusskoe social'no-revoljucionnoe obozrenie* („Heidenlärm. Weißrußische sozialrevolutionärer Überblick") von sich hören. Den Hintergrund bildete die den staatlichen Repressionen folgende Radikalisierung der revolutionären Idealisten in den 1870er Jahren. Aus der Bewegung „Land und Freiheit" (*zemlja i volja*) erwuchs 1879 die Geheimgesellschaft „Volkswille" (*narodnaja volja*), die den Reform-Zaren Alexander II. (1818–1881) ermordete. Derjenige, der dem Zaren die tödliche Bombe vor die Füße schleuderte und dann selbst den Folgen des Attentats erlag, stammte aus dem Gouvernement Minsk. Es handelte sich um Ignacij Ioachimovič Grinevickij (Ignacy Hryniewiecki; 1856–1881), den Sohn eines Landadligen aus dem Landkreis Bobrujsk (Babrujsk).

---

155 Vgl. Kastuś Kalinoŭski: Za našuju vol'no sc'. Tvory, dakumenty. Uklad. Henadzja Kisjaljova. Navuk. rėd. Jazėp Januškevič. Minsk 1999, S. 27–39.
156 Do ludu białoruskiego. Pismo z pod szubienicy Konstantego Kalinowskiego. In: Agaton Giller: Hystorja powstania narodu polskiego v 1861–1864 r. Paryż 1867, S. 327–335, hier S. 328 und 331. Vgl. Kalinoŭski: Za našuju vol'no sc', S. 40–48, hier S. 40 und 43.

In einer Sammlung von „Briefen über Weißrußland" (*Pis'ma o Belorussii*) heißt es seitens der Herausgeber, dass dem „Interesse, das in der letzten Zeit die weißrußische Frage hervorgerufen habe" in einer Reihe von Briefen entsprochen werden solle, die Themen behandelten, „die sich auf die Erforschung Weißrußlands" beziehen. Wegen des Mangels an Fachterminologie, werde dabei auf den Gebrauch der „weißrußischen" Sprache verzichtet.[157] Im „Ersten Brief", der auf den 16. Dezember 1882 datiert ist, beklagte der unter dem Pseudonym Daniil Borovik schreibende Autor, dass „für die Erforschung Weißrußlands fast nichts getan wurde".[158] Es dauerte gut ein Jahr, bis der Faden durch den anonymen Autor „Ščiryj Belorus" (Aufrichtiger Weißrußе) am 1. Januar 1884 wieder aufgegriffen wurde. In einem „Sendschreiben an die weißrußischen Landsmänner" fiel rückblickend die vielsagende Bemerkung, es gehe um Vorgänge „in unserer Weißen Ruß (*Belaja Rus'*)".[159]

In der 1884 in zwei Ausgaben erschienenen russischsprachigen Zeitschrift *Gomon* wurde seitens der Redaktion auf das vermeintliche Verbot des Wortes „Weißrußland" (*Belorussija*) durch Zar Nikolaus I. im Jahre 1840 hingewiesen.[160] Dem wurde die gegen die russische Obrigkeit gerichtete Parole „Weißrußland soll für Weißrußen da sein, aber nicht für fremde Elemente" entgegengesetzt.[161] Aus pragmatischen Gründen schlugen die belarußischen Revolutionäre unter Missachtung des jüdischen Bevölkerungsanteils vor, die Kommunikation in den drei Sprachen Russisch, Polnisch und „Weißrußisch" zu führen.[162] Politisch strebten die Revolutionäre einer Erklärung in der zweiten Nummer der Zeitschrift *Gomon* vom 15. November 1884 zufolge an, den „Grundstein für das Fundament einer föderativen Selbständigkeit Weißrußlands (*Belorussija*)" zu legen.[163]

Anfang des 20. Jahrhunderts fanden die Begriffe „Weiße Ruß" (*Belaja Rus'*) und „Weißruthenien" (*Belarus'*) in den Kreisen der belarußischsprachigen Literaten noch parallel Verwendung. Offenbar übernahm die gebildete, aus der Szlachta stammende Elite schlicht den polnischen Ausdruck *Białoruś*. In den beiden nach der Revolution von 1905 in kyrillischer und lateinischer Schrift erscheinenden belarußischsprachigen Zeitschriften *Nasza Dola/Naša Dolja* („Unser Los"; 1906) und *Nasza Niwa/Naša Niva* („Unsere Flur"; 1906–1915) finden sich jedenfalls die Landesbezeichnungen „*Biełaruś / Belarus'*" und „*Biełaja Ruś / Belaja Rus'*" und für die Bewohner der Begriff „*biełarusy / belarusy*".[164] Daneben fungierten „Litauen und die Weiße Rus'" (*Litwa i Biełaja Ruś / Litva i Belaja Rus'*) oder „Weißrußland und Litauen" (*Belarus' i Litva / Biełaruś i Litwa*) als Termini für die eine gesamte Region. „Litauen und die Weiße Ruß" wurde auf die Geschichtslandschaft des Großfürstentums Litauen bezogen, „Weißrußland und Litauen" auf das „Nordwestgebiet" im Russländischen Imperium.[165]

Das erste in der Landessprache geschriebene Lehrbuch zur belarusischen Geschichte stammt von dem Schriftsteller und Politiker Vaclaŭ Justynavič Lastoŭski (Vaclav Ustinovič Lastovskij; 1883–1938). Es handelte sich um den Sohn eines Landadligen aus der Gegend von Glubokoe

---

157 Pis'ma o Belorusiii. Ot izdatelej. In: Publicistika belorusskich narodnikov. Nelegal'nye izdanija belorusskich narodnikov (1881–1884). [Sost. i podgot. tekstov S. Ch. Aleksandrovič]. Minsk 1983, S. 21/22.
158 Pis'mo pervoe. In: Ebd., S. 22-32, hier S. 24.
159 Poslanie k zemljakam-Belorusam. Po povodu „Pervogo pis'ma o Belorussiii". In: Ebd., S. 33-56, hier S. 33.
160 Ot redakcii. In: Ebd., S. 60-63, hier 61.
161 *Zitat: Belorussija dolžna byt' dlja belorusov, a ne dlja čužďych èlementov.* Ebd., S. 61.
162 Ebd., S. 63.
163 15-go nojabrja 1884 goda. In: Ebd., S. 81-88, hier S. 88.
164 Viktar Korbut: „Belarus'", „Belarus' i Litva" i proizvodnye ponjatija na stranicach pervych belorusskojazyčnych gazet. In: Jednostki języka w systemie i w tekście 5. Pod red. Andrzeja Charciarka, Anny Zych, Gabrieli Wilk. Katowice 2023, S. 133-149, hier S. 139-143, 148.
165 Ebd., S. 145/146.

(Hlybokae) im Gouvernement Vil'na (heute Gebiet Vicebsk), der als Autodidakt nur auf eine vierjährige Schulbildung zurückblicken konnte. 1902 trat Lastoŭski in die Polnische Sozialistische Partei ein. Von 1904 bis 1905/1906 arbeitete er in einer studentischen Bibliothek in St. Petersburg und besuchte zugleich Lehrveranstaltungen an der Universität. Von 1906 bis 1908 war Lastoŭski Mitglied der Belarusischen Sozialistischen *Hramada* („Gemeinschaft"), von 1909 bis 1914 in Vil'na Redaktionssekretär der Zeitschrift *Naša Niva* („Unser Feld"), von 1916 bis 1917 Redakteur der gesellschaftspolitisch-literarischen Zeitschrift *Homan* („Heidenlärm"). Im März 1918 wurde Lastoŭski in den Rat der Belarusischen Volksrepublik (BNR) aufgenommen. Nach der Ausrufung der Belarusischen Sozialistischen Sowjetrepublik (BSSR) 1918/19 setzte er sich als Premierminister der Rada im Ausland für die nationale Unabhängigkeit ein, kehrte 1923 aber in die Sowjetunion zurück. 1927 wurde Lastoŭski Direktor des Staatlichen Museums in Minsk und Leiter des Lehrstuhls für Ethnographie im Institut für Belarusische Kultur in Minsk, 1929 Sekretär der Belarusischen Akademie der Wissenschaften. Im Zuge der stalinistischen Verfolgung bürgerlicher Spezialisten wurde er 1931 nach Saratov verbannt, wo er 1938 erschossen wurde.

1910 veröffentlichte Lastoŭski zwei Ausgaben seiner „Kurzen Geschichte der *Belarus'* mit 40 Bildern" (*Karotkaja historyja Biełarusi z 40 rysunkami*) in lateinischer und kyrillischer Schrift. Auf dem Titelblatt erschien der Landesname einmal als *Biełaruś* (Abb. 6 a) und einmal als Беларусь (Abb. 6 b). Im Vorwort bezeichnete Lastoŭski die „Geschichte als das Fundament, auf dem das Leben des Volkes gebaut wird". Er wolle als „Sohn der jungen *Belarus'"* (*syn maladoj Belarusi*) seinem Vaterland (*bac'koŭščyna*) eine Geschichte in seiner Muttersprache (*rodnaja mova*) spenden.[166]

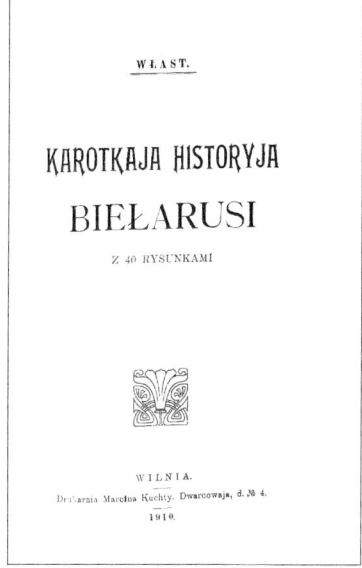

Abb. 6 a (links): Die Eigenbezeichnung der Weißen Ruß (Lateinschrift)
Quelle: WŁAST: Karotkaja historyja Biełarusi z 40 rysunkami. Wilnia 1910.

Abb. 6 b (rechts): Die Eigenbezeichnung der Weißen Ruß (Kyrillica)
Quelle: Vlast: Karotkaja historyja Belarusi z 40 rysunkami. Vil'nja 1910. Faksimile Minsk 1992.

---

166 Kyrillische Ausgabe: Vlast [Vaclaŭ Lastoŭski]: Karotkaja historyja Belarusi z 40 rysunkami. Vil'nja 1910. Faksimile Minsk 1992, S. III. Lateinische Ausgabe: WŁAST. [Vaclaŭ Lastoŭski]: Karotkaja historyja Biełarusi z 40 rysunkami. Wilnia 1910.

5. Die Territorialisierung der Weißen Ruß im Zentrum: Minsk im 20. Jahrhundert

5.1. Belarusische oder Belorussische Sowjetrepublik

In der Zwischenkriegszeit unterlag die *Biełaruś* (*Беларусь*) – zu der sich die Repräsentanten der „Weißen Ruß" bekannten – einem außergewöhnlichen Prozess der Staatsbildung und Territorialisierung. Dieser Prozess wurde nach dem deutschen Überfall auf die Sowjetunion und durch die nationalsozialistische Einrichtung eines „Generalkommissariats Weißruthenien" noch unterbrochen. Nach der Auflösung der Sowjetunion betrat dann 1991 ein neuer Staat die politische Bühne Europas. Um dessen Weg zu einer eigenständigen Nation terminologisch erfassen zu können, sind wir aufgrund der deutschen Rechtschreibreform von 1996 angehalten, das Eszett hintanzustellen und auf der formalen Ebene den Schritt von „belarußisch" zu „belarusisch" zu vollziehen. Im Sinne der Sprachregelung der Deutschen Demokratischen Republik (DDR) lassen sich dabei mit der Übersetzung „Belorußland" (*Belorussija*) noch Phasen der Russifizierung hervorheben, die in den 1930er Jahren unter den Bedingungen des Sowjetpatriotismus einsetzten und in den 1950er Jahren im Rahmen der Urbanisierung voll zum Ausdruck kamen. Im Endeffekt gibt es auf diese Weise für den Zeitraum von 1918 bis 1945 vier Verkündungen belarusischer Staatlichkeit und sechs Revisionen der belarusischen Außengrenzen zu bilanzieren. Die sich an der Schwelle des Zweiten Weltkrieges scheidenden begrifflichen Alternativen lauten demzufolge „Belarusische Sozialistische Sowjetrepublik (*Belaruskaja Saveckaja Sacyjalistyčnaja Rėspublika*, BSSR)" und „Belorussische Sozialistische Sowjetrepublik (*Belorusskaja Socialističeskaja Sovetskaja Respublika*/ BSSR)".

In chronologischer Reihenfolge zählen zur Staatsbildung (1.) die Ausrufung der „Belarusischen Volksrepublik" (*Belaruskaja Narodnaja Rėspublika*/BNR) in Minsk am 25. März 1918; (2.) die Ausrufung der „Sozialistischen Sowjetrepublik *Belarus*" (*Sacyjalistyčnaja Saveckaja Rėspublika Belarus'*/SSRB) in Smolensk am 1. Januar 1919; (3.) die Gründung der „Litauisch-belarusischen Sozialistischen Sowjetrepublik" (*Lietuvos-Baltarusijos Tarybinė Socialistinė Respublika*/*Litoŭska-Belaruskaja Saveckaja Sacyjalistyčnaja Rėspublika*/Litbel) in Vilnius und Minsk am 27. Februar 1919; (4.) die zweite Ausrufung der SSRB in Minsk am 31. Juli 1920, deren Umbenennung in BSSR mit der 1922 erfolgten Gründung der Sowjetunion einherging.

Zur Territorialisierung gehören (1.) die in den Friedensverträgen von Brest-Litowsk 1918 verankerten Grenzen zwischen der deutschen und ukrainischen sowie der deutschen und der sowjetischen Einflusssphäre, angepasst an die Frontlinie von 1915 im Gebiet des Oberbefehlshabers Ost (Ober Ost); (2.) die Festlegungen über das Staatsgebiet der BNR 1918, der SSRB 1919 und erneut 1920, sowie der Litbel 1919; (3.) die Bestimmungen über den Grenzverlauf im polnisch-sowjetischen Vertrag von Riga 1921; (4.) die Osterweiterung der BSSR in den Jahren

1924 und 1926; (5.) die Festlegung der Grenze zwischen der BSSR und der Ukrainischen Sozialistischen Sowjetrepublik (USSR) nach der Westexpansion der Sowjetunion infolge des Hitler-Stalin-Pakts von 1939; (6.) die durch die Konferenz von Jalta sanktionierte und durch das Grenzabkommen zwischen der Volksrepublik Polen und der Sowjetunion 1945 vorgenommene Revision des Brester Friedens von 1921 (siehe die Geschichtskarte „Territorialisierung der *Belarus'* 1921–1945").

Auf der Grundlage dieses Befundes kristallisiert sich ein Spezifikum der belarusischen Staatsbildung heraus: Bevor die auf historischen Traditionen oder sprachlichen Kriterien beruhende Idee der Nation beginnen konnte, eine Gemeinschaft zu stiften, die innerhalb ihrer politischen Grenzen nach Selbstbestimmung strebte, definierten äußere Akteure eine Fläche für ein Volk, dass sich fortan mit einer Verwaltungseinheit zu identifizieren hatte.[1]

*

Im Ersten Weltkrieg hatte die Deutsche Reichswehr 1915 das aus den Verwaltungsgebieten Kurland, Litauen und Bialystok-Grodno bestehende „Land Ober Ost" eingerichtet. Dadurch wurde die *Belarus'* bis 1918 entlang der Linie von Dünaburg/Dvinsk bis Pinsk in zwei Teile gespalten. Nach der russischen Oktoberrevolution von 1917 führten die Deutschen mit der Ukrainischen Volksrepublik (UNR) und mit den Bolschewiki in Brest-Litowsk (Brėst) Friedensverhandlungen. Ungeachtet der Tatsache, dass die deutschen Besatzer aus antipolnischem Interesse geneigt gewesen waren, in dem als „Weißruthenien" bezeichneten Landesteil die einheimische Sprache und Kultur zu fördern, unterließen sie es die „belarusische Frage" auf die Tagesordnung zu setzen. Im Gegenteil: Im Spiel der Mächte blieb die *Belarus'* nicht nur Terra incognita, sondern auch Terra non grata. Am 9. Februar 1918 wurde mit der Ukraine ein Vertrag abgeschlossen, der deren Nordwest-Grenze in Wolhynien und Polesien weit in heutige polnische und belarusische Gebiete hineinragen ließ. Nachdem deutsche Truppen Mitte Februar 1918 die bis dato östlich von Minsk gelegene Frontlinie überschritten hatten und bis zum Dnepr vorgedrungen waren, wurde am 3. März 1918 noch ein Abkommen mit der Russländischen Sozialistischen Föderativen Sowjetrepublik (RSFSR) erzielt. Damit wurden die neu eroberten Gebiete einer vorübergehenden deutschen Okkupation unterstellt, die auch Minsk erfasste. Das Ergebnis war eine Dreiteilung der *Belarus'*: der Süden ging an die Ukraine, der Nordwesten an das Deutsche Reich und die deutsch besetzte Mitte oder der Osten nominell an Sowjetrussland.

Am Vorabend der deutschen Einnahme von Minsk ergriff die Rada, der Rat des im Dezember von den Bolschewiki in Minsk aufgelösten Ersten All-Belarusischen Kongresses, die Initiative zur Ausrufung einer Belarusischen Volksrepublik (BNR). Dabei verlief die Konstituierung alles andere als geradlinig. Am 21. Februar 1918 wurde ein erstes „Gründungsmanifest der Völker der *Belarus'*" (*Ŭstaŭnaja Hramata da Narodaŭ Belarusi*) verabschiedet, das angesichts der bevorstehenden Aufteilung des belarusischen Territoriums in Einflusszonen sich neu konstituierender Mächte eine multikulturelle Position vertrat. Auf der Grundlage des Selbstbestimmungsrechts der Völker sollte die Einberufung einer Allbelarusischen Konstituierenden Versammlung durch ein „Volkssekretariat der *Belarus'*" (*Narodny Sakrataryjat Belarusi*) erfolgen.[2] Am 9. März 1918 wurde in einem zweiten Gründungsmanifest im gesamten belarusischen Siedlungsgebiet die

---

1 Vgl. Diana Siebert: Die Territorialisierung der Belarus als BSSR 1918–1941. Politische Willkür, Geografismus oder Ethnizismus? Wiesbaden 2024.
2 Vgl. Faksimiles der drei im Folgenden behandelten Manifeste: Ustaŭnyja Hramaty Rady BNR. Online: Rada BNR, http://www.radabnr.org/usthramaty/ (letzter Zugriff: 2.8.2024).

5.1. Belarusische oder Belorussische Sowjetrepublik

Volksrepublik ausgerufen: „Die *Belarus'* erklärt sich in den Siedlungsgrenzen der zahlenmäßigen Überlegenheit des belarusischen Volkes zur Volksrepublik."[3] Die Rada der Belarusischen Volksrepublik ließ dann am 25. März 1918 in einem dritten Gründungsmanifest noch einmal verlauten:

> „Von dieser Stunde an erklärt sich die Belarusische Volksrepublik zu einem unabhängigen und freien Staat. Die Völker der *Belarus'* selbst werden durch ihre Konstituierende Versammlung über die künftigen nationalen Bindungen der *Belarus'* entscheiden."[4]

Das Territorium wurde im Sinne der Karten Efim Karskijs von 1903 und 1917, die Ansprüche auf West-Polesien unterließen, wie folgt umrissen:

> „Die Belarusische Volksrepublik soll alle Gebiete umfassen, in denen das belarusische Volk lebt und die zahlenmäßige Mehrheit innehat, nämlich das Mahilëŭ-Gebiet, die belarusischen Teile des Minsk-Gebiets, das Hrodna-Gebiet (mit Hrodna, Belastok u.a.), das Vil'nja-Gebiet, das Vicebsk-Gebiet, das Smalensk-Gebiet, das Černihaŭ-Gebiet und die angrenzenden Gebiete der benachbarten Gouvernements und angrenzenden Teile der benachbarten Gouvernements, die von Belarusen besiedelt sind."[5]

In der Folge zeigte sich, dass die deutschen Besatzer aus pragmatischen Gründen gewillt waren, eine Vertretung des Volkes in nationalen und kulturellen Fragen zu akzeptieren, keinesfalls aber eine eigenständige militärische Organisation. Immerhin etablierte sich das Volkssekretariat gegen den anfänglichen Widerstand der deutschen Militärs als provisorische Regierung.

Um eine nationale Identität zu kreieren, hatte die Belarusische Volksrepublik zunächst ein geographisches Bewusstsein zu stiften. Dafür verfasste der *Naša Niva*-Veteran Vaclaŭ Lastoŭski 1918 in „einfacher Spache" (*prosta mova*) eine Art Lehrbuch mit dem Titel „Was jeder Belaruse wissen muss?" (*Čto treba vedac' kažnomu Belarusu?*). Dieses beinhalt in rhetorisch-didaktischer Absicht ein Frage-Antwort-Spiel der folgenden Art.

Zur Identität:

> „Wer sind wir? Wir sind Belarusen.
> Wer sind die Belarusen? Belarusen sind ein Volk des slavischen Stammes.
> Warum werden wir Belarusen genannt? Weil wir als Belarusen geboren sind, uns vom belarusischen Land ernähren, und in der *Belarus'* aufgezogen wurden und darin leben.
> Was ist ein Belaruse? Ein Belaruse ist derjenige, in dessen Adern belarusisches Blut fließt, und dessen Ur-Großväter, Großväter und Väter Belarusen waren."[6]

---

3 Zitat: *Belarus' u rubjažoch ras'sjalen'nja iličebnaj peravahi belaruskaha narodu abvješčaecca Narodnaj Rėspublikaj*. Ebd.
4 Zitat: *Ad hėtaha času Belaruskaja Narodnaja Rėspublika abvješčaecca nezaležnaja vol'naju dzjaržavau. Sami narody Belarusi ŭ asobe Ŭstanoŭčaha Sojmu pastanovjac' ab buduĉych dzjaržaŭnych z'vjazjach Belarusi*. Ebd.
5 Zitat: *Belaruskaja Narodnaja Rėspublika pavinna abnjac' use zemli, dze žyve i mae ličbennuju peravahu belaruski narod, a las'ne: Mahileŭščynu, belaruskija čas'ci Menščyny, Haradnenščyny (z Horadnaj, Belastokam i inš.), Vilenščyny, Vicebščyny, Smalenčšyny, Černihoŭščyny i sumežnych čas'cjaŭ susednich hubernjaŭ, zaselenych belarusam*. Ebd.
6 Zitat: *Chto my? My – belarusy. / Chto es'c' belarusy? Belarusy – hėta narod slavjanskago plemja. / Camu my nazyvaemsja belarusami? Bo my naradzilisja belarusami, uskarmilisja z belaruskaha zjamli, uzhadavalisja i žyvom na Belarusi. / Chto hėta – belarus? Belarus toj, u čyich žylach ciače belaruskaja krou, čye pradzedy, djady i backi byli belarusami.* V. Lastoŭski: Čto treba vedac' kažnomu Belarusu? Minsk 1918. Vyd. 3. Mensk 1991, S. 1.

Zur Geographie:

> „Wo leben die Belarusen? Die Belarusen leben in ihrem belarusischen Land. Das belarusische Land ist überall dort, wo Belarusen leben.
> Wie groß ist die *Belarus'*? Die *Belarus'* ist ein großes Land. Seinem Umfang nach nimmt die *Belarus'* eine mittlere Position zwischen Italien und der Europäischen Türkei ein.
> [...]
> Wieviel Belarusen gibt es? Auf der Erde leben 10 Millionen Belarusen. Unter den europäischen Völkern nehmen die Belarusen den neunten Platz ein."[7]

Die Frage, ob es sich bei der Belarusischen Volksrepublik (BNR) um eine revolutionäre Volksvertretung oder um eine deutsche Marionettenregierung handelte, erübrigte sich, als die Reichswehr nach der deutschen Novemberrevolution 1918 begann, sich aus dem Osten zurückzuziehen. Am 10. Dezember traf die Rote Armee in Minsk ein und ließ am 1. Januar 1919 die Sozialistische Sowjetrepublik *Belarus'* (SSRB) ausrufen. Dadurch sah sich die Regierung der BNR genötigt, ihre Tätigkeit im Exil fortzusetzen.

Eine nachhaltige Wirkung erzielte in diesem Zusammenhang die Kooperation der BNR mit dem aus dem Gouvernement Minsk stammenden und an Hochschulen und Forschungsinstituten in Kyjiv tätig gewesenen Historiker Mitrofan Dovnar-Zapol'skij (1867–1934). Dieser verfasste 1918 in russischer Sprache ein Memorandum über die „Grundlagen der Staatlichkeit der *Belarus'*", das von Anton Luckevič (1884–1942), der die Belarusische Volksrepublik 1919 auf der Pariser Friedenskonferenz als Außenminister vertrat, ins Belarusische übersetzt wurde. Zum Zwecke außenpolitischer Propaganda wurden zudem deutsche und französische Versionen veröffentlicht. Der den ehemaligen deutschen Besatzern genehme Titel lautete „Die Grundlagen des Staatswesens Weißruthenien", die auf internationalem Parkett maßgebliche französische Fassung hieß „Les bases de l'Etat de la Ruthénie Blanche". Die Einleitungssätze umschrieben die Fläche und die Bevölkerung des Landes wie folgt:

> *Weißruthenien stellt ein umfangreiches Land dar. Es umfaßt ganz die Gouvernements Minsk, Mohiljew [Mohilëŭ] und Smolensk, sowie fast das ganze Gouvernement Witebsk [Vicebsk], mit Ausnahme der Kreis Rjeschitzk [Rèžyca] und Ljutizinsk [Ljucynsk]. Ferner umfaßt es fast die ganzen Gouvernements Wilna (außer Teilen vom Trotzker, Wilnaer und Swentjansker Kreise [Troki, Vilnius, Švenčionys]) und Grodno [Hrodna], die drei nördlichen Kreise des Czernigower Gouvernements [Černihiv] und die anstoßenden Amtsbezirke der Gouvernements Suwalki [Suvalki] im Westen, Pleskau [Pskov], Twer [Tver], Kaluga, Orel im Osten. Der Umfang des Landes beträgt mehr als ca. 258.000 Quadratkilometer, auf welchen 12 Millionen Weißruthenen und mehr als 3 Millionen Großrussen, Juden, Polen und Tataren wohnen.*[8]

---

7 Zitat: *Dze zyvuc' Belarusy? Belarusy žyvuc' na svaej Belaruskaj zjamli. Belaruskaja zjamlja usja taja, dze žyvuc' Belarusy. / Jak vjalika Belarus'? Belarus' vjalikaja staronka. Pa svajmu abšaru Belarus' zajmae sjarėdnjae mejsco pamiž Italiej i Eŭropėskaj Turcyej. / [...] / Kol'ki usich Belarusau? Belaruskaha narodu žyve na s'veci 10 mil'enaŭ. Pamiž eŭropėjskimi narodami Belarusy zajmajuc' 9-e mejsco.* Ebd., S. 3/4.

8 M. W. Downar-Zapolski: Die Grundlagen des Staatswesens Weißruthenien. Grodno 1919, S. 3. Französische Variante: *La Ruthénie (Russie) Blanche représente un territoire étendu, comprenant les gouvernments de Minsk, Mohilew et Smolensk (en etier), presque la totalité du gouvernement de Vitebsk, excepté les cercles Riejitza et de Lioutzin; de plus le gouvernement de Vilna, presque en entier (saul une partie des cercles de Troki, Vilna et Sventsiany); enfin le gouvernement de Grodno, ainsi que les trois cercles septentrionaux du gouvernement de Czergnigow et des cercles des gouvernements limitrophes de Souvalki à l'ouest et de Pleskau, de Tver, de Kaluga et d'Orel à l'est. Cela forme une superficie de plus de 258.000 kilomètres carrés, sur lesquels vivent 12 millions de Blanc-Ruthéniens et plus de 3 millions d'autres nationalités – Grands Russiens, Juifs, Polonais et Tartares.* M. Downar-

Dovnar-Zapol'skijs Broschüre wurde durch eine in belarusischer und französischer Sprache beschriftete Landkarte ergänzt, deren Titel lautete: „*Karta Belaruskaj Narodnaj Rėspubliki/Carte de la République Democratique Blanche-Ruthénienne*". Diese sollte auf internationaler Bühne den Anspruch auf ein weitgefasstes Territorium begründen, das sowohl West-Polesien, das Wilna-Gebiet und das Gebiet Smolensk umfasste. Bemerkenswert erscheint die Tatsache, dass sich die Vertreter der Volksrepublik auf internationalem Parkett nicht als „Belarusen", sondern als „Weißruthenen" zu etablieren trachteten (Karte 7).

Ob der aus der Gegend von Bobruisk stammende Begründer der belarusischen Geographie Arkadź Antonavič Smolič (Arkadij Antonovič Smolič; 1891–1938) für die Karte verantwortlich war, ist eine offene Frage. Smolič hatte 1905 das Geistliche Seminar in Minsk und 1916 das Institut für Land- und Forstwirtschaft in Novaja Aleksandra/Nowa Aleksandra (heute Puławy) abgeschlossen. Als Mitglied der Belarusischen Sozialistischen Hramada unterstützte er 1918 die Belarusische Volksrepublik. 1919 veröffentlichte er in Vilnius eine ab 1922 auch in der BSSR als Lehrbuch anerkannte „Geographie der *Belarus'*" (*Heohrafija Belarusi*).

Die erste Auflage des leicht verständlich geschriebenen Lehrbuchs wurde 1919 von der Schulkommission der „Belarusischen Wissenschaftsgesellschaft" (Belaruskae Navukovae Tovarystvo) in Vilnius herausgegeben. Smolič betonte, dass die *Belarus'* genau in der Mitte Europas liege und sich in der Fläche mit Ländern wie England, Italien und Finnland messen könne, wegen seiner umfangreichen Wälder und Sümpfe im Hinblick auf die Bevölkerungsdichte aber am Ende der europäischen Staaten stehe. In Bezug auf die ethnographischen und historischen Grenzen betonte Smolič, dass die Belarusen sich in historischen Zeiten dem politischen und kulturellen Einfluss von Mächten wie Polen und Moskau zu widersetzen gehabt hätten.[9] Die handgezeichneten Karten, die Smolič zur Geographie, zum belarusischen Anteil am Großfürstentum Litauen und zur Verteilung der Dialekte vorlegte, waren einfach strukturiert, entsprachen in den Außengrenzen aber genau dem Gebiet, das auch die Belarusische Volksrepublik für sich reklamierte.[10]

*

Neben den Zentren, die die belarusische Elite unter deutscher Besatzung in Vilnius und Minsk bezog, sind auch die unter die Herrschaft der Bolschewiki geratenen Standorte St. Petersburg und Moskau zu nennen, wo sich nach Ausbruch des Ersten Weltkrieges Flüchtlinge aus den westlichen Landesteilen konzentrierten. Die Rada der Belarusischen Volksrepublik (BNR) fand unter diesen Voraussetzungen im „Weißrußischen nationalen Kommissariat" (*Belorusskij nacional'nyj komissariat*/Belnackom) eine ernstzunehmende Konkurrenz. Es handelte sich um eine Abteilung des Volkskommissariats für Nationalitätenangelegenheiten der Russländischen

---

Zapolski: Les bases de l'Etat de la Ruthénie Blanche. Mémoire publié par les ministère des affaires etrangères de la République Démocratique Blanche-Ruthénienne. Grodno 1919, S. 3. *Belarus' – hėta abšyrnaja staronka, jakaja skladaecca z gubernij: Menskaj, Mahilëŭskaj i Smalenskaj (cėlkom), blizka usjae Vitėbskaj hub. (apriča Rėžyckaha i Ljucynskaha pavetaŭ), blizka usjae Vilenskaj (apryč čas'cej Trockaha, Vilenskaha i S'vencjanskaha pav.), Hrodzenskaj huberni, troch paŭnočnych pavetaŭ Čarhihaŭskaj hub., dy z sumežnych valas'cej huberńij: na zachodze – Suvalskaj, na uschodze – Pskouskaj, Tverskaj, Kalužskaj i Arlouskaj. Usjago abšaru Belarus' mae kalja 258.000 kvadr. kilomėtraŭ, na jakim žyve 12 mil'enaŭ belarusaŭ, žydoŭ, paljakaŭ, tataraŭ.* M. V. Doŭnar-Zapol'ski: Asnovy dzjarżaŭnas'ci Belarusi. Horodno 1919. Minsk 1994, S. 1.
9 Arkadź Smolič: Heohrafija Belarusi. Vil'nja 1919, S. 5/6 und 41.
10 Ebd., S. 14, 40, 85.

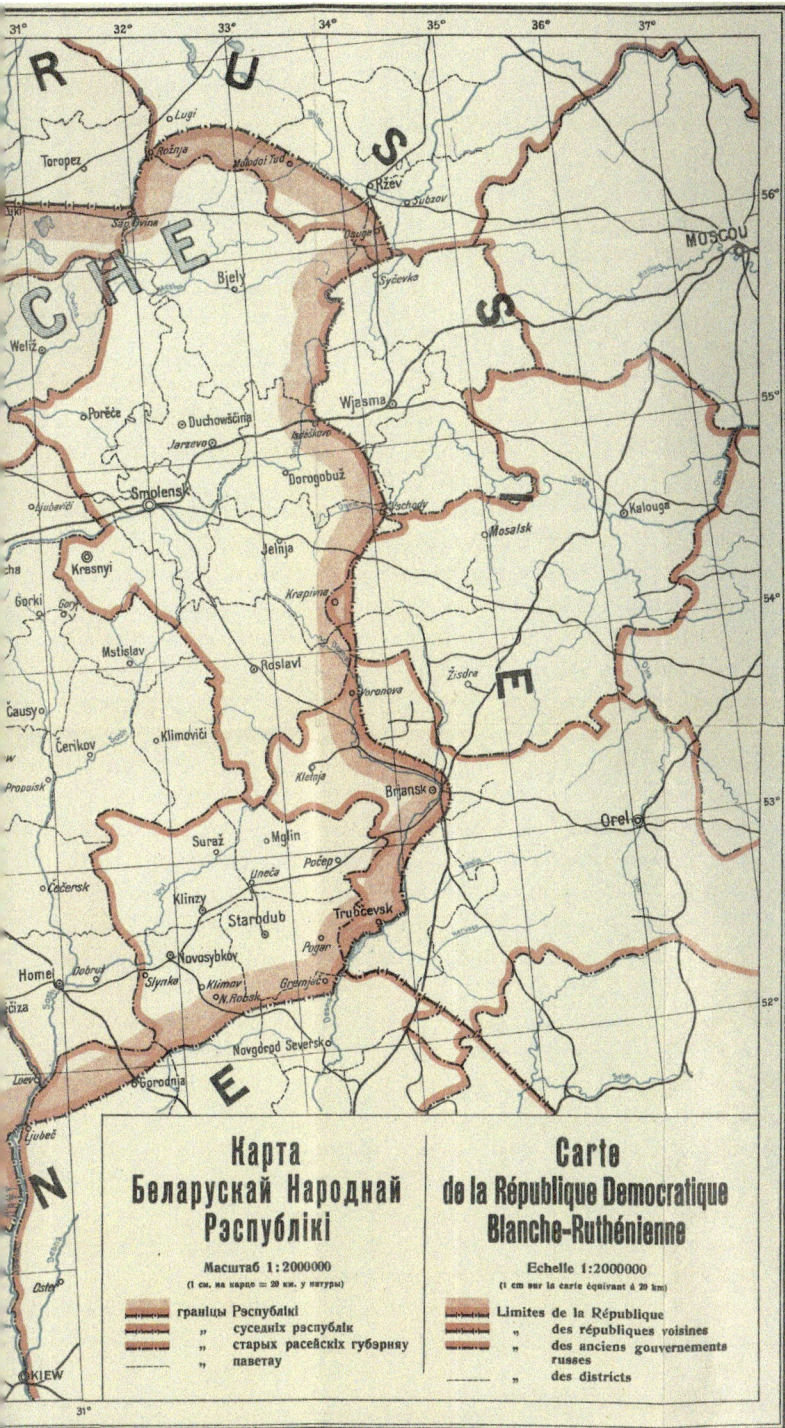

Karte 7: Karte der Belarusischen Volksrepublik
Quelle: M. Downar-Zapolski, M.: Les bases de l'Etat de la Ruthénie Blanche. Mémoire publié par les ministère des affaires etrangères de la République Démocratique Blanche-Ruthénienne. Grodno 1919, Anhang; Jäger, Walter (Hrsg.): Weißruthenien. Land, Bewohner, Geschichte, Volkswirtschaft, Kultur, Dichtung. Berlin 1919; Anhang.

Sozialistischen Föderativen Sowjetrepublik (RSFSR), die von dem aus Kopyl' bei Minsk stammenden Dichter Ciška Hartny (Zmicer Chvedaravič Žylunovič; 1887–1937) geleitet wurde.

Ciška Hartny initiierte im August 1918 in Moskau eine „Weißrußische Volksuniversität" (*Belorusskij narodnyj universitet*/BNU), die als Sommerschule der Weiterbildung von Lehrern dienen sollte. Aus der einzigen Vorlesungsreihe ging 1920 die Veröffentlichung eines „Weißrußlandkunde-Kurses" (*Kurs Belorussovedenija*) hervor.[11] Zu den Autoren zählten hochkarätige Moskauer Wissenschaftler, die Positionen des Westrussismus vertraten. Der Historiker Vladimir Ivanovič Pičeta (1878–1947) beschrieb die „Geschichte des weißrußischen Volkes" (*Istorija belorusskogo naroda*), der Geograph Dmitrij Nikolaevič Anučin (1843–1923) äußerte sich „Zur Frage des weißrußischen Territoriums" (*K voprosu o belorusskoj territorii*) und der Anthropologe Ivan Petrovič Silinič (geboren 1868) verfasste eine „Geographische Skizze Weißrußlands" (*Geografičeskij očerk Belorussii*). Im Anhang des Sammelbandes fanden die Texte in Efim Karskijs ethnographischer Karte eine Ergänzung.

Der im ukrainischen Poltava als Sohn eines serbischen Theologen geborene Vladimir Pičeta hatte die Historisch-Philologische Fakultät der Universität Moskau 1901 abgeschlossen. Nach dem Magisterexamen war er 1910 zum Privatdozenten berufen worden, hatte zusammen mit anderen Hochschullehrern die Universität 1911 aber aus Protest gegen das Ministerium für Volksaufklärung wieder verlassen. Im Revolutionsjahr 1917 veröffentlichte Pičeta in Moskau seine Magisterdissertation über „Die Agrarreform Sigismund-Augusts im Litauisch-Russischen Staat. Teil 1: Vorbereitung und Durchführung der Reform" (*Agrarnaja reforma Sigizmund-Avgusta v Litovsko-Russkom gosudarstve. Čast' 1-aja: Podgotovka i proizvodstvo reformy*). In seinem Beitrag für den „Weißrußlandkunde-Kurs" von 1920 konzentrierte sich Pičeta auf die Vormoderne, um dann eine mehr oder minder eigenständige Landesgeschichte zu präsentieren.[12]

Der aus St. Petersburg stammende und seit 1884 als Professor für Geographie an der Universität Moskau tätige Dmitrij Anučin gestand am Ende seiner Ausführungen dem „weißrußischen" Volk das Recht auf politisch-nationale Autonomie zu, erachtete aber auch eine Wiedervereinigung mit Großrussland als wünschenswert. Im Unterschied zu dem Philologen Efim Karskij, der bei der Konzipierung seiner „Ethnographischen Karte des weißrussischen Volksstamms" 1903 und 1917 ein Verbreitungsgebiet über 14 Gouvernements veranschlagt hatte, war Anučin der Auffassung, dass nur sieben übrigblieben, wenn man diejenigen abziehe, die verhältnismäßig geringe Zahlen Belarusischsprachiger aufwiesen. Aus Anučins Sicht bot sich im Süden die Prypjat als natürliche Grenze zwischen „Weißrußland" und Ukraine an, wobei West-Polesien der Ukraine zuzurechnen sei. Aspirationen der Ukrainer über die Prypjat hinaus bis an die nördlich davon gelegene Eisenbahnlinie ließen sich jedoch nur mit wirtschaftlichen Interessen begründen und seien zurückzuweisen. Auf diese Weise bezog Anučin die folgenden Gouvernements in die natürlichen Grenzen „Weißrußlands" ein: „Vitebsk, Vil'na und Grodno mit ihrem größten Teil, fast ganz Minsk und ganz Mogilev, die vier nördlichen Kreise von Černigov und eine große westliche Hälfte des Gouvernements Smolensk."[13]

Im Unterschied dazu besann sich der aus Mstislavl (Mstislaŭ) im Gouvernement Mogilev (Mahilëŭ) stammende Ivan Silinič, der nach seinem Studium in Char'kov und Moskau als Gymnasial-

---

11 Kurs Belorussovedenija. Lekcii, čitannye v Belorusskom narodnom universitete v Moskve letom 1918 goda. S bibliografičeskim ukazatelem po každomu voprous i s priloženiem ėtnografičeskoj karty belorusskogo plemeni Akad. E. F. Karskogo. Moskva 11920 (Belorusskij p/otdel otdela prosveščenija nacional'nych men'šinstv N.K.P.).
12 V. I. Pičeta: Istorija belorusskogo naroda. In: Ebd., S. 1–86.
13 D. N. Anučin: K voprosu o belorusskoj territorii. In: Ebd., S. 87–100, insbesodere 97–100 (Zitat, S. 99).

und Hochschullehrer tätig war, wieder auf die im Zarenreich übliche Unterscheidung zwischen den „litauischen" und den „weißrußischen" Gouvernements: „Unter dem Namen Weißrußland versteht man gewöhnlich die Gouvernements Smolensk, Mogilev, Vitebsk und Minsk …"[14]

Jedenfalls bezeugen die Materialien, mit denen die Vertreter der Belarusischen Volksrepublik und die Anhänger Sowjetrusslands für ihre Sache warben, dass man von einem Kampf um die Deutungshoheit sprechen konnte. Die Geister schieden sich zum einen an der Bewertung der belarusischen Staatlichkeit und zum anderen an der Einschätzung des belarusischen Territoriums. Davon abgesehen unterlagen beide Publikationen dem Dilemma, dass die *Belarus'* weder für die Politiker auf der internationalen Arena noch für die russländische Öffentlichkeit eine besondere Rolle spielte.

*

Während des Russischen Bürgerkrieges und des Polnisch-Sowjetischen Krieges kam es zweimal, zuerst am 1. Januar 1919 in Smolensk und dann noch einmal am 31. Juli 1920 in Minsk zur Ausrufung einer Sozialistischen Sowjetrepublik *Belarus'* (SSRB). Während die Zweite Polnische Republik vom 19. Februar 1919 bis zum Herbst 1920 in West-Polesien und im Minsker Gebiet eine „Zivilverwaltung für die Ostländer" (*Zarząd Cywilny Ziem Wschodnich*/ZCZW) unterhielt, initiierten die Bolschewiki vom 27. Februar 1919 bis zum Sommer desselben Jahres noch eine Litauisch-Belarusische Sowjetrepublik (LitBel). In der „Verfassung der Sozialistischen Sowjetrepublik *Belarus'*" von 1919 wird die Errichtung der Diktatur des Proletariats unter der Sowjetmacht auf die Tagesordnung gesetzt (Art. 4) und „eine freie sozialistische Gemeinschaft aller Werktätigen" proklamiert (Art. 5), territoriale Fragen spielten angesichts des Kriegszustandes keine Rolle.[15]

Im Endeffekt wurden die Akteure am 18. März 1921 durch den zwischen Sowjetrussland, der Sowjetukraine und der Republik Polen geschlossenen Friedensvertrag von Riga wieder auf den Boden der Tatsachen geholt. Denn die Entscheidung fiel ohne Beteiligung belarusischer Vertreter. Dadurch, dass das Wilnagebiet, West-Polesien und Wolhynien sowie Galizien der Zweiten Polnischen Republik zugeschlagen wurden, erfuhr die *Belarus'* eine Spaltung in einen westlichen polnischen und einen östlichen sowjetischen Teil. Eine Karikatur aus dieser Zeit zeigt, wie ein polnischer Ulan und ein sowjetischer Rotarmist die belarusische Landkarte zerreißen (Abb. 7). Die Losungen über und unter der Abbildung lauten: „Nieder mit der schändlichen Rigaer Teilung! – Ewig lebe die freie und unteilbare bäuerliche Belarus'!" Letzten Endes wurde die Sozialistische Sowjetrepublik *Belarus'* (SSRB) auf einen Rumpfstaat um die Hauptstadt Minsk reduziert, der über 52.400 Quadratkilometer Fläche und 1,5 Mio. Einwohner verfügte (siehe die Geschichtskarte „Territorialisierung der *Belarus'* 1921–1945"). Es handelte sich, wenn man so will, um eine Region, die in der Kartographie des 17. und 18. Jahrhunderts vorübergehend als „Schwarzrussland" eine Rolle spielte. Das, was polnischerseits „östliche Grenzmarken" (*kresy wschodnie*) genannt wurde, hieß sowjetischerseits fortan „Westliche Ukraine" (*Zapadnaja Ukraina*/*Zachidna Ukrajina*) und „Westliches Weißrußland/Westliche *Belarus'*" (*Zapadnaja Belorussija* oder *Zachodnaja Belarus'*).

*

---
14 Zitat: *Pod imenem Belorussii obyknovenno razumejutsja sledujuščie gubernii: Smolenskaja, Mogilevskaja, Vitebskaja i Minskaja* … I. P. Silinič: Geografičeskij očerk Belorussii. In: Ebd., S. 101–125, hier S. 101.
15 Konstitucija 1919 goda. Online: Pravo.by, https://pravo.by/pravovaya-informatsiya/pomniki-gistoryi-prava-belarusi/kanstytutsyynae-prava-belarusi/kanstytutsyi-belarusi/konstitutsiya-1919-goda/index.php#1919 (letzter Zugriff: 7.8.2024).

Abb. 7: Karikatur auf den Frieden von Riga 1921
Daloŭ hanebny ryžski padzel! – Nichaj žyve vol'naja nepadzel'naja seljanskaja Belarus'!
Nieder mit der schändlichen Rigaer Aufteilung! – Ewig lebe die freie und unteilbare bäuerliche Belarus'!
Quelle: Wikimedia Commons, https://commons.wikimedia.org/wiki/File:Caricature_for_Riga_Peace_1921.png (letzter Zugriff: 24.8.2024).

Nicht nur das Territorium, auch die Bezeichnung des Landes sollten in der Folge für Verwirrung sorgen. Am 30. Dezember 1922 schlossen sich die Russländische Sozialistische Föderative Sowjetrepublik (RSFSR), die Ukrainische Sozialistische Sowjetrepublik (USSR), die Belarusische Sozialistische Sowjetrepublik (BSSR) und die Transkaukasische Sozialistische Föderative Sowjetrepublik (ZSFSR) in einer russischsprachigen Deklaration zur Union der Sozialistischen Sowjetrepubliken (SSSR) zusammen.[16] Die nominell nach wie vor bestehende Sozialistische Sowjetrepublik *Belarus'* (SSRB) mutierte damit zu einer „Weißrußischen" Sozialistischen Sowjetrepublik (*Belorusskaja Socialisticeskaja Sovetskaja Respublika*). Diese bestand aber nur aus einem Rumpfstaat um die Hauptstadt Minsk, wenn man so will aus dem „Schwarzrußland" des 18. Jahrhunderts. Immerhin trat die RSFSR in den Jahren 1924 und 1926 noch die Gebiete um Vitebsk und Mogilev – im Grunde genommen das „Weißrußland" des 19. Jahrhunderts – an die BSSR ab. Letztere erzielte dadurch eine Verdopplung ihrer Fläche und eine Verdreifachung ihrer Bevölkerung. 1924 waren es 110.600 Quadratkilometer mit 4,2 Mio. Einwohnern, 1926 126.792 Quadratkilometer mit knapp 5,0 Mio. Einwohnern (siehe die Geschichtskarte „Territorialisierung der *Belarus'* 1921–1945").

---

16 Deklaration über die Gründung der Union der Sozialistischen Sowjetrepubliken und Vertrag über die Gründung der Union der Sozialistischen Sowjetrepubliken, 30. Dezember 1922. Online: 100(0) Schlüsseldokumente zur russischen und sowjetischen Geschichte, https://www.1000dokumente.de/index.html?c=dokument_ru&dokument=0004_uni&object=facsimile&trefferanzeige=&suchmodus=&suchbegriff=&t=&l=de (letzter Zugriff: 24.8.2024).

5.1. Belarusische oder Belorussische Sowjetrepublik

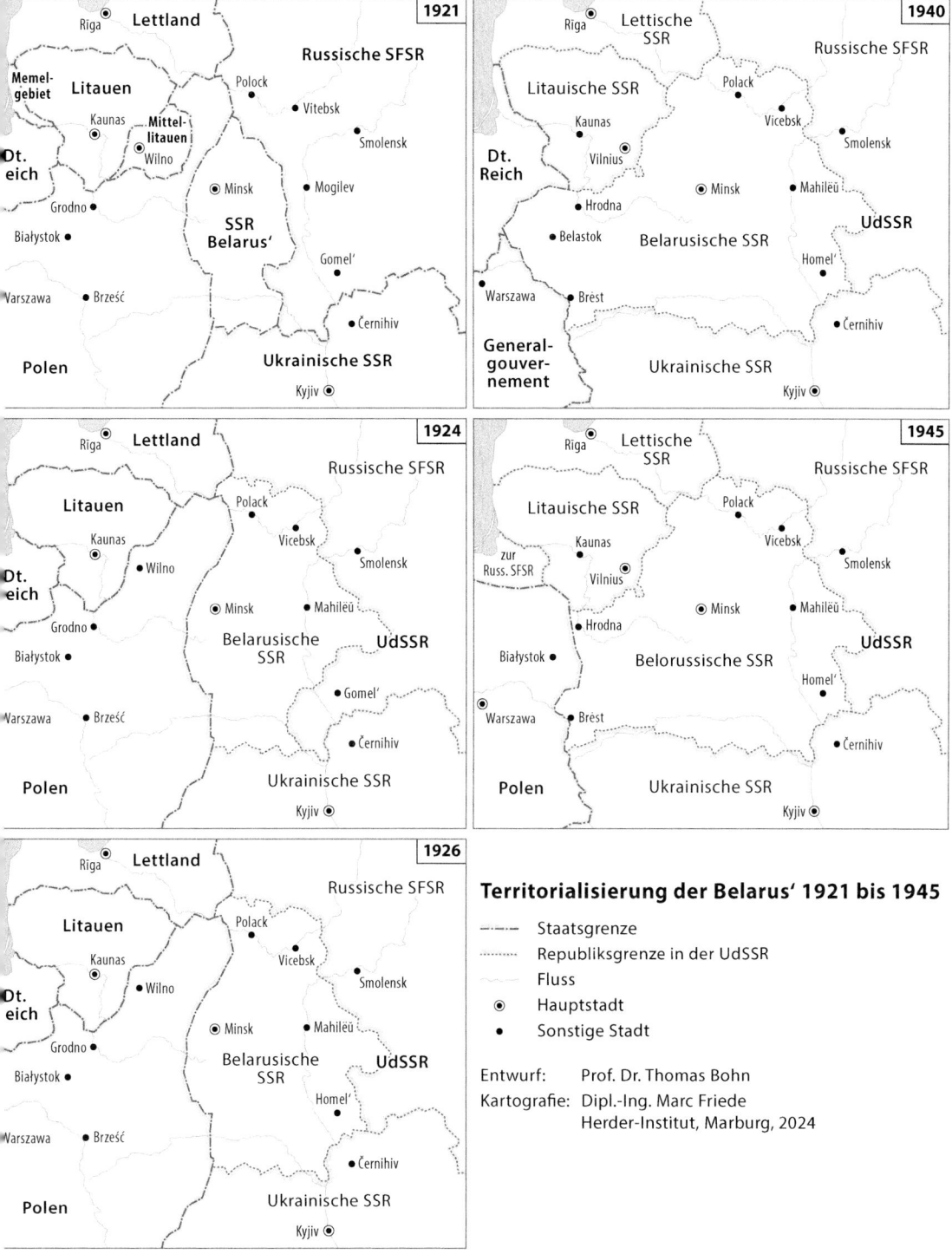

Territorialisierung der Belarus' 1921 bis 1945

--·-- Staatsgrenze
········ Republiksgrenze in der UdSSR
~~~ Fluss
◉ Hauptstadt
● Sonstige Stadt

Entwurf: Prof. Dr. Thomas Bohn
Kartografie: Dipl.-Ing. Marc Friede
Herder-Institut, Marburg, 2024

An dieser Stelle stellt sich die Frage, über welche Gestaltungsspielräume belarusische Patrioten in einer Zeit verfügten, die im Zeichen von Stalins Aufstieg stand. Die sowjetische Nationalitätenpolitik war ursprünglich der Devise „national in der Form und sozialistisch im Inhalt" gefolgt. Unter Lenin wurde noch ein gewisser kultureller Pluralismus toleriert, weil das Prinzip der „Einwurzelung" (*koreniczacija*) eine Einbindung der Eliten an den Peripherien in das internationale Projekt der Bolschewiki anvisierte. Stalin betrieb dagegen mit der Parole vom „Sozialismus in einem Land" und dem Motto des Sowjetpatriotismus eine Förderung der russischen Leitkultur. Die Konsequenzen lassen sich an den Schicksalen des Geographen Arkadz' Smolič und des Historikers Mitrofan Dovnar-Zapol'skij exemplifizieren. Beide konnten ihre Kreativität nicht ausleben und gerieten stattdessen als bürgerliche Spezialisten in Misskredit.

Der aus der Gegend von Bobruisk stammende Begründer der belarusischen Geographie Arkadz' Smolič vermochte es, seine 1919 in Vilnius erschienene „Geographie der *Belarus*'" (*Heohrafija Belarusi*) mit zwei erweiterten Auflagen 1922 und 1923 auch in der BSSR als Lehrbuch zu etablieren. Nach seiner Übersiedlung in die UdSSR unterrichtete Smolič seit 1923 an der Belarusischen Staatsuniversität, zunächst als Dozent und ab 1927 als Professor. Daneben wurde er 1925 Stellvertretender Direktor des Instituts für Belarusische Kultur. Im Zuge der Kampagne gegen bürgerliche Spezialisten oder nationalbewusste Patrioten wurde er aber 1931 für fünf Jahre nach Sibirien verbannt und dann im Jahr des Großen Terrors 1937 zum Tode verurteilt.

In der zweiten Auflage seines Lehrbuchs stellte Smolič die *Belarus*' 1922 nicht nur als ein bedeutendes Land in der Mitte Europas dar. Er beklagte darüber hinaus, dass die von den Nachbarländern im Frieden von Riga gezogenen politischen Grenzen den geographischen Gegebenheiten widersprachen. Deswegen habe er in der aktualisierten Ausgabe seines Buches einen stärkeren Akzent auf die Ethnographie der Belarusen gelegt und zudem die landeskundlichen Aspekte weiter ausgebaut. Da Smolič bei den Außengrenzen der *Belarus*' einen weit über Smolensk hinausreichenden Raum in Betracht zog, wurde sein Lehrbuch nach der dritten Auflage 1923 aus dem Verkehr gezogen. Eine vierte, eher historiographischen Interessen gerecht werdende Auflage erschien erst wieder 1993.[17]

Der aus Rečyca im Gouvernement Minsk stammende und an der Universität Kiev promovierte Historiker Mitrofan Dovnar-Zapol'skij, der die Belarusische Volksrepublik (BNR) mit einem Memorandum unterstützt hatte, arbeitete nach der Ausrufung der Sozialistischen Sowjetrepublik *Belarus*' (SSRB) in Char'kov und Baku in verschiedenen Instituten. Wegen seiner politischen Haltung konnte er erst 1925 in seine Heimat zurückkehren, wo er an der Belarusischen Staatsuniversität eine Professur erhielt, die seinem wissenschaftlichen Profil entsprach. Noch im selben Jahr verhinderte die Zensur die Veröffentlichung des Manuskripts seiner „Geschichte Weißrußlands" (*Istorija Belorussii*; veröffentlicht in Minsk auf belarusisch 1994 und russisch 2003). Dovnar-Zapol'skij wurde mit dem Vorwurf des bürgerlichen Nationalismus konfrontiert, zog sich nach Moskau zurück und versuchte dort seinen Lebensunterhalt durch Unterricht zu bestreiten, ohne bis an sein Lebensende 1934 noch einmal wissenschaftlich in den Vordergrund zu treten.

In seiner posthum, erst nach dem Untergang der Sowjetunion veröffentlichten belarusischen Geschichte wies Dovnar-Zapol'skij auf die Schwierigkeiten bei der Erklärung der Ursprünge

---

17 Arkadz' Smolič: Heohrafija Belarusi. Vyd. 2-oe, značna peraroblenae i dapoŭnae. Vyp. I. Pryroda Belarusi (Fizyčnaja Heohrafija). Vyp. II. Nasjalen'ne Belarusi i jaho haspadarnaja dzejnas'c'. Paasobnyja kraini Belarusi. Vil'nja 1922, S. 2, 5, 7, 135. Vyd. 3-jae, značna peraroblenae i dapoŭnae. Vil'nja 1923, S. 4/5, 7, 123/124. 4 vyd. Mensk 1993, 4/5, 7, 124.

„Weißrußlands" hin. Seiner Auffassung nach war der Name älter als die Bezeichnungen „Großrussland" und „Kleinrussland". Er verweise auf eine Staatsbildung im Rahmen des Großfürstentums Litauen:

> „Es ist nicht leicht zu bestimmen, wann die Bezeichnungen Weißrußland (*Belorussija*) und weißrußisches Volk erschienen. In jedem Falle nennt sich unser Volk seit sehr langer Zeit mit diesem Namen; unzweifelhaft ist auch, dass die Benennung Weißrußland bedeutend früher erschien als die Benennungen Groß- und Klein-Russland. Diese Benennung erschien ungefähr in dem Moment, an dem sich das weißrußische Volkstum in endgültiger Form zu formieren beginnt, an dem sich die einzelnen Stämme der Dregowitschen, Radimitschen und die Polocker und Smolensker Kriwitschen endgültig von der übrigen Ruß trennen und mit den litauischen Stämmen einen eigenen Staat bilden – den Staat Litauens und der Ruß."[18]

In diesem Zusammenhang grenzte Donar-Zapol'skij das freie „Weißrußland" vom Moskauer Reich ab:

> „Das Land, das sich in ältester Zeit Weißrußland (*Belorussija*) nannte, war nicht von den Tataren eingenommen und genoss im 13. und in den folgenden Jahrhunderten im Bestand des Litauisch-Russischen Staates vollständige Selbständigkeit. Das war in der Tat der freie Teil der Ruß, dem keine Zwangsabgaben auferlegt waren und der eine selbständige Herrschaftsform innehatte."[19]

Mit dem Verbot des Buches von Dovnar-Zapol'skij wurde die alles andere als geradlinig verlaufene Karriere des talentiertesten vorrevolutionären Belarus-Historikers endgültig zerstört. Sowohl im Zarenreich als auch in der Sowjetunion waren nur Positionen genehm, die einer westrussischen Deutung der belarusischen Geschichte entsprachen.

*

Was das Selbstverständnis der belarusischen Sowjetrepublik betraf, wurden terminologische Verbindlichkeiten 1927 durch die Veröffentlichung des fünften Bandes der „Großen Sowjet-Enzyklopädie" (*Bol'šaja sovetskaja ėnciklopedija*) und die Verabschiedung der Verfassung der BSSR geschaffen. Das betraf nicht nur Fragen des Territoriums und der Souveränität, sondern auch Ansprüche auf kulturelle Autonomie.

Die Herausgeber der Großen Sowjet-Enzyklopädie, die von 1926 bis 1946 in 65 Bänden erschien, standen vor dem Problem, dass das Territorium der Belarusischen Sozialistischen Sowjetrepublik (BSSR) nicht mit dem Verbreitungsgebiet der Titularnation übereinstimmte. Ob dieser Widerspruch aufgelöst oder umgangen wurde, hing von den beteiligten Autoren des relevanten fünften Bandes ab. Als bürgerliche Spezialisten oder Vertreter der Lenin-Garde

---

18 Zitat: *Nelegko opredelit', kogda pojavilos' nazvanie Belorussii i beloruskogo naroda. Vo vsjakom slučae, ėtim imenem naš narod nazyvaetsja s očen' davnego vremeni; nesomnenno i to, čto značitel'no ran'še pojavilos' nazvanie Belorussii, čem nazvanie Velikoj i Maloj Rossii. Eto naimenovanie pojavljaetsja priblizitel'no togda, kogda v okončatel'noj forme načinaet skladyvat'sja sama belorusskaja narodnost', kogda otdel'nye plemena dregovičej, radimičej i krivičej polockich i smolenskich onkončatel'no otryvajutsja ot ostal'noj Rusi i obrazujut samostojatel'noe gosudarstvo vmeste s litovskim plemenem – gosudarstvo Litvy i Rusi.* M. V. Dovnar-Zapol'skij: Istorija Belorussii. Minsk 2003. 2-e izd. Minsk 2005. 3. izd., ispr. i dop. Minsk 2011, S. 15.
19 Zitat: *Strana, kotoraja v drevnejšee vremja nazyvalas' Belorussiej, ne byla pokorena tatarami i pol'zovalas' soveršennoj samostojatel'nost'ju v 13 i posledujuščich vekach v sostave Litovsko-Russkogo gosudarstva. Eto byla dejstvitel'no svobodnaja čast' Rusi, ne obložennaja podatjami po prinuždeniju i imejuščaja samostojatel'nuju formu upravlenija.* Ebd., S. 15/16.

sollten sie nach dem Aufstieg Stalins in den 1930er Jahren jedenfalls auf die eine oder andere Weise in Misskredit geraten.

Im Artikel „Belorussy" (Weißrußen) bediente Efim Karskij als Autor des gleichnamigen Standardwerks und Bearbeiter der maßgeblichen ethnographischen Karten im Wesentlichen gängige Topoi. Relevant ist aber seine Datierung der Ethnogenese auf das 13./14. Jahrhundert, weil damit eine Zuordnung zur litauischen Geschichte verbunden ist. In der Tat führte Karskij das Erscheinen der Termini „Weiße Ruß" (*Belaja Rus'*), „Weißrußen" (*belorussy*) und „weißrußisch" (*belorusskij*) auf die Zeit der Bildung des „Litauisch-Russischen Staates" zurück. In ethnographischer Hinsicht wiederholte Karskij lediglich die Klischees, die mit dem unterentwickelten Bauernvolk in einem von Wäldern und Sümpfen geprägten Lebensraum verbunden waren, angefangen von der untersetzten Figur, über die hellen Haare und blauen Augen bis hin zur primitiven Weltanschauung.[20]

Am Artikel „Belorussija" (Weißrussland) beteiligten sich vier Autoren. Der belarusische Geograph Nikolaj Vasil'evič Azbukin (1894–1943) übernahm den Beitrag zur Landeskunde, der Direktor der Belarusischen Staatsuniversität Vladimir Ivanovič Pičeta (1878–1947) den Beitrag über die Geschichte, der Parteiaktivist Samuil Chaimovič Agurskij (1884–1947) den Beitrag zur revolutionären Bewegung und der Parteiaktivist Vaclav Antonovič Boguckij (Wacław Bogucki;1884–1937) den Beitrag zu „Zapadnaja Belorussija" (Westweißrußland), das sich unter polnischer Hoheit befand.[21]

Der aus Bobrujsk stammende Nikolaj Azbukin hatte von 1912 bis 1917 in St. Petersburg/Petrograd Geographie studiert und war dann bis 1920 in seiner Heimatstadt als Lehrer gewesen. Danach wechselte er nach Minsk in das Volkskommissariat für Bildung und das Institut für belarusische Kultur. 1929 wurde Azbukin Professor für Geographie an der Akademie der Wissenschaften der BSSR, aber bereits 1930 wurde er politischen Repressionen unterworfen und aus der BSSR verbannt.

Der aus dem ukrainischen Poltava stammende Vladimir Pičeta hatte sich als Moskauer Historiker 1920 an der Sommerschule zur „Weißrußlandkunde" (*Belorusovedenie*) beteiligt und danach einen Aufstieg in sowjetischen Institutionen erfahren. Von 1921 bis 1929 war er Rektor der Belarusischen Staatsuniversität in Minsk. Während der Kampagne gegen bürgerliche Spezialisten wurde er zwar 1930 aus der BSSR verbannt, konnte aber dem Netz persönlicher Beziehungen geschuldet weiterhin wissenschaftlich arbeiten. Ab 1934 unterrichtete er vorübergehend als Professor am Pädagogik-Institut in Voronež. Ausgerechnet im Terrorjahr 1937/38 wechselte er an die Akademie der Wissenschaften nach Moskau.

Der aus Grodno stammende Parteiaktivist Samuil Agurskij war während der russischen Revolution von 1905 dem Allgemeinen jüdischen Arbeiterbund von Litauen, Polen und Russland (Bund) beigetreten und danach zuerst nach Großbritannien und dann in die Vereinigten Staaten von Amerika emigriert. Nach der Februarrevolution von 1917 war er als Korrespondent der amerikanischen jüdischen Presse nach Russland zurückgekehrt und hatte sich nach der Oktoberrevolution den Bolschewiki angeschlossen. In den Jahren 1918/19 war Agurskij als Kommissar für jüdische Fragen in Vitebsk (Vicebsk) tätig gewesen und hatte dabei mit dem von Stalin geführten Volkskommissariat für Nationalitätenfragen zusammengearbeitet. Nachdem er Anfang der 1920er Jahre für die Bolschewiki eine Propagandareise in die

---

20 Belorussy. In: Bol'šaja sovetskaja ėnciklopedija. Glav. red. O. Ju. Šmidt. T. 5-yj. Moskva 1927, Sp. 422-426 (E. Karskij).
21 Belorussija. In: Bol'šaja sovetskaja ėnciklopedija. Glav. red. O. Ju. Šmidt. T. 5-yj. Moskva 1927, Sp. 352-369 (N. Azbukin, V. Pičeta, S. Agurskij, V. Boguckij).

USA unternommen hatte, übernahm er 1924 in Minsk und 1930 in Moskau die Leitung über die Kommission zur Geschichte der Oktoberrevolution und der Kommunistischen Partei. 1934 wurde er in Minsk Direktor des Instituts für jüdische proletarische Kultur und Stellvertreter Direktor des Instituts für nationale Minderheiten bei der Akademie der Wissenschaften der BSSR. Während des Großen Terrors wurde Agurskij nach Kasachstan verbannt.

Der aus Polen stammende Vaclav Boguckij war 1904 in die Sozialdemokratische Partei Polens und Litauens eingetreten und danach wegen seines politischen Engagements mehrfach inhaftiert worden. Nach einem zweijährigen Exil in den USA hatte er 1912 wieder begonnen, sich in Russland im revolutionären Untergrund zu engagieren, vor allem im Kaukasus. Nach der Oktoberrevolution von 1917 hatte er sich den belarusischen Kommunisten angeschlossen und 1918 den Vorsitz im Stadtrat von Grodno übernommen. Ab 1919 übernahm er führende Positionen in der belarusischen Kommunistischen Partei, ab 1925 in der polnischen Kommunistischen Partei. Nach seiner Rückkehr in die Sowjetunion arbeitete er ab 1930 in Moskau in der Staatsanwaltschaft. Während des Großen Terrors wurde er 1937 wegen seiner polnischen Verbindungen angeklagt und erschossen.

Die genannten Autoren schrieben in der ersten Auflage der „Großen Sowjetenzyklopädie" den Artikel „Belorussija, Belorusskij kraj, ètnografičeskaja B[elorussija]" (Weißrußland, das weißrußische Gebiet oder das ethnographische Weißrußland). Zunächst skizzierte der Geograph Azbukin das im Becken des oberen Dnepr, der oberen Memel und der oberen und mittleren Düna gelegene Siedlungsgebiet der „Weißrußen".[22] Im Anschluss daran führte der Historiker Pičeta die Ethnogenese der „Weißrußen" genau wie Karskij im entsprechenden Artikel auf das 13./14. Jahrhundert zurück, brachte aber deren Siedlungsgebiet vorschnell mit einem in deutschen Chroniken im 14. Jahrhundert auftauchenden Terminus in Verbindung. Dabei unterschlug Pičeta zum einen, dass deutsche Geschichtsschreiber die Bezeichnung „Weizzen Reuzzen" auf Pleskau (Pskov) und Groß-Novgorod bezogen. Zum anderen lautete der Quellenbegriff nicht „Alba Rossia – Belaja Rossija" oder „Weißrußland", sondern „Russia alba" oder „Weißruthenien".[23]

Der Parteiaktivist Agurskij widmete sich in einem gesonderten Artikel zur „Belorusskaja Sovetskaja Socialističeskaja Respublika" (Weißrußische Sozialistische Sowjetrepublik) noch einmal der Geographie und Demographie sowie der Ökonomie und der Kultur in dem bis dato bestehenden Rumpfstaat. Die Gebietserweiterungen der BSSR von 1924 und 1926 kommentierte Agurskij mit dem Hinweis, dass immer noch nicht das gesamte Territorium erfasst werde, „das vom weißrußischen Volkstum eingenommen wird …"[24]

Dieses Dilemma schlug sich auch in den Verfassungen der BSSR nieder. Während die Verfassung von 1927 noch auf Multikulturalität setzte, definierte die Verfassung von 1937 erstmals das Territorium. Die Zeichen der Zeit verhießen den Aufbau des Sozialismus in einem Land, sprich die politische Konsolidierung der Sowjetunion. Wurde 1927 in Artikel 2 von der „Diktatur des Proletariats" gesprochen, war 1937 in Art. 1 von einem „Staat der Arbeiter und Bauern" die Rede. Legte die Verfassung von 1927 in Artikel 21 Wert auf die Gleichrangigkeit der vier Sprachen Belarusisch, Jiddisch, Russisch und Polnisch, bestimmte die Verfassung von 1937 in Artikel 14 die Grenzen der BSSR durch die exakte Auflistung der bestehenden Verwaltungsgebiete. Damit war eine weitere Grenzverschiebung in Richtung Smolensk auf

---

22 Ebd., S. 352-354, hier 352.
23 Ebd., S. 354-358, hier 354.
24 Belorusskaja Sovetskaja Socialističeskaja Respublika. In: Bol'šaja sovetskaja ènciklopedija. Glav. red. O. Ju. Šmidt. T. 5-yj. Moskva 1927, Sp. 378-413 (S. Agurskij).

Kosten der RSFSR endgültig vom Tisch. Artikel 16 überantwortete jegliche Änderungen des Status quo der Zustimmung durch Verfassungsorgane der BSSR. Dadurch wurde nicht nur die territoriale Integrität sichergestellt, sondern auch eine Option für die Realisierung von Ansprüchen im Westen eröffnet, will heißen für den Anschluss der Ostgebiete der Zweiten Polnischen Republik.[25]

*

Markanterweise wurde der Abschluss des Prozesses der territorialen Konsolidierung der BSSR im Herbst 1939 durch die im Hitler-Stalin-Pakt sanktionierte Vereinigung mit den als „Westweißrußland/Westliche *Belarus*'" (*Zapadnaja Belorussija*/*Zachodna Belarus*') bezeichneten polnischen „Ostgebieten" (*kresy wschodnie*) eingeleitet. Dem sowjetischen Einmarsch in Polen am 17. September folgte am 2. November die von der BSSR vollzogene Eingemeindung. Den Hintergrund bildete die am 10. Oktober und 6. November 1939 erfolgende Abtretung des Wilnagebiets und der Städte Druskininkai, Švenčionys und Šalčininkai an Litauen. In diesem Zusammenhang wurde die ebenfalls anstehende Festlegung des Grenzverlaufs zwischen der BSSR und der Ukraine im November 1939 von Iosif Vissarionovič Stalin (1878–1953) persönlich getroffen. Durch eine Verordnung des Obersten Sowjets fiel West-Polesien am 4. Dezember 1939 an die BSSR. Zwar hatte der ukrainische Parteichef Nikita Sergeevič Chruščev (1894–1971) unter Bezugnahme auf ethnographische Karten Anspruch auf die Region um Brest und Pinsk erhoben, doch konnte der aus dem Kuban-Gebiet stammende belarusische Parteichef Pantelejmon Kondrat'evič Ponomarenko (1902–1984) seine Interessen mit historischen Argumenten und dem Verweis auf das Selbstverständnis der dort lebenden Bevölkerung durchsetzen. Im Endeffekt verdoppelten sich die Fläche und die Bevölkerung der BSSR durch die „Wiedervereinigung" mit „Westweißrußland" ein weiteres Mal auf 223.000 Quadratkilometer und 10,2 Mio. Einwohner (siehe die Geschichtskarte „Territorialisierung der *Belarus*' 1921–1945").[26]

Nach dem deutschen Überfall auf die Sowjetunion am 22. Juni 1941 wurde das „Reichskommissariat Ostland" eingerichtet, dem ab dem 1. September 1941 auch das „Generalkommissariat Weißruthenien" angehörte, das aus den ehemaligen sowjetischen Gebieten um Minsk und den ehemaligen polnischen Gebieten um Nowogródek (Navahrudak) zusammengesetzt war. Im Gegensatz zu Stalins Entscheidung wurde Polesien – im deutschen Verständnis das Gebiet der „Pripjet-Sümpfe" – nun komplett dem „Reichskommissariat Ukraine" unterstellt. Der „Bezirk Bialystok (Białystok)" verblieb unter deutscher Zivilverwaltung. Mit dem „Weißruthenischen Zentralrat" (*Belaruskaja cėntral'naja rada*/BZR) schufen sich die deutschen Besatzer eine Marionettenregierung. Genau wie die Reichswehr im Ersten Weltkrieg förderten die Nationalsozialisten die belarusische Sprache, um eine Differenz zu Polen oder Russen herzustellen. Im Unterschied zu ihren Vorgängern waren sie aber nicht nur am ökonomischen Raubbau interessiert, sondern betrieben im Rahmen ihrer Lebensraum- oder Vernichtungspolitik die Dezimierung der Zivilbevölkerung im Allgemeinen und die Ermordung der Juden im Besonderen.

---

25 Konstitucija 1927 goda. Online: Pravo.by, https://pravo.by/pravovaya-informatsiya/pomniki-gistoryi-prava-belarusi/kanstytutsyynae-prava-belarusi/kanstytutsyi-belarusi/konstitutsiya-1927-goda/index.php#1927 (letzter Zugriff: 7.8.2024); Konstitucija 1937 goda. Online: Pravo.by, https://pravo.by/pravovaya-informatsiya/pomniki-gistoryi-prava-belarusi/kanstytutsyynae-prava-belarusi/kanstytutsyi-belarusi/konstitutsiya-1937-goda/index.php#1937 (letzter Zugriff: 7.8.2024).
26 Vgl. auch im Folgenden Siebert: Territorialisierung der Belarus als BSSR 1918–1941, S. 304-329.

Im weiteren Kriegsverlauf verständigten sich die Alliierten auf den Konferenzen von Teheran und Jalta im November/Dezember 1943 und Februar 1945 darauf, die Ostgrenze Polens an die sogenannte Curzon-Linie des Jahres 1919 anzupassen. Dadurch konnte eine Verschiebung des sowjetischen Territoriums nach Westen vorgenommen werden. Der den sprachlichen Gegebenheiten aus der Zeit des Ersten Weltkrieges entsprechende Grenzverlauf zwischen der Polnischen Volksrepublik und der Sowjetunion wurde im Abkommen der beiden Staaten vom 16. August 1945 dahingehend festgelegt, dass die Stadt Białystok mit siebzehn angrenzenden Bezirken und drei Bezirke aus dem Gebiet von Brest an Polen fielen. Nach dem Zweiten Weltkrieg verfügte die BSSR über 207.600 Quadratkilometer und rund 8 Mio. Einwohner (siehe die Geschichtskarte „Territorialisierung der Belarus' 1921–1945").

Die Angelegenheit hatte 1946 in der Zeitschrift *Voprosy istorii* („Fragen der Geschichte") noch ein Nachspiel. Diese veröffentlichte einen Artikel des als Direktor der Belarusischen Staatsuniversität politisch in Ungnade gefallenen, danach aber wieder teilweise rehabilitierten Historikers Vladimir Pičeta zur „Bildung des weißrussischen Volkes" (*Obrazovanie belorusskogo naroda*). Nachdem sich Stalin für die Zugehörigkeit West-Polesiens zur BSSR ausgesprochen hatte, ließ es sich Pičeta nicht nehmen, die Preisgabe dieser Gebiete, die der renommierte Philologe Efim Karskij in seiner „Ethnographischen Karte des weißrussischen Volksstammes" vorgenommen hatte, als „Fehler" zu bezeichnen. In diesem Zusammenhang rechnete er die vorrevolutionäre Koryphäe sogar „dem nationalistischen ukrainischen Lager" zu:

> „Tatsächlich traf sich im südwestlichen Teil Weißrußlands (*Belorussija*) die Kolonisation der Dregowitschen mit der der Wolhynier, was zur Schaffung einer besonderen südweißrussischen Mundart führte (durchaus nicht ukrainische), ähnlich dem, wie die ostweißrussischen Mundarten sich den westrussischen annähern. Die Erforschung des Liegenschaftsbuchs der Grodnoer Domäne in der zweiten Hälfte des 16. Jahrhunderts zeigt die Unhaltbarkeit der Konzeption E. Karskijs und seiner Anhänger aus dem nationalistischen ukrainischen Lager."[27]

*

Nach dem Zweiten Weltkrieg etablierte sich die BSSR als eine Entität, die nach Vollendung ihrer territorialen Ziele den Verheißungen des Kommunismus entgegenblickte. So lautete zumindest die vordergründige Prognose der „Großen Sowjet-Enzyklopädie" (*Bol'šaja sovetskaja ėnciklopedija*), die von 1950 bis 1960 in zweiter und 1969 bis 1978 in dritter Auflage erschien und in den Jahren 1969 bis 1976 noch durch eine „Belarusische Sowjet-Enzyklopädie" (*Belaruskaja Saveckaja ėncyklapedyja*) ergänzt wurde. Achtet man darüber hinaus darauf, wie sich die begrifflichen Nuancen von den fünfziger zu den siebziger Jahren veränderten, dann stellt man fest, dass unterschwellig auch dem Selbstbewusstsein der belarusischen Kommunisten Rechnung getragen wurde. Dieses speiste sich aus dem Mythos der Partisanenrepublik, der sich in den sowjetischen Kult um den Zweiten Weltkrieg einfügte, und aus dem Status der Musterrepublik, der im Prozess einer nachholenden Modernisierung erzielt wurde.

---

27 Zitat: *Dejstvitel'no, v jugo-zapadnoj časti Belorussii dregovičskaja kolonizacija vstretilas's volynskoj, čto privelo k sozdaniju osobogo južnobelorusskogo govora (otnjud' ne ukrainskogo), podobnomu tomu, kak vostočnobelorusskie govory sbližajutsja s zapadnorusskimi. Izučenie Piscovoj knigi Grodnenskoj ėkonomii vtoroj poloviny XVI v. pokazyvaet nesostojatel'nost' koncepcii E. Karskogo i ego storonnikov iz nacionalističeskogo ukrainskogo lagerja*. V. I. Pičeta: Obrazovanie belorusskogo naroda. In: Voprosy istorii (1946) Nr. 5-6, S. 3-29, hier 23. ND in ders.: Belorussija i Litva XV-XVI vv. (Issledovanija po istorii social'no-ėkonomičeskogo razvitija). Moskva 1961, S. 595-632, hier 624.

Vergleicht man die Parenthesen, die sich hinter den Titeln des Artikels zur „*Belorusskaja Sovetskaja Socialističeskaja Respublika*" (Belorussische Sozialistische Sowjetrepublik) in der zweiten und dritten Auflage der Großen Sowjet-Enzyklopädie befinden, dann stößt man auf einen bemerkenswerten Unterschied. Im vierten Band der Ausgabe von 1950 ist in Klammern die Landesbezeichnung „Belorußland" (*Belorussija*) zu lesen, im dritten Band der Ausgabe von 1970 kommen dagegen auch die Eigenbezeichnungen zum Tragen, neben der „Belarusischen Sozialistischen Sowjetrepublik" (*Belaruskaja Saveckaja Sacyjalistyčnaja Rėspublika*) findet sich die „*Belarus*".[28] Allerdings zeigt sich dabei, wie diese regelrecht hinter dem Kürzel BSSR verschwindet. Sie wird gewissermaßen zum Attribut einer Sowjetrepublik degradiert.

Mehr Spielräume eröffnete die Große Sowjet-Enzyklopädie im Hinblick auf die Ethnizität. Während in der zweiten Auflage eine Veränderung der russischen Schreibweise lediglich in Parenthese in Betracht gezogen wird, ist der Verzicht auf ein doppeltes „s" in der dritten Auflage bereits gesetzt. Darüber hinaus wird auch die Landessprache berücksichtigt. Im Eintrag von 1950 stehen die russischen Varianten „Belorussy (belorusy)" respektive „Belorussen (Belorußen)". Im Eintrag von 1970 „Belorusy (samonazvanie – belarusy)" ist neben dem russischen Begriff *belorusy* ein Verweis auf die „Eigenbezeichnung" *belarusy* (Belarusen) enthalten. Darüber hinaus erfuhren die „Belarusen" auch eine qualitative Aufwertung. Werden sie in der zweiten Auflage als ein „Volk" (*narod*) beschrieben, das gemeinsam mit Russen und Ukrainern zu den Ostslaven gehört, tauchen sie in der dritten Auflage als eine „Nation" (*nacija*) auf.[29] In diesem Zusammenhang wird dezent darauf hingewiesen, dass der Prozess der Staatsbildung mit der Vollendung der Territorialisierung zum Abschluss gekommen sei: „Die Grenzen der kompakten Besiedlung der Weißrußen fallen in der Hauptsache mit den gegenwärtigen Grenzen der BSSR zusammen."[30]

Dieser Satz findet sich fast wörtlich in der „Belarusischen Sowjet-Enzyklopädie" (*Belaruskaja Saveckaja ėncyklapedyja*) wieder. Im 1970 erschienenen Artikel „Belarusy" (Belarusen) heißt es: „Die Siedlung der Belarusen ist kompakt, in der Hauptsache fällt sie mit den Grenzen der BSSR zusammen."[31] Inhaltlich misst die belarusische Ausgabe der Sowjet-Enzyklopädie dem Begriff „Weiße Ruß" (*Belaja Rus'*) eine größere Bedeutung zu als das in der russischen Ausgabe der Fall ist. Beim Eintrag „Belarusy" (Belarusen) wird beispielsweise darauf hingewiesen, dass die westlichen Teile des Großfürstentums Litauen um Lida, Navahrudak und Vaŭkavysk eine Zeitlang „Schwarze Ruß" (*Čornaja Rus'*) gehießen hätten, die östlichen Gebiete am Dnepr und an der Düna hingegen „Weiße Ruß" (*Belaja Rus'*).[32] Im Unterschied zur russischen Ausgabe der Sowjet-Enzyklopädie gibt es in der belarusischen Ausgabe immerhin einen nennenswerten Artikel zur „Belarus". Darin wird pauschal behauptet, dass sich der Begriff Weiße Ruß seit dem Ende des 14. Jahrhunderts auf dem Gebiet des Großfürstentums Litauen durchgesetzt habe. Damit wird einerseits der Anspruch auf das Erbe der Kiewer Rus relativiert und andererseits

---

28 Belorusskaja Sovetskaja Socialističeskaja Respublika (Belorussija). In: Bol'šaja sovetskaja ėnciklopedija. Gl. Red. S. I. Vavilov. T. 4: B-Berezko. 2-oe izd. Leningrad 1950, S. 468-520; Belorusskaja Sovetskaja Socialističeskaja Respublika (Belaruskaja Saveckaja Sacyjalistyčnaja Rėspublika), Belorussija (Belarus'). In: Bol'šaja sovetskaja ėnciklopedija. Gl. Red. A. M. Prochorov. T. 3. 3-'e izd. Moskva 1970, S. 127-157.

29 Belorussy (belorusy). In: Bol'šaja sovetskaja ėnciklopedija. Gl. Red. S. I. Vavilov. T. 4. 2-oe izd. Leningrad 1950, S. 532-534; Belorusy (samonazvanie – belarusy). In: Bol'šaja sovetskaja ėnciklopedija. Gl. Red. A. M. Prochorov. T. 3. 3-'e izd. Moskva 1970, S. 159/160 (O. A. Ganckaja).

30 Zitat: *Granicy kompaktnogo rasselenija B. sovpadajut v osnovnom s sovr. granicami BSSR*. Ebd. (1970), S. 159.

31 Zitat: *Rassjalenne B. kampaktnae, u asnoŭnym supadae z granicami BSSR*. Belarusy. In: Belaruskaja saveckaja ėncyklapedyja. Red. kal. P. U. Broŭka i inš. T. II. Minsk 1970, S. 260-268 (A. A. Rakaŭ), hier 260.

32 Ebd., S. 261.

eine kulturelle Verortung des Landes im Westen vollzogen.[33] Im Artikel „Belaja Rus'" (Weiße Ruß) heißt es, die Herkunft des Begriffes sei immer noch zweifelhaft. Drei Erklärungsansätze werden angeboten, von denen zwei üblichen Denkschablonen entsprechen, nämlich die Abgabenfreiheit jenseits von Tatarenjoch und feudaler Unterdrückung sowie die helle Gestalt und weiße Kleidung der Bewohner. Überraschenderweise wird in einem Werk, das dem historischen Materialismus verpflichtet ist, im dritten Punkt mit dem Verweis auf die Entfaltung des Christentums noch die Rolle der Religion aufgewertet.[34]

*

Nach dem Untergang der Sowjetunion musste sich die *Belarus'* neu erfinden. Sie hatte als BSSR einen Prozess der Territorialisierung erfahren und bedurfte als ehemalige Sowjetrepublik noch einer Konstituierung als Nationalstaat. Die Historiographie steht damit vor einer doppelten Herausforderung. Während sich das Ende der belorußischen Geschichte eindeutig auf die Deklaration über die staatliche Souveränität der BSSR vom 27. Juli 1990 datieren lässt, bieten sich für den Beginn der neueren belarusischen Geschichte – je nach Perspektive oder Schwerpunktsetzung – zwei Ereignisse an: die Umbenennung der BSSR in „Republik *Belarus'*" (*Rėspublika Belarus'*) am 19. September 1991 oder die Auflösung der Sowjetunion und die Gründung der „Gemeinschaft Unabhängiger Staaten" (*Sodružestvo Nezavisimych Gosudarstv*) am 8. Dezember 1991.

5.2. Weißrussland und Weißruthenien

Die Thematisierung „Weißrusslands" und der „Weißrussen" durch die moderne deutsche Kartographie lässt sich bis in die Mitte des 19. Jahrhunderts zurückverfolgen. Wie sich an der Entwicklung der verschiedenen Auflagen von Putzgers „Historischem Schul-Atlas" ablesen lässt, begannen sich die Begriffe aber erst an der Wende zum 20. Jahrhundert allmählich in den Mental Maps der Öffentlichkeit zu etablieren. Darin spiegelte sich die Übernahme von Sprachregelungen des Zarenreichs wider, nämlich die pragmatische Verwendung des Ausdrucks „Westrussland" für den offiziellen Terminus „Nordwestgebiet" (*Severno-zapadnyj kraj*) und die Übersetzung des in der Fläche enger umrissenen Begriffs *Belorussija* mit dem Ausdruck „Weißrussland". Unterbrochen wurde die terminologische Tradition im Zeitalter der Weltkriege lediglich noch durch die in antipolnischer wie antisowjetischer Absicht erfolgende Wiedergabe des Begriffs *Biała Ruś* mit dem Ausdruck „Weißruthenien".

Nach 1945 wurde in Zeiten des Kalten Krieges in Kreisen von sowjetischen Emigranten und Sprachwissenschaftlern der Deutschen Demokratischen Republik (DDR) noch mit den Begriffen *Belorussia/Byelorussia* und *Belorußland/Belorussland* experimentiert, bevor sich dann nach 1991 in der Phase der Systemtransformation in der angloamerikanischen Forschung der Begriff *Belarus* [sic] durchzusetzen begann. Alles in allem spielte die „Weiße Ruß" (*Biełaruś*/

---

33 Belarus'. In: Belaruskaja saveckaja ėncyklapedyja. Red. kal. P. U. Broŭka i inš. T. II. Minsk 1970, S. 268/269 (anonym). Im Artikel zur BSSR findet sich ein Verweis auf einen entsprechenden Sonderband. Belaruskaja Saveckaja Sacyjalistyčnaja Rėspublika (BSSR, Belarus'). In: Belaruskaja saveckaja ėncyklapedyja. Red. kal. P. U. Broŭka i inš. T. II. Minsk 1970, S. 227 (anonym).
34 Belaja Ruś. In: Belaruskaja Saveckaja ėncyklapedyja. Red. kal. P. U. Broŭka i inš. T. II. Minsk 1970, S. 274/275 (I. A. Jucho).

Belarus') im Bewusstsein der deutschen Öffentlichkeit bis zur Revolution von 2020 aber allenfalls im Rahmen der Tschernobylhilfe oder Zwangsarbeiterentschädigung eine Rolle.

*

Die Entdeckung „Weißrusslands" und der „Weißrussen" durch die moderne deutsche Geographie ist mit den Namen Heinrich Karl Wilhelm Berghaus (1797–1884) und Heinrich Kiepert (1818–1899) verbunden. Der deutsche Geodät und Kartograph Heinrich Berghaus war von 1824 bis 1855 Professor für angewandte Mathematik an der Berliner Bauakademie. In den Jahren 1845 bis 1848 brachte er im Justus Perthes' Verlag in Gotha einen zweibändigen „Physikalischen Atlas" heraus. In diesem Zusammenhang veröffentlichte er eine 1847 separat erschienene „Ethnographische Karte von Eüropa" in überarbeiteter Form noch einmal 1848 als „Übersicht von Eüropa mit ethnograph. Begränzung der einzelnen Staaten und den Völker-Sitzen in der Mitte des 19ten Jahrhunderts". In der Variante von 1847 findet sich der Schriftzug „Weissrussen" über einem Gebiet, das den heutigen Grenzen der Republik *Belarus'* entspricht und das Gebiet um „Bjalastok" (Białystok) miteinbezieht.[35] In der Variante von 1848 wird „Weiss-Russland" zwischen „Minsk", „Witebsk" (Vicebsk) und „Mogilew" (Mahilëŭ) verortet, „Klein-Russland" zwischen „Kiew" (Kyjiv) und „Poltawa" (Poltava). Letzten Endes wird die Weiße Ruß damit auf die im Zarenreich bestehende Verwaltungseinheit reduziert. Diesem Blick entspricht eine beigefügte „Völkertafel", die unter der Rubrik „Slawen" allenfalls „Serben-Wenden", „Tschechen", „Polaken", „Illyro-Serben", „Bulgaren" und „Russen" bringt. Die Ostslaven werden damit als eine unter russischem Zepter stehende Einheit erachtet, von Ukrainern und Belarusen ist nicht die Rede.[36]

Der Kartograph Heinrich Kiepert wurde durch seinen „Atlas von Hellas und den hellenischen Kolonien" (1839–1846) und durch seine „Karte von Kleinasien" (1843–1845) bekannt. 1845 übernahm er die Leitung der geographischen Abteilung des Landes-Industrie-Comptoirs, das 1791 von Friedrich Justin Bertuch (1747–1822) zur Förderung der Wirtschaft in Weimar gegründet und 1804 mit einem Geographischen Institut, d.h. einem Verlag für Kartenwerke und Globen, ausgestattet worden war. 1852 wechselte Kiepert in den kartographischen Verlag Dietrich Reimer (1818–1899) nach Berlin, wo er den „Neuen Handatlas der Erde" (1857–1860) herausbrachte. 1859 wurde Kiepert Professor für Geographie an der Humboldt Universität in Berlin.

Die von Kiepert bearbeitete Karte „Polen, Westrussland bis zum Dniepr, die Ostseeprovinzen und die Nieder-Donauländer nebst einer Übersicht der Theilungen von Polen" erschien 1849 in erster Auflage auf zwei Blättern mit einer zusätzlichen Erläuterung und 1859 noch einmal in revidierter Fassung auf einem Blatt. Laut Verlag sollte die Karte bei militärischen und han-

---

35 Heinrich Berghaus: Ethnographische Karte von Eüropa. Gotha 1847. Online: Vilnius University Library. Digital Collections, https://kolekcijos.biblioteka.vu.lt/en/objects/VUB01_000401962#00001 (letzter Zugriff: 27.5.2024); David Rumsey Map Collection, http://www.davidrumsey.com/maps5308.html (letzter Zugriff: 27.5.2024).

36 Heinrich Berghaus: Übersicht von Eüropa mit ethnograph. Begränzung der einzelnen Staaten und den Völker-Sitzen in der Mitte des 19ten Jahrhunderts. In: Ders.: Physikalischer Atlas. Sammlung von Karten, auf denen die hauptsächlichsten Erscheinungen der anorganischen und organischen Natur nach ihrer geographischen Verbreitung und Vertheilung bildlich dargestellt sind. Bd. I-II. Gotha 1845–1848, Bd. II, unpaginiert. Online: Biblioteca Europea di Informazione e Cultura (BEIC), https://preserver.beic.it/delivery/DeliveryManagerServlet?dps_pid=IE1882393 (letzter Zugriff: 27.5.2024).

delspolitischen Interessen eine Orientierung bieten. In einer Haupt- und Nebenkarte wurden die Entwicklung und der aktuelle Zustand der Teilungsgebiete Polen-Litauens dargestellt. Zur Sprache kamen neben Kongresspolen auch

> *die zwischen litthauischer, polnischer und kleinrussischer Bevölkerung geteilten östlichen polnischen Provinzen, welche unter dem gemeinsamen Namen Westrussland zum eigentlichen russischen Reiche geschlagen worden sind.*[37]

„Weiss-Russland" erscheint neben den Landschaften Podlesien/Polesien, Wolhynien und Podolien nur auf der am linken oberen Bildrand platzierten Nebenkarte „Polnisches Gebiet in verschiedenen Zeitperioden". Die Weiße Ruß befindet sich im Wesentlichen auf der Fläche Litauens (ohne die bereits 1772 abgetretenen Gebiete um Witebsk/Vicebsk und Mohilew/Mahilëŭ) und langt von „Nieswicz" (Njasviž) bis „Dorogobush" (Dorogobuž) und „Wjasma" (Vjaz'ma), d.h. über Smolensk hinaus. Auf der Hauptkarte ist Litauen im Zentrum gelegen. Hervorgehoben sind lediglich die Landschaften Galizien, Wolhynien und Podolien. Polesien fehlt. Stattdessen ist südlich von „Dawyd Gorodok" (Davydharadok) die Bezeichnung „Rokitno-Sümpfe" eingetragen (abgeleitet vom ukrainischen Ort Rokytne, besser bekannt als „Pripjet-Sümpfe").

Danach zeichnete Kiepert noch eine „Ethnographische Karte des Kaiserreichs Russland" (*Carte éthnografique de l'Empire de Russie*) für den Sammelband „Ethnographische Beschreibung der Völker Russlands" (*Description ethnographique des peuples de la Russie*), den der in russischen Diensten stehende Ethnograph Gustave Theodor Pauly 1862 edierte. Kieperts Karte bildete „Weißrussland" mit Smolensk, aber ohne das Wilnagebiet und ohne das Brester Gebiet ab. In der Legende wurde von den „Russen Weiß-Rußlands" (*R[usses] de la Russie Blanche*) gesprochen.[38]

Ausgehend von den Impulsen, die Berghaus und Kiepert setzten, formte der „Putzger", der 1877 als „Historischer Schul-Atlas" auf den Markt kam und nach dem Zweiten Weltkrieg als „Historischer Weltatlas" fortgeführt wurde, den deutschen Blick auf die Region zwischen Polen und Russland. In der Tat machte sich der seit 1875 im sächsischen Rochlitz tätige Lehrer Friedrich Wilhelm Putzger (1849–1913) im wahrsten Sinne des Wortes einen Namen. Zwar bemühte er sich 1876 an der Universität Leipzig erfolglos, seinen Beitrag für die Neuauflage des „Physikalisch-statistischen Atlasses des deutschen Reiches" als Dissertation einzureichen. Doch wurde er vom Leipziger Verlag Velhagen & Klasing mit der Erstellung eines historischen Atlasses für den Schulunterricht betraut. Als sich der Verlag im Interesse des kommerziell erfolgreichen Projekts später noch bemühte, mit dem Leipziger Gymnasiallehrer Alfred Baldamus (1856–1908) einen kompetenten Bearbeiter für die älteren Epochen zu gewinnen, zog sich Friedrich Putzger 1888 aus dem Unternehmen zurück. Sein Name blieb als Marke für ein Werk erhalten, zu dem er inhaltlich nur den Anstoß gegeben hatte.

---

37 Heinrich Kiepert: Polen, Westrussland bis zum Dniepr, die Ostseeprovinzen und die Nieder-Donauländer nebst einer Übersicht der Theilungen von Polen. Weimar 1849. Online: Bibliothèque nationale de France. Gallica, https://gallica.bnf.fr/ark:/12148/btv1b53099761p (letzter Zugriff: 28.5.2024). Revidirt [sic] 1859. Online: Münchener Digitalisierungszenrum, https://www.digitale-sammlungen.de/de/view/bsb00149554?page=,1 (letzter Zugriff: 27.5.2024).

38 [Roderich von Erckert:] Carte éthnografique de l'Empire de Russie par R. d'Erckert. Dessinées par H. Kiepert. Berlin 1862. Online: Library of Congress, https://www.loc.gov/resource/gdclccn.2018688983/?sp=70&r=-0.381,-0.008,1.566,0.758,0 (letzter Zugriff: 26.6.2024).

Für Friedrich Putzger selbst spielte die Weiße Ruß keine Rolle. Unter seiner Ägide tauchten in der Originalausgabe des „Historischen Schul-Atlas" Themen wie die „Entwicklungen der Vereinigten Staaten" oder „Die Erweiterungen des russischen Reichs seit 1462" nur ganz am Rande auf, nämlich gemeinsam auf dem letzten Blatt. In der Russland-Karte sind die vom Königreich Polen einverleibten Gebiete schlicht als „Litthauen" überschrieben.[39] „Weißrussland" rückte im Atlas erst 1896 auf einer Karte zu den „Teilungen Polens" in den Blick, und zwar als Gebiet der ersten Teilung von 1772. Der Schriftzug „Weißrussland" findet sich nördlich der Linie Minsk-„Mohilew" (Mahilëŭ); „Schwarzrussland" ist zentral zwischen Brest (Brėst) und Minsk angesiedelt, „Podlesien" (Polesien) ist südlich der Linie Brest-Pinsk eingetragen.[40]

Die „Weißrussen" (so die Legende) oder „Weiß-Russen" (so die Karte) tauchten erst 1901 auf einer „Völkerkarte Mittel- und Südosteuropas" auf. In der Legende werden die „Ostslaven (Russen)" einheitlich unter einer grünen Markierung gelistet, gemeint sind „Weißrussen, Kleinrussen mit Ruthenen". Auf der Karte finden sich die „Weiß-Russen" am „Njemen" (Memel; zwischen „Białystok"/Białystok und „Grodno"/Hrodna sowie im Einzugsbereich von „Brest-Litowsk"/Brėst und „Pinsk"), die „Kleinrussen" südlich der „Pripet" (Prypjat) und die „Ruthenen" südlich des „Dnjestr" (Dnister). In den Varianten nach dem Ersten Weltkrieg wurde graphisch zwischen „Russen", „Weiß-Russen" und „Kleinrussen/Ukrainern" unterschieden. Den „Weiß-Russen" wurden dabei die Gebiete zwischen „Białystok" (Białystok), „Grodno", „Wilna" (Vilnius), „Witebsk" (Vicebsk) und Smolensk zugewiesen. Sie sind nicht mehr in der Gegend von „Brest-Litovsk" und „Pinsk" zu finden.[41]

Nach dem Ersten Weltkrieg erschien „Weißrußland" beiläufig auf Karten, die Entwicklungen seit der Frühen Neuzeit wiedergeben. In der Karte „Europa im 16. Jahrhundert (1559)" werden das durch eine türkise Binnengrenze geschiedene Königreich Polen und das Großfürstentum Litauen durch eine gelbe Umrandung wieder zusammengefasst. Im litauischen Bereich finden sich „Weißrußland" bei „Minsk" und „Mohilew" (Mahilëŭ) und „Schwarzrußland" bei Nowogrodek (Navahrudak) und „Pinsk" sowie „Podlesien" (Polesien) an der „Pripet" (Prypjat). „Kleinrußland" ist zwischen „Kijew" (Kyjiv) und „Perejaslaw" (Perejaslav) eingetragen (westlich davon Wolhynien und Podolien und südlich davon die Ukraine und die Kosaken), „Rotrußland" auf polnischer Seite nördlich von Lemberg.[42] Die Karte „Entwicklung Rußlands 1300–1914" unterscheidet zwischen „Neu-Weiß-Rußland" von „Dünaburg" (Daugavpils) bis „Mohilew" (Mahilëŭ), „Weiß-Rußland" von „Polozk" (Polack) bis „Komel" (Homel'), „Schwarz-Rußland"

---

39 Die Erweiterungen des russischen Reichs seit 1462. In: F. W. Putzger's Historischer Schul-Atlas zur alten, mittleren und neuen Geschichte. Bielefeld/Leipzig 1877, Nr. 27. Online: Georg-Eckert-Institut/GEI-digital, https://gei-digital.gei.de/viewer/image/PPN683327607/30/LOG_0029/ (letzter Zugriff: 16.10.2024).

40 Die Teilungen Polens. In: F. W. Putzgers Historischer Schul-Atlas zur alten, mittleren und neuen Geschichte. Hrsg. v. Alfred Baldamus, Ernst Schwabe. 21. Aufl. Bielefeld/Leipzig 1896, S. 25 rechts oben. Online: Georg-Eckert-Institut/GEI-digital, https://gei-digital.gei.de/viewer/image/PPN679404570/86/LOG_0032/ (letzter Zugriff: 16.10.2024).

41 Völkerkarte von Mittel- und Südosteuropa. In: F. W. Putzger's Historischer Schul-Atlas zur alten und neuen Geschichte. Bearbeitet und hrsg. v. Alfred Baldamus und Ernst Schwabe. 29., mit der verm. und verb. 25. im wesentlichen übereinstimmende Aufl. Bielefeld und Leipzig 1905, S. 29. Online: Maproom.org, https://maproom.org/00/01/present.php?m=0067 (letzter Zugriff: 18.7.2024). Aktualisierte Version in: F. W. Putzgers Historischer Schul-Atlas Große Ausgabe. Bearbeitet und hrsg. v. Alfred Baldamus, Ernst Schwabe und Julius Koch. 44. Aufl. Bielefeld/Leipzig 1923, S. 114. Online: Maproom.org, https://maproom.org/00/19/present.php?m=0114 (letzter Zugriff: 18.7.2024).

42 Europa im 16. Jahrhundert (1559). In: F. W. Putzgers Historischer Schul-Atlas. Große Ausgabe. Bearbeitet und hrsg. v. Alfred Baldamus, Ernst Schwabe und Julius Koch. 44. Aufl. Bielefeld/Leipzig 1923, S. 82/83. Online: Maproom.org, https://maproom.org/00/19/present.php?m=0082 (letzter Zugriff: 18.7.2024).

zwischen „Slonim" und „Pinsk", „Rot-Rußland" unterhalb von „Zamosc" (Zamość) und „Kleinrußland" im Norden oder „Ukraine" im Süden von "Kiew" (Kyjiv). Unterhalb der Linie „Minsk"-„Mohilew" findet sich der Eintrag „Russen", an der Mündung des Dnjepr der Eintrag „Saporogische Kosaken".[43] In der Karte „Der Weltkrieg V: Europa nach dem Weltkriege", die in der Ausgabe von 1923 erschien, war von der 1922 gegründeten Union der Sozialistischen Sowjetrepubliken (UdSSR) noch nicht die Rede. Interessanterweise wurde die 1919/20 als Rumpfstaat um das Zentrum Minsk gegründete Sozialistische Sowjetrepublik *Belarus'* (SSRB) als „Weißrußland" bezeichnet. Der aus politischem Interesse während des Krieges präferierte Begriff „Weißruthenien" ist von den Machern des Putzger offenbar nicht zur Kenntnis genommen worden.[44]

*

Im Zeitalter der Weltkriege wurde im deutschen Sprachraum der Begriff „Weißruthenien" popularisiert, um eine Differenz zwischen „Weiß-Russland" und Polen einerseits und dem Zarenreich und der Sowjetunion andererseits herzustellen. Es handelte sich um akademische Bemühungen, die in die Verwaltungssprache Eingang fanden, für das gegen „die Russen" gerichtete Feindbild der Soldaten aber keine Rolle spielte. Weniger bekannt ist die Tatsache, dass der Begriff „Weißruthenien" von einem prominenten polnischen Politiker in Umlauf gebracht worden war.

Der Sozialist Leon Wasilewski (1870–1936) hatte in der Zeit des Ersten Weltkrieges die Rolle des führenden Experten für die polnischen Ostgebiete inne. Seine Stimme fand Gehör, als es bei der Wiedererrichtung des polnischen Staates um die Grenzziehung ging. Wasilewski gehörte seit den 1890er Jahren zur Polnischen Sozialistischen Partei. Während des Ersten Weltkriegs war er Mitglied in der Polnischen Militärorganisation und im Polnischen Nationalkomitee. 1918/19 fungierte Wasilewski als polnischer Außenminister. Als Mitarbeiter von Józef Piłsudski (1867–1935) nahm er 1921 an der Friedenskonferenz von Riga teil, die die Grenze zwischen der Zweiten Polnischen Republik und Sowjet-Russland absteckte.

Von „Weißrussen oder eigentlich Weißruthenen" ist erstmals in der Broschüre „Die nationalen und kulturellen Verhältnisse im sogenannten Westrußland" zu lesen, die Wasilewski 1915 in deutscher Sprache in Wien veröffentlichte. Sie erschien in der Reihe „'Polen'. Wochenschrift für polnische Interessen", die von dem Professor der Jurisprudenz an der Jagiellonen-Universität in Krakau (Kraków) und Vorsitzenden des Polnischen Obersten Nationalkomitees in Galizien, Ladislaus Leopold von Jaworski (Władysław Leopold Jaworski; 1865–1930), herausgegeben wurde. In der Borschüre thematisierte Wasilewski die Russifizierung der ehemals polnischen „nordöstlichen" und „südöstlichen Gebiete", nämlich „Litauen und Weißrussland" einerseits und „Volhynien, Podolien und Kijew" andererseits.[45]

Den Begriff „Weißruthenien" (*Biała Ruś*) führte Wasilewski dann 1917 in der vom Polnischen Obersten Nationalkomitee vertriebenen Übersetzung seiner Studie „Die Ostprovinzen des alten Polenreichs" (*Kresy Wschodnie*) in die Debatte ein:

---

43 Entwicklung Rußlands 1300–1914. In: Ebd., S. 98/99. Online: Maproom.org, https://maproom.org/00/19/present.php?m=0098 (letzter Zugriff: 18.7.2024).
44 Der Weltkrieg V: Europa nach dem Weltkriege. In: Ebd., S. 142-143. Online: Maproom.org, https://maproom.org/00/19/present.php?m=0142 (letzter Zugriff: 18.7.2024).
45 Leon Wasilewski: Die nationalen und kulturellen Verhältnisse im sogenannten Westrußland. Wien 1915, S. 7 und 16.

> *Das Land, welches gemeinhin Litauen genannt oder mit dem Doppelnamen Litauen und Weißruthenien bezeichnet wird, in der russischen Amtssprache aber ‚Nordwestgebiet' heisst, ist ein Konglomerat aus mehreren Sprachgebieten.*[46]

Deutscherseits wurde das Besatzungsgebiet an der Ostfront von November 1915 bis Juli 1918 als Gebiet des Oberbefehlshabers Ost oder als Land „Ober Ost" bezeichnet. Dazu zählten sechs Verwaltungsbezirke, neben Kurland, Kowno-Litauen (Kaunas), Suwalki (Suwałki) und Wilna (Vilnius) auch Bialystok (Białystok) und Grodno (Hrodna), seit März 1917 Kurland, Litauen und Bialystok-Grodno. „Weißrussland" im engeren Sinne, also das jenseits der Frontlinie befindliche Gebiet zwischen Minsk und Mahilëŭ, war nicht vertreten. Um die Differenz zwischen „Weißruthenen" und Polen einerseits sowie Russen andererseits zu stärken, betrieben die Besatzer dennoch eine aktive Kulturpolitik, indem sie die belarusische Sprache an den Schulen und in der Publizistik förderten.[47]

Das Auswärtige Amt war zudem daran interessiert, das Zarenreich vor der internationalen Öffentlichkeit als „Vielvölkergefängnis" bloßzustellen. Dabei machte es sich die „Liga der Fremdvölker Rußlands" zunutze, die im April 1916 von den deutsch-baltischen Baronen Friedrich von der Ropp (1879–1964), Bernhard von Uexküll (1850–1922) und dem Litauer Juozas Gabrys (1880–1951) gegründet worden war. Die Liga unterhielt mit deutscher Unterstützung Büros in Berlin, Bern und Stockholm. Ihr offizielles Anliegen war die Emanzipation der Nationalitäten des Zarenreichs, de facto konzentrierte sie sich aber darauf, die internationale Presse und namhafte Politiker durch propagandistische Verbreitung von Informationen gegen Russland einzunehmen. So wurde 1916 die Veröffentlichung des Sammelbandes „Kennen Sie Rußland?" als angebliche „deutsche Übersetzung" eines nachträglich erstellten schwedischen Originals „Russland wie es ist" (*Ryssland sådant det är*) betrieben.[48]

Im sechsseitigen Beitrag „Kennen Sie die Weißruthenen?" wird der Begriff ohne jegliche Erklärung als Alternative zur Bezeichnung „Weißrussen" eingeführt. Mit einer Ursprungslegende, die die Ethnogenese auf Kriwitschen und Dregowitschen zurückführt und die Herrschaftsbildung mit Skandinaviern oder Goten in Verbindung bringt, wurde ein in germanischem Sinne bestehender Anspruch auf Eigenstaatlichkeit unterstrichen.[49] Vom 9. bis zum 13. Jahrhundert hätten die „Weißruthenen" ihre Selbständigkeit gegen Russen und Ukrainer zu verteidigen gehabt. Vom 13. bis zum 18. Jahrhundert hätten sie dem Großfürstentum Litauen die Amtssprache verliehen. Danach seien sie im Zarenreich einer Russifizierung erlegen gewesen, deren Höhepunkt 1839 in der Eingliederung ihrer Unierten Kirche in die Russisch-Orthodoxe Kirche samt Verbots der weißruthenischen Sprache in der Liturgie gewesen sei. Die russische

---

46 Zitat: *Kraj, który w języku potocznym nazywa się Litwą lub nosi miano podwójne – Litwy i Białej Rusi, w urzędowym języku rosyjskim „Kraj Północno Zachodni", stanowi konglomerat kilku terytoryów etnograficznych.* Leon Wasilewski: Kresy Wschodnie. Litwa i Białoruś. Podlasie i Chełmszczyzna. Galicya Wschodnia. Ukraina. Warszawa/Kraków 1917, S. 4. Ders.: Die Ostprovinzen des alten Polenreichs (Lithauen u. Weissruthenien – die Landschaft Chełm – Ostgalizien – die Ukraina). Krakau 1916 [Deckblatt 1917], S. 20/21.

47 Vgl. Das Land Ober Ost. Deutsche Arbeit in den Verwaltungsgebieten Kurland, Litauen und Bialystok-Grodno. Hrsg. im Auftrage des Oberbefehlshabers Ost. Bearbeitet von der Presseabteilung Ober-Ost. Stuttgart/Berlin 1917.

48 Kennen Sie Rußland? Verfaßt von zwölf russischen Untertanen. Deutsche Übersetzung der schwedischen Ausgabe „Ryssland sådant det är" und der amerikanischen Ausgabe „Do you know Russia?" mit einer ethnographischen Karte Rußlands. Hrsg. v. der „Liga der Fremdvölker Rußlands". Berlin 1916.

49 Ebd., S. 140.

Herrschaft hätte demnach Entrechtung und Vernachlässigung verheißen.[50] Auf der beigefügten „Völkerkarte von Rußland", die sich an den Karten von Lubor Niederle (1912) respektive Efim Karskij (1903) und der Moskauer Dialektologischen Kommission (1914) orientiert, wird den „Weißruthenen" ein Territorium zugewiesen, das im Osten großzügig ausgelegt ist, im Nordwesten und Südwesten aber Abstriche beim Wilnagebiet und in West-Polesien macht.[51]

Ergänzend dazu veröffentlichte der österreichische Kartograph und Verleger Gustav Freytag (1852–1938) während des Ersten Weltkrieges eine „Völkerkarte von Europa", die von Arthur Haberlandt (1889–1964) bearbeitet worden war. Der Wiener Privatdozent Haberlandt war 1911 promoviert und 1914 habilitiert worden. Seine aktive Teilnahme am Ersten Weltkrieg verband er mit Forschungen in Südosteuropa. Von 1924 bis 1945 war Haberlandt Direktor des Österreichischen Museums für Volkskunde. Nach dem 1938 erfolgten „Anschluss" Österreichs an das Dritte Reich unterstützte er als Parteimitglied die Politik der NSDAP.

In der Legende zu „G. Freytags Völkerkarte von Europa" werden „Großrussen und Weißrussen" zusammengefasst und mit 77 Millionen beziffert. Als eigenständig erscheinen die „Ukrainer (Kleinrussen, Ruthenen)" mit 32 Millionen Angehörigen. In der Karte selbst werden die „Weißrussen" genauso wie die „Großrussen" und die „Ukrainer" als eigene Ethnie geführt. Sie tauchen auf dem Gebiet der heutigen Republik *Belarus*' inklusive Wilna auf. Von „Weißrussland" oder gar „Weißruthenien" ist in der Karte aber nicht die Rede.[52]

Ungeachtet dessen lautete der Titel des von dem Journalisten Walter Jäger (1885–1962) im Auftrag der Rada der Belarusischen Volksrepublik (BNR) 1919 herausgegebenen Sammelbandes „Weißruthenien. Land, Bewohner, Geschichte, Volkswirtschaft, Kultur, Dichtung". Im Vorwort wird auf die stiefmütterliche Behandlung des Landes in der Publizistik hingewiesen.[53] Zu den ethnographischen Grenzen, die im Anhang noch durch ein Exemplar der Karte veranschaulicht werden, die die Rada der BNR zeitgleich in Mitrofan Dovnar-Zapol'kijs Broschüre über die „Grundlagen der belarusischen Staatlichkeit" veröffentlichen ließ, heißt es:

> *Diese sind ... scharf und eindeutig. Besonders gilt dies von der weißruthenisch-litauischen Grenze, [...]. Wilna [Vilnius] liegt dabei stets im weißruthenischen Gebiet. Weniger klar ist die Grenze gegen die Ukraine. Am rechten Ufer des Pripet [Prypjat] und bei Brest [Brèst] leben nämlich die Pintschuki, ein Volksstamm, der zwischen Weißruthenen und Ukrainern steht. [...]. Die Ostgrenze steht nicht unbedingt fest, doch geben die meisten Gelehrten sie so an, wie die Karte sie zeigt.*[54]

Mit dem Hinweis, dass „Weißruthenien" ein Gebiet von 300.000 Quadratkilometern beanspruchen könne und dadurch bedeutender sei als das ethnographische Polen wertete Jäger das Land nicht nur auf, er unterstützte sogar den Anspruch der Belarusischen Volksrepublik auf ihre Wunschgrenzen. Ungeachtet dessen verschwand die *Belarus*' spätestens mit der Gründung der Sowjetunion wieder vollends aus der deutschen Wahrnehmung. Das bis weit über den Horizont

---

50 Ebd., 140-144.
51 Ebd., Anhang.
52 G. Freytags Völkerkarte von Europa. Bearbeitet von Arthur Haberlandt, Privatdozent für Ethnographie. Wien [1915 o 1918]. Online: Yale University Library. Digital Collections, https://collections.library.yale.edu/catalog/15259170 (letzter Zugriff: 28.5.2024); Illinois Library. Digital Collections, https://digital.library.illinois.edu/items/f0764df0-17c7-0137-6b56-02d0d7bfd6e4-1#?c=0&m=0&s=0&cv=0&r=0&xywh=-1810%2C-1%2C7619%2C3173 (letzter Zugriff: 28.5.2024).
53 Walter Jäger (Hrsg.): Weißruthenien. Land, Bewohner, Geschichte, Volkswirtschaft, Kultur, Dichtung. Berlin 1919, S. 3.
54 Ebd., S. 6/7.

des Zweiten Weltkriegs hinausreichende Verharren des Putzger auf dem Wissensstand von 1923 ist dafür ein beredtes Zeugnis.

Im Zweiten Weltkrieg wurde der Begriff „Weißruthenien" nach dem deutschen Überfall auf die Sowjetunion propagandistisch wieder aufgegriffen und dadurch bis heute hin belastet. Die Crux bestand zudem darin, dass der Terminus auf ein Verwaltungsgebiet beschränkt wurde, das von der militärischen Funktion her dem Land Ober-Ost des Ersten Weltkriegs und von der Fläche her dem Rumpfstaat der Sozialistischen Sowjetrepublik *Belarus'* (SSRB) aus der Zeit des Russischen Bürgerkriegs entsprach.

Die nationalsozialistischen Besatzer unterschieden diesseits der Frontlinie das „Reichskommissariat Ostland" und das „Reichskommissariat Ukraine". Zum „Reichskommissariat Ostland" zählten vom 25. Juli 1941 bis zum 2. Januar 1945 neben den drei besetzen baltischen Staaten auch die westlichen Teile der Belarusischen Sozialistischen Sowjetrepublik (BSSR), namentlich die Generalbezirke Estland, Lettland, Litauen und „Weißruthenien". Polesien – das „Land am Wald" oder die Region der Sumpf- und Feuchtgebiete an der Prypjat – wurde hingegen dem „Reichskommissariat Ukraine" angeschlossen. Während des Rückzuges der Wehrmacht aus der Sowjetunion Anfang 1944 wurden die ehemals im Südwesten der BSSR gelegenen Gebiete um Brest (Brėst), Kobrin (Kobryn) und Pinsk dann aber doch noch dem „Generalbezirk Weißruthenien" zugeschlagen.

Vor diesem Hintergrund wundert es nicht, dass die erste deutsche Gesamtdarstellung der belarusischen Kultur und Geschichte einer illustren Figur zuzuschreiben ist. Die Rede ist von Eugen von Engelhardts (1899–1948) Buch „Weißruthenien. Land und Volk" von 1943.[55] Der Autor stammte aus einem deutsch-baltischen Adelsgeschlecht und war unter russischer Herrschaft auf einem Gut in Kurland nahe Dünaburg (Daugavpils) aufgewachsen. Im Herbst 1918 war er unter deutscher Besatzung als Kriegsfreiwilliger in die Reichswehr eingetreten und bei einem Sonderstab in Minsk und Orša zum Einsatz gekommen. Von 1922 bis 1925 hatte er an der Forstlichen Hochschule in Eberswalde studiert. Danach hatte er von 1926 bis 1927 in der Forstverwaltung der Provinz Niederschlesien in Breslau gearbeitet. Während der Weltwirtschaftskrise war er in Australien tätig gewesen. Weil er nach seiner 1931 erfolgten Rückkehr in die Republik Lettland in die Nationalsozialistische Deutsche Arbeiterpartei (NSDAP) eingetreten war, wurde er 1934 vom autoritären Regime des Kārlis Ulmanis (1877–1942) aus Lettland ausgewiesen. Fortan arbeitete von Engelhardt für verschiedene Propagandaorganisationen in Berlin. Auch wenn er sich zwischendurch immer wieder auf sein kurländisches Gut zurückzog, versuchte er dennoch, sich dem nationalsozialistischen Regime als Ostexperte anzubiedern. Nach dem deutschen Überfall auf Polen im September 1939, der die vorübergehende Preisgabe Lettlands an die Sowjetunion einschloss, fungierte von Engelhardt als Übersetzer für die Wehrmacht. Nach dem deutschen Überfall auf die Sowjetunion im Juni 1941 unterstützte er das „Reichskommissariat Ostland".[56] So gesehen ist Engelhardts zwielichtiges Buch heute nicht nur von historiographischem Interesse. Es stellt zum einen eine kenntnisreiche allgemeine Landeskunde dar und bietet zum anderen detaillierte Einblicke eines Zeitzeugen in die Entwicklungen der belarusischen Tagespolitik.

*

---

55 Eugen von Engelhardt: Weißruthenien. Volk und Land. Amsterdam/Prag/Wien 1943.
56 Vgl. I. I. Barinov: Albruthenica incognita. Neizvestnye stranicy germano-belorusskich otnošenij 1914–1944. Moskva/S.-Peterburg 2023, S. 178-210.

Nach dem Zweiten Weltkrieg taten sich vereinzelt belarusische Emigranten vor allem in der englischsprachigen Wissenschaft hervor. Bei der Übertragung der Bezeichnung ihres Heimatlandes *Belarus'* in die englische Sprache hatten sie sich wohl oder übel dem russozentristischen Blick des Kalten Krieges anzuschließen und mussten sich dabei zwischen der US-amerikanischen und der britischen Schreibweise für „Belorussia" oder „Byelorussia" entscheiden. Die Russifizierung der Sprache manifestierte sich in der Deutschen Demokratischen Republik in ähnlicher Weise durch die Einführung des Wortes „Belorußland" für das in der Bundesrepublik Deutschland weiterhin in Gebrauch gebliebene „Weißrußland".[57]

Am 1950 in München gegründeten „Institut zur Erforschung der Geschichte und Kultur der UdSSR" erschien von 1955 bis 1960 die Zeitschrift *Belaruski zbornik* („Belarusische Sammlung") mit den teils wegweisenden, teils anrüchigen Untertiteln *Belorussian review* und *Weißruthenische Rundschau*. Die 1954 in London gegründete „Anglo-Byelorussian (Belarusian) Society" (*Anhielska-belaruskaje tavarystva*) legte 1968 mit dem *Journal of Byelorussian Studies* nach. Seit der Wiederauflage der 1988 eingestellten Zeitschrift im Jahre 2013 lautet der Titel *Journal of Belarusian Studies*.

Im Sinne der „Anglo-Byelorussian Society" veröffentlichte der aus Minsk stammende Geologe und Bibliothekar Vitaut Kipel (1927–2022) zusammen mit seiner Frau, der Philologin Zora Kipel (1927–2003) 1988 das Nachschlagewerk „Byelorussian Statehood. Reader and Bibliography" (New York 1988). Vitaut Kipel hatte seine Kindheit in der Zeit der stalinistischen Repressionen in der Region Vjatka in Russland verbracht und war während der deutschen Okkupation mit seinen Eltern wieder in die belarusische Heimat seiner Familie zurückgekehrt. Am Ende des Zweiten Weltkrieges war Kipel zunächst nach Deutschland und Belgien emigriert. Bevor er 1955 in die USA übersiedelte, hatte er die Universität Tübingen und die Katholische Universität in Louvain besucht. Schließlich promovierte er an der Rutgers University in New Jersey in Mineralogie. Von 1962 bis 1982 war er Bibliothekar in der New York Public Library. Monographien, die die Bezeichnung „Byelorussia" im Titel tragen, finden sich in Vitaut Kipels Publikationsverzeichnis noch bis 2011.[58]

Als Spiritus rector der US-amerikanischen *Belarus'*-Forschung ist der in Tul'čyn in der westlichen Ukraine geborene Nikolaj Platonovič Vakar (Nicholas P. Vakar; 1894–1970) zu bezeichnen. Vakar hatte zur Zarenzeit an den Universitäten von Kiev (Kyjiv) und Moskau eine Juristenausbildung absolviert. Als aktiver Teilnehmer im Bürgerkrieg gegen die Bolschewiki war er 1920 ins Pariser Exil gegangen. Dort war er 1924 in die Redaktion der liberalen Tageszeitung *Poslednie novosti* („Letzte Neuigkeiten") aufgenommen worden. Nach der nationalsozialistischen Besetzung Frankreichs emigrierte Vakar 1940 in die USA, wo er an der Boston University zu unterrichten begann. 1945 promovierte er an der Harvard University in slavischer Philologie. Von 1946 bis 1965 war er Professor für Russische Philologie am Wheaton College in Norton/Massachusetts und der Ohio State University. 1956 veröffentlichte Vakar die erste englische Gesamtdarstellung der belarusischen Geschichte mit dem programmatischen Titel „Belorussia. The Making of a Nation" (Cambridge, Mass. 1956), 1966 folgte „A Bibliographical Guide to Belorussia" (Cambridge, Mass. 1966). Dem von Vakar eingeschlagenen Weg entsprechend er-

---

[57] Zu nennen sind die auf eine Partnerschaft zwischen der Friedrich-Schiller-Universität Jena und der Belarusischen Staatsuniversität Minsk zurückgehenden Veröffentlichungen, d.h. der Sammelband „Zur Geschichte der BSSR und der deutsch-belorussischen Beziehungen" (Jena 1981) und M. P. Baranovas und N. G. Pavlovas „Kurze Geschichte der Belorussischen Sozialistischen Sowjetrepublik" (Jena 1985).

[58] Zuletzt erschien noch Leonid Reins „The Kings and the Pawns. Collaboration in Byelorussia during World War II." (New York/Oxford 2011).

schienen an den nordamerikanischen Universitäten noch bis ins Jahr 2017 Studien mit der Bezeichnung „Belorussia" im Titel.[59]

*

Nach der Umwandlung der Belarusischen Sozialistischen Sowjetrepublik (BSSR) in die Republik Belarus am 25. August 1991 und der Auflösung der Sowjetunion am 8. Dezember 1991 ging die angloamerikanische Politik- und Sozialwissenschaft konsequent voran, indem sie bei der Auseinandersetzung mit einem neuen Staat den aktuellen Ländernamen verwendete.[60] Da beide Disziplinen mit Gegenwartsgesellschaften befasst sind, bot sich die Bezeichnung „Belarus" von selbst an. Allerdings fiel bei der Umschrift aus dem Kyrillischen das eine feminine Bedeutung anzeigende Weichheitszeichen am Wortende unter den Tisch (Беларусь). Wie dem auch sei: In Deutschland taten sich die Geisteswissenschaften ungleich schwerer von alten Gewohnheiten abzulassen und sich in ihrer Russophilie mit der Weißen Ruß/*Belarus'* anzufreunden.

Der Verlauf des sich in der angloamerikanischen Forschung in den 1990er Jahren vollzogenen Paradigmenwechsels von „Byelorussia" zu „Belarus" lässt sich in augenfälliger Weise an den Titeln der literaturwissenschaftlichen Standardwerke von Arnold Barratt McMillin (geb. 1941) ablesen. McMillin promovierte 1971 an der University of London mit einer Arbeit, die er unter dem Titel „The Vocabulary of the Byelorussian Literary Language in the Nineteenth Century" (London 1973) veröffentlichte. Von 1976 bis 2006 lehrte er an den Universitäten von Liverpool und London Slavistik. Legte McMillin 1977 mit „A History of Byelorussian Literature. From its Origins to the Present Day" (Gießen 1977) die erste englische Gesamtdarstellung vor, begann er sich 1999 mit der Studie „Belarusian Literature in the 1950s and 1960s. Release and Renewal" (London 2010) auf die zeitgenössische Literatur zu konzentrieren.

Maßstäbe setzten für die angloamerikanische Geschichtswissenschaft zudem zwei Arbeiten des Historikers und Publizisten Jan Zaprudnik (Sergiusz Wilczycki/Siarhej Vil'čycki, 1926–2022), nämlich die 1993 veröffentlichte Gesamtdarstellung „Belarus. At a Crossroads in History" (Boulder/San Francisco/Oxford 1993) und das 1998 erschienene Nachschlagewerk „Historical Dictionary of Belarus" (Lanham, Md./London 1998). Zaprudnik stammte aus der Kleinstadt Mir, die in der Zwischenkriegszeit zu den Ostgebieten der Zweiten Polnischen Republik gehörte. Als Angehöriger des Weißruthenischen Jugendwerks war er 1944 ins nationalsozialistische Deutschland geflohen, wo er kurz vor Kriegsende in die „30. Waffen-Grenadier-Division der SS (weißruthenische Nr. 1)" eingetreten war. 1954 hatte er in Belgien die Historische Fakultät der Katholischen Universität in Louvain abgeschlossen. Danach war er in München für Radio Free Europe und für das Institut zur Erforschung der Geschichte und Kultur der UdSSR tätig gewesen Schließlich emigrierte Zaprudnik 1957 in die Vereinigten Staaten, wo er 1969 über belarusi-

---

59 Zu nennen sind Anika Walkes „Pioneers and Partisans. An Oral History of Nazi Genocide in Belorussia" (Oxford/New York 2015), David und Mary Elizabeth Glantzs „Battle for Belorussia. The Red Army's Forgotten Campaign of October 1943-April 1944" (Lawrence, Kansas 2016) und Andrew Sloins „The Jewish Revolution in Belorussia. Economy, Race, and Bolshevik Power" (Bloomington/Indianapolis 2017).
60 Zu nennen sind David R. Marples' „Belarus. From Soviet Rule to Nuclear Catastrophe" (New York 1996) und Astrid Sahms „Transformation im Schatten von Tschernobyl. Umwelt- und Energiepolitik im gesellschaftlichen Wandel von Belarus und der Ukraine" (Münster 1999).

sche Repräsentanten in der zarischen Staatsduma promovierte. Die Arbeit veröffentlichte er von 1971 bis 1985 in einer Artikelserie im Londoner *Journal of Byelorussian Studies*.[61]

In Deutschland entdeckte in den 1990er Jahren eine neue Historikergeneration im Zuge der postsowjetischen „Archivrevolution", dass sich die Geschichte „der russischen Juden" oder des „Krieges gegen die Sowjetunion" in einer Region abgespielt hatte, die zum ehemaligen zarischen Ansiedlungsrayon gehörte. Es handelte sich um die Territorien der litauischen Juden und der belarusischen wie ukrainischen Bauern. Vor diesem Hintergrund erschienen erstmals Doktorarbeiten, die im Titel die Bezeichnung „Weißrußland" verwendeten.[62] Schulbildend wirkte ein 2001 von Dietrich Beyrau und Rainer Lindner herausgegebener Sammelband, der sich großspurig „Handbuch der Geschichte Weißrußlands" (Göttingen 2001) nannte.

Fatale Folgen hatte indes die Rechtschreibreform von 1996, die im Sinne Johann Christian August Heyses (1764–1829) eine Reduzierung des für die Belarus-Forschung relevanten Eszett vorsah. Demnach folgt nach einem langen Vokal oder einem Diphthong ein stimmloser s-Laut als „ß", nach einem kurzen Vokal aber ein „ss". Bot sich den phonetischen Gewohnheiten entsprechend ein Wechsel von der alten Variante „Rußland" zur neuen Variante „Russland" an, wirkte sich diese Lösung für die „Weiße Ruß" (oder „Belaruß") fatal aus: sie wurde mit dem „ss" regelrecht zu „Weiß-Russland" degradiert.[63]

*

Zu einem Zeitpunkt, als die ehemaligen Ostblockstaaten in die Europäische Union strebten und Putin seine Losung von der „russischen Welt" (*russkij mir*) verkündete, wurde in der deutschen Geschichtswissenschaft mit der Verwendung des Begriffes „Weißrussland" immer noch einer Erfindung von Putzgers Nachfolgern gehuldigt – vielleicht auch nur um dem nationalsozialistischen Missbrauch des Wortes „Weißruthenien" zu entgehen. Dabei hat der „Historische Schul-Atlas" oder „Historische Weltaltlas" auch nach dem Zweiten Weltkrieg nur die bis zur 44. Auflage von 1923 etablierte Darstellung fortgeschrieben. Konzeptionelle Überarbeitungen

---

61 Begriffsgeschichtlich sind darüber hinaus noch Umwege der angloamerikanischen Forschung zu bilanzieren. So führte die in der Militärgeschichte des Zweiten Weltkrieges verwendete Landesbezeichnung „White Russia" in eine Sackgasse. Und der nach dem Muster der „Belarusan-American Association (Bielaruska-Amierykanskaje Zadzinočan'nje, BAZA)" gepflegte Gebrauch des Ethnonyms „Belarusan" stellte nur eine gelegentlich in Anspruch genommene Variante dar. Zu nennen sind Vitaut Kipels „Belarusans in the United States" (Lanham, Md./New York/Oxford 1999), Paula Maria Survillas „ Of Mermaids and Rocksingers. Placing the Self and Constructing the Nation through Belarusan Contemporary Music (New York/London 2002) und Vadim Kukushkins „From Peasants to Labourers: Ukrainian and Belarusan Immigration from the Russian Empire to Canada" (Montreal et al. 2007).

62 Zu nennen sind neben Bernhard Chiaris „Alltag hinter der Front. Besatzung, Kollaboration und Widerstand in Weißrußland 1941–1944" (Düsseldorf 1998) und Christian Gerlachs „Kalkulierte Morde. Die deutsche Wirtschafts- und Vernichtungspolitik in Weißrußland 1941 bis 1944" (Hamburg 1999) auch Rainer Lindners „Historiker und Herrschaft. Nationsbildung und Geschichtspolitik in Weißrußland im 19. und 20. Jahrhundert" (München 1999).

63 Zu nennen sind Hans-Christian Diedrichs „'Auf dem Weg zur Glaubenseinheit ...'. Reformationsgeschichte Weißrußlands" (Erlangen 2005), Christophe von Werdts „Stadt und Gemeindebildung in Ruthenien. Okzidentalisierung der Ukraine und Weißrußlands zwischen Spätmittelalter und früher Neuzeit" (Wiesbaden 2006), Alexander Brakels „Unter Rotem Stern und Hakenkreuz: Baranowicze 1939 bis 1944. Das westliche Weißrussland unter sowjetischer und deutscher Besatzung" (Paderborn u.a. 2009) und Babette Quinkerts „Propaganda in Weißrussland 1941–1944. Die deutsche ‚geistige' Kriegführung gegen Zivilbevölkerung und Partisanen" (Paderborn u.a. 2009).

erfolgten lediglich in der 100. Auflage 1979 und der 105. Auflage 2021.[64] Der Teufel steckte dabei im Detail:

1. In der Karte „Europa im 16. Jahrhundert" wurden noch „Weißrussland" und „Schwarzrussland" unterschieden, ‚Rotrußland/Rotreußen' fand aber keine Erwähnung mehr.[65]
2. In der Karte „Die Teilungen Polens im 18. Jahrhundert" wurden in missverständlicher Weise die russischen Gouvernements ergänzt. Sie wurden auf die Teilungsgebiete bezogen, aber nicht in den Verwaltungsgrenzen wiedergegeben. Damit erstreckt sich das „Gouvernement Weißrussland" auf die russischen Gewinne von 1772, das „Gouvernement Minsk" auf die russischen Gewinne von 1793 und das „Gouvernement Litauen" auf die russischen Gewinne von 1795. Zudem wurde der Eintrag „Weißrussland" auf die Gebietserweiterungen von 1772 und 1793 beschränkt. Dadurch langt die *Belarus'* nicht mehr, wie noch in der Kartographie des Zarenreichs, in das Gebiet von Smolensk hinein. Abgesehen davon findet sich beim habsburgisch kontrollierten Königreich Galizien und Lodomerien wieder der Eintrag „Rotreußen".[66]
3. In der Karte „Rußland 1462–1917. Vom Großfürstentum Moskau bis zum Ende des Russischen Reiches" tauchte in der 100. Auflage neben Warschau (Warszawa) der Schriftzug „Polen" auf, Litauen oder die *Belarus'* fanden aber keine Erwähnung. In der 105. Auflage wurden in der Karte „Das russische Zarenreich" Polen und Litauen genannt, aber nicht die *Belarus'*.[67]
4. In den Karten „Die Verteilung der Sprachen in Mittel-, Ost- und Südeuropa um 1910" respektive „Sprachverteilung und Krisenherde nach dem Ersten Weltkrieg" wurde das ursprüngliche Modell verändert, indem im Nordwesten der *Belarus'* Arreale mit polnischer Bevölkerung hervorgehoben wurden. Im Südwesten wurde der *Belarus'* ganz Polesien mit Brest und Pinsk zugeschlagen. Während die 100. Auflage von der Sprache als Unterscheidungsmerkmal ausgegangen war und mit der Verwendung des Adjektivs „Weißruthenisch" Regelungen der Zwischenkriegszeit aufgegriffen hatte, besann sich die 105. Auflage auf die Ethnie und listete dementsprechend „Weißrussen" auf.[68]
5. In der 100. Auflage tauchte auf den Karten „Europa zwischen den Weltkriegen" und „Die Sowjetunion nach 1939" die „Weißrussische SSR" auf, in der 105. Auflage auf den Karten „Europa in der Zwischenkriegszeit" und „Europa in der Nachkriegsepoche" ebenfalls. Bei der Zwischenkriegszeit fehlt in beiden Auflagen ein naheliegender Hinweis auf „Westweißrussland", d.h. die „Ostgebiete" (*kresy wsochdnie*) der Zweiten Polnischen Republik.[69]
6. In der 100. Auflage befindet sich Minsk in der Karte „Revolution, Bürgerkrieg und Gründung der UdSSR 1917–1922" unsachgemäß auf der Grenze zwischen Polen und der Russländischen Sozialistischen Föderativen Sowjetrepublik (RSFSR). In der 105. Auflage

---

64 Putzger. Historischer Weltatlas. 100. Aufl. Im Auftrage des Verlages aus Anlaß des hundertjährigen Bestehens dieses Kartenwerkes in Zusammenarbeit mit der CVK-Redaktion Geschichte und Historische Kartographie neu hrsg. v. Walter Leisering. Berlin 1979; Putzger. Historischer Weltatlas. Hrsg. v. Cornelsen Verlag. Redaktionelle Gesamtbearbeitung und Karten- und Textautor: Götz Schwarzrock. 105. Aufl. Berlin 2021.
65 Ebd., 100 (1979), S. 66/67 bzw. 105 (2021), S. 106/107.
66 Ebd. 100 (1979), S. 85 bzw. 105 (2021), S. 127.
67 Ebd. 100 (1979), S, 134 bzw. 105 (2021), S. 128/129.
68 Ebd. 100 (1979), S. 99 bzw. 105 (2021), S. 184.
69 Ebd. 100 (1979), S. 110/111 und S. 136 bzw. 105 (2021), S. 182/183.

enthält die Karte „Die Entstehung der Sowjetunion von 1917 bis 1922" eine bei Minsk eingetragene Anmerkungsziffer. Dazu lautet die fehlerhafte Erklärung: „Belorussische SSR (1919)". Tatsächlich lautete die offizielle Bezeichnung bis 1922 „Sozialistische Sowjetrepublik Weißrußland/*Belarus'* (SSRB). Bei „Belorußland" handelte es sich zudem um eine Sprachweise der Deutschen Demokratischen Republik (DDR).[70]

Immerhin haben die Macher des Putzger die weiß-rot-weiße Revolution des Jahres 2020 in der 105. Auflage von 2021 durchaus zu registrieren gewusst. Während die Karte „Die Sowjetunion von 1945 bis zu ihrem Zerfall 1991" noch „Weißrussland" aufführt, wird in der Karte „Europa seit 1990" bereits die Landesbezeichnung „Belarus" genannt. Als Wehrmutstropfen bleibt aber die Missachtung der femininen Bedeutung des Wortes festzuhalten, das in ein grammatisch unpassendes Korsett gepresst wird („2020 Protest gegen Lukaschenko-Regime in Belarus").[71]

*

NB: Im deutschen Sprachraum bemühte sich seit den 1990er Jahren vor allem die Kölner Historikerin Diana Siebert um „die" *Belarus'* oder alternative Begriffe wie „Belaruthenien".[72] Auch der Schreiber dieser Zeilen unternahm an der Justus-Liebig-Universität Gießen bei der Erkundung von historischem Neuland rhetorische Experimente. Lautete der innovative Titel eines Sammelbandes im Jahr 2011 noch „Ein weißer Fleck in Europa … Die Imagination der Belarus als Kontaktzone zwischen Ost und West" (Bielefeld 2011), so hieß der 2013 erschienene Nachfolgeband „Bunte Flecken in Weißrussland. Erinnerungsorte zwischen polnisch-litauischer Union und russisch-sowjetischem Imperium" (Wiesbaden 2013). Die Monographien der 2013 gegründeten Reihe „Historische Belarus-Studien" unterscheiden zwischen der (belarusisierten) Belarusischen Sozialistischen Sowjetrepublik der Zwischenkriegszeit und der (russifizierten) Belorussischen Sozialistischen Sowjetrepublik der Nachkriegszeit. Schließlich führte eine konzertierte Aktion von Historiker*innen und Slavist*innen im Revolutionsjahr 2020 zu einem einheitlichen Statement, das im Sammelband „Belarus-Reisen. Empfehlungen aus der deutschen Wissenschaft" seinen Niederschlag fand.[73]

---

70 Ebd. 100 (1979), S. 135 bzw. 105 (2021), S. 186.
71 Putzger. Historischer Weltatlas. Hrsg. v. Cornelsen Verlag. Redaktionelle Gesamtbearbeitung und Karten- und Textautor: Götz Schwarzrock. 105. Aufl. Berlin 2021, S. 220 und S. 228/229.
72 Zu nennen sind Diana Sieberts Monographien „Bäuerliche Alltagsstrategien in der Belarusischen SSR (1921–1941)" (Stuttgart 1998) und „Herrschaftstechniken im Sumpf und ihre Reichweiten. Landschaftsinterventionen und Social Engineering in Polesien von 1914 bis 1941" (Wiesbaden 2019).
73 Vgl. Thomas M. Bohn/Marion Rutz (Hrsg.): Belarus-Reisen. Empfehlungen aus der deutschen Wissenschaft. Wiesbaden 2020.

Zusammenfassung

„Weißrussland oder Belarus", lautet die Frage. Keine der beiden Varianten ist korrekt, heißt die Antwort![1] Im Koordinatennetz von Zeit und Raum hat die Denkfigur der Weißen Ruß nämlich Zuschreibungen erfahren, die der Sache nicht immer gerecht werden. Wenn wir die Vorstellungen nachvollziehen, die diese Denkfigur in historischen Karten und alten Geschichtswerken eingenommen hat, können wir mit einem vereinfachten Raster fünf Etappen festhalten.

Im 13./14. Jahrhundert entdeckte der Deutsche Orden die Weiße Ruß, als er an der Grenze zur Novgoroder Republik im Gebiet von Pleskau (Pskov) auf die sprichwörtliche Wildnis stieß. Im 15./16. Jahrhundert verlegten polnische Kartographen die Weiße Ruß in das Moskauer Großfürstentum, um damit das östliche Europa zu akzentuieren. Im 17./18. Jahrhundert versuchte das Zarenreich seinerseits die Gegend von Smolensk als Weiße Ruß zu vereinnahmen, indem es sich auf historische Ansprüche gegenüber Polen-Litauen besann. Im 19. Jahrhundert zählte das Petersburger Imperium die Gouvernements von Mogilev und Vitebsk zu den Kernländern der Weißen Ruß, weil hier der polnische Einfluss über die Jahrhunderte gering geblieben war. Im 20. Jahrhundert konzentrierten die Bolschewiki die Weiße Ruß im Rahmen einer sowjetischen Republikgründung auf die Hauptstadt Minsk. Unter diesen Voraussetzungen stellen wir fest, dass die Weiße Ruß vom 13. bis zum 18. Jahrhundert vom Nordosten in den Südwesten wanderte. Sie bezog im 19. und 20. Jahrhundert ihre endgültige Position, wobei sie sich ihre Heimat erst vom östlichen Rand her erschloss, um dann im Zentrum ihren festen Wohnsitz zu beziehen.

Aus der Retrospektive stellt sich die Weiße Ruß nicht nur als Denkfigur, sondern auch als Erinnerungsort dar. Während Zeitgenossen ursprünglich als außenstehende Beobachter eine Kontrastfolie ihres eigenen kulturellen Horizonts kreierten, suchten Patrioten retrospektiv als unmittelbar Betroffene Kristallisationspunkte einer kollektiven Vergangenheit. Im Laufe der Zeit verwandelte sich die Weiße Ruß damit von einem Objekt zu einem Subjekt der Geschichte. Maßgeblich war dabei die Position zwischen Litauen und Moskau. Im Endeffekt haben wir es mit einer Region zu tun, die vier Jahrhunderte zur Polnisch-Litauischen Union und nur zwei Jahrhunderte zum Russländisch-Sowjetischen Imperium gehörte. In der Quintessenz manifestierte sich die Geschichte der Weißen Ruß in der transnationalen Lebenswelt der polnischen Gutsbesitzer, ruthenischen Bauern, jüdischen Händler und russischen Beamten, die bis zum Zweiten Weltkrieg Bestand hatte.

Mehrere Faktoren sprechen dafür, die Geschichte der Weißen Ruß im eigentlichen Sinne erst im 16. Jahrhundert beginnen zu lassen. Da die Denkfigur der Weißen Ruß nichts mit den Traditionen der Kiewer Rus zu tun hat, steht sie grundsätzlich außerhalb des Denkschemas

---

[1] Im Januar 2025 beantwortete eine Arbeitsgruppe der russischen Wikipedia diese Frage kurz vor der Präsidentenwahl in der Republik Belarus mit der Anpassung der Staatsbezeichnung an die Landessprache. „Weißrussland" (*Belorussija*) hat sich damit im Russischen vorerst erübrigt.

einer kontinuierlichen russländischen Geschichte. Basale Voraussetzungen einer selbständigen Geschichte sind jenseits der Herrschaftsformen die Kultur und das Territorium. Zum einen leitete Francisk Skorinas (Francišak Skarynas) Bibelübersetzung von 1517 eine Blütephase der altruthenischen Kultur ein. Zum anderen konstituierte sich in der Lubliner Union von 1569 eine eigene ruthenische Geschichtslandschaft. Das lag nicht zuletzt auch daran, dass die ukrainischen Gebiete aus dem Großfürstentum Litauen ausschieden und in die Verwaltung der Krone Polen übergingen.

Wenn wir der Weißen Ruß einen Namen geben wollen, dann können wir die Aussagen von Historiographen und Kartographen verallgemeinern und uns über Bindestrich-Worte an die Sache herantasten. Auf den Punkt gebracht wurde die Weiße Ruß wie folgt umschrieben: In der Frühen Neuzeit konstituierte sie sich innerhalb der lateinischen Hemisphäre als „Weiß-Ruthenien". Zwischen Litauen und Moskowien hin- und hergerissen verstand sie sich in einer Übergangsphase als „Weiß-Reußen". In der Neuesten Zeit gerierte sie sich innerhalb der orthodoxen Welt als „Weiß-Rußland".

Nehmen wir die Sache ernst und untersuchen den Wandel der Weißen Ruß vom Objekt zum Subjekt, dann müssen wir relevante Selbstzeugnisse miteinander kombinieren. Dabei kommen wir zu einer einfachen Lösung: Ein mit einer politischen Idee verbundener Eigenname rückt zwar erst 1891 in Francišak Bahuševičs Sammlung volkssprachlicher Erzählungen auf die Agenda. Doch präsentierte sich die zuvor mit dem Diktum der Wildnis überzogene Weiße Ruß in der Radziwiłł-Karte von 1613 erstmals als Kulturlandschaft. Es handelte sich um ein Netz fürstlicher Residenzen und adliger Städte, die über ein geregeltes Flusssystem Produkte der Land- und Holzwirtschaft exportierten. Im Unterschied dazu interessierte sich Bahuševič eher für die Zwischenräume der Dörfer, in denen die „einfache Sprache" (*prosta mova*) gesprochen wurde, das heißt für die Welt der Bauern. Als Bezugspunkte dienten Bahuševič einerseits der polnische Begriff *Białoruś* respektive „Weißruthenien" und andererseits der russische Terminus Белоруссия respektive „Weißrußland". Daraus kreierte er den Landesnamen *Biełaruś* oder Беларусь. Dieser konnotiert die Pflege von Traditionen des Großfürstentums Litauen im Sinne einer Kontaktzone zwischen dem Westen und dem Osten Europas und könnte daher auch mit „Belaruthenien" wiedergegeben werden.

Will man den mittlerweile nur noch kyrillisch geschriebenen Namen in der gängigen wissenschaftlichen Transliteration wiedergeben, darf das Weichheitszeichen am Ende des Wortes nicht vergessen werden. Es steht für eine feminine Bedeutung. Damit lautet die Landesbezeichnung schlicht und einfach: „die" *Belarus'*. Wird die Reduzierung des Eszett durch die deutsche Rechtschreibreform revidiert, kommt man zu dem phonetisch adäquaten Ausdruck *Belaruß*. Sollte man eine leichter an die deutsche Grammatik anzupassende Alternative bevorzugen, böte sich noch der Neologismus „Belarusien" an.[2] Auf jeden Fall bleibt für die wissenschaftliche Debatte eine bewährte Denkfigur: die Weiße Ruß.

---

2 Vgl. Thomas M. Bohn: Stadt – Land – Fluss. Wanderungen durch Belarusien. In: Ders./Marion Rutz (Hrsg.): Belarus-Reisen. Empfehlungen aus der deutschen Wissenschaft. Wiesbaden 2020, S. 35-51.

Auswahlbibliographie

I. Atlanten

Appendix theatri A. Ortellii et Atlantis G. Mercatoris continens Tabulas geographicas diversarum Orbis regionum. Nunc primum editas cum descriptionibus. Amsterdam 1631.

Atlas etnographique des provinces habitées en totalité ou en partie par des polonais par R. d'Erkert. St. Petersburg 1863.

Atlas Historique, Ou Nouvelle Introduction à l'Histoire, à la Chronologie & à la Géographie Ancienne & Moderne; Représentée dans de Nouvelles Cartes, Où l'on remarque l'établissement des Etats & Empires du Monde, leur durée, leur chûte, & leurs differens Gouvernemens. Par M. C… [sic]. Avec des dissertations sur l'histoire de chaque État, par M. Gueudeville. Tome IV. Qui comprend le Dannemarck, la Suede, la Pologne, la Moscovie, la Turque, etc. Amsterdam 1714.

Atlas narodonaselenija zapadno-russkogo kraja po ispovedanijam, sostavlen pri Ministerstve vnutrennych del v kancljarii Zavedujuščego ustrojstvom pravoslavnych cerkvej v zapapdnych gubernijach Izd. 2-oe, ispravl. i dop. S.-Peterburg 1864.

Berghaus, Heinrich: Physikalischer Atlas. Sammlung von Karten, auf denen die hauptsächlichsten Erscheinungen der anorganischen und organischen Natur nach ihrer geographischen Verbreitung und Vertheilung bildlich dargestellt sind. Bd. I-II. Gotha 1845–1848.

Historyčny atlas Belarusi. T. 1: Belarus' ad staražytnych časoŭ da knaca XVIII st. Varšava/Minsk 2008.

Mercator, Gerardus: Atlas sive cosmographicae meditations de fabrica mundi et fabricati figura. Duisburg 1595.

Putzger. Historischer Weltatlas. 100. Aufl. Im Auftrage des Verlages aus Anlaß des hunderjährigen Bestehens dieses Kartenwerkes in Zusammenarbeit mit der CVK-Redaktion Geschichte und Historische Kartographie neu hrsg. v. Walter Leisering. Berlin 1979.

Putzger. Historischer Weltatlas. Hrsg. v. Cornelsen Verlag. Redaktionelle Gesamtbearbeitung und Karten- und Textautor: Götz Schwarzrock. 105. Auflage. Berlin 2021.

Rossija. Geografičeskoe opisanie Rossijskoj Imperii po gubernijam i oblastjam s geografičeskimi kartami. S.-Peterburg 1913.

Rossijskoj atlas iz soroka trech kart sostojaščij i na sorok odnu guberniju Imperiju razdeljajuščij. S.-Peterburg 1800.

Vjaliki historyčny atlas Belarusi. T. 1-4. Minsk 2009–2018.

W. Putzgers Historischer Schul-Atlas zur alten, mittleren und neuen Geschichte. Bielefeld/Leipzig 1877. Hrsg. v. Alfred Baldamus, Ernst Schwabe. 21. Aufl. 1896. Bielefeld/Leipzig 1896. Bearbeitet und hrsg. v. Alfred Baldamus und Ernst Schwabe. 29., mit der verm. und verb. 25. im wesentlichen übereinstimmende Aufl. Bielefeld und Leipzig 1905. Bearbeitet und hrsg. v. Alfred Baldamus, Ernst Schwabe und Julius Koch. 44. Aufl. Bielefeld/Leipzig 1923.

II. Karten (in chronologischer Reihenfolge)

[Die Ebstorfer Weltkarte – um 1300]. Online: Leuphana Universität Lüneburg. Hyperimage, https://warnke.web.leuphana.de/hyperimage/EbsKart/#O9999/ (letzter Zugriff: 11.6.2024).

[Fra Mauro:] Mappa mundi [1459]. Online: Biblioteca Nazionale Marciana, https://bibliotecanazionalemarciana.cultura.gov.it/la-biblioteca/il-patrimonio/patrimonio-librario/il-mappamondo-di-fra-mauro (letzter Zugriff: 2.5.2024).

[Nicolaus Cusanus:] Quod picta est parva germania tota tabella: Et latus italie gelidas quod prospicit alpes: Savromatum que truces populi: gentes que profundo Vicine adriaco: pelopis regnum que vetusti: Pannonios et findit agros qua frigidus hister: Atque licaonios terrarum quicquid in axes Veraxes it: et equoreas rhodanus qua verberat undas Gracia sit cuse nicolao, etc. Eichstätt 1491. Nachdruck in: Otto Henne am Rhyn: Kulturgeschichte des deutschen Volkes. Bd. I. Berlin 1897, S. 421.

[Beneventanus, Marcus:] Tabula moderna Polonie, Ungarie, Boemie, Germanie, Russie. In: Claudii Ptholemei Alexandrini philosophi Cosmographia. Rom 1507, unpaginiert.

[Schott, Johannes:] Tabula Moderne Sarmatie Eur. Sive Hungariae, Polonie, Russie, Prussie et Valachie. In: Claudii Ptolemei viri Alexandrini Mathematice discipline Philosophi doctissimi Geographie opus. Straßburg 1513, unpaginiert.

[Magnus, Olaus:] Carta marina et Descriptio septemtrionalium terrarum ac mirabilium rerum in eis contentarum, diliegentissime elaborata. Venedig 1539.

[Herberstein, Sigismund:] Moscovia Sigismundi Liberi Baronis in Herberstein, Neiperg et Gutenhag anno M.D. XLIX. [Wien 1549].

Anthonius Wied candido lectori S. Moscovia quae & Alba Russia non contenta Europae Sarmatiae parte. Franciscus Hogenb. ex vero sculpsit 1570.

[Strubicz, Maciej:] Magni ducatus Lithuaniae Livoniae et Moscoviae descriptio. In: Martini Cromeri Varmiensis Episcopi Polonia: Sive De Origine Et Rebus Gestis Polonorum: Libri XXX. Köln 1589, zwischen Widmung und S. 1.

[Mercator, Gerardus:] Russia cum confinijs. In: Gerardus Mercator: Atlas sive cosmographicae meditations de fabrica mundi et fabricati figura. Duisburg 1595, XXVI.

[Mercator, Gerardus:] Lithuania. In: Gerardus Mercator: Atlas sive cosmographicae meditations de fabrica mundi et fabricati figura. Duisburg 1595, XXVII.

[Radziwiłł-Wandkarte von 1613:] Magni Ducatus Lithuaniae, Caeterarumque Regionum Illi Adiacentium Exacta Descriptio. Amsterdam 1613.

[Radziwiłł-Atlaskarte von 1631 in vier Teilen:] Magni Ducatus Lithuaniae, Caeterarumque Regionum Illi Adiacentium Exacta Descriptio. In: Appendix theatri A. Ortellii et Atlantis G. Mercatoris continens Tabulas geographicas diversarum Orbis regionum. Nunc primum eidtas cum descriptionibus. Apud Giljelmum Blaeuw. Amsterdam 1631.

[Radziwiłł-Atlaskartevon 1738 in zwei Teilen:] Magni Ducatus Lithuaniae, Caeterarumque Regionum Illi Adiacentium Exacta Descriptio. In: Le theatre du monde ou novvell atlas contenant les chartes e des descriptions de tou le païs de la terre. Mis en lumier par Guillaume et Iean Blaeu. Amsterdami. Apud Guiljelmum et Iohannem Blaeu. 1738.

[Beauplan, Guillaume le Vasseur:] Nova totius Regni Poloniae Magnique Ducatus Lituaniae cum suis Palatinabus Ac Confiniis Exacta Delineatio per G. Le Vasseur de Beauplan. Danzig 1651.

[Beauplan, Guillaume le Vasseur:] Nova totius Regni Poloniae, Magniq Ducatus Prussiae et Lithuaniae, cum suis Palatinatibus ac Confiniis. Apud Danckerum Danckerts. Exacta delineato per G. le Vaßeur de Beauplan S.R.M.tis Architectum milit. et Capitaneum. Amsterdam [nach 1657].

Abbeville, Nicolas Sanson d': Partie de Lithuanie ou sont en partie les Palatinats de Minsk, et Mseislaw. Paris 1665.

Abbeville, Nicolas Sanson d': Partie de Lithuanie ou sont les Palatinats de Poloczk, Witepsk, Mseislaw et partie de Minsk avec le Duché de Smolensko. Paris 1665.

[Beauplan, Guillaume le Vasseur:] Nova totius Regni Poloniae Magnique Ducatus Lituaniae cum suis Palatinabus Ac Confiniis Exacta Delineatio per G. Le Vasseur de Beauplan. Nuremberg 1675.

Abbeville, Nicolas Sanson d': Estats de Pologne subdivisés suivant l'estendue des palatinats. Paris 1679.

[Allard, Carel:] Regni Poloniae, Magni Ducatus Lithuaniae Coeterarumque Regi Poloniae Subditarum Regionum Tabula; in omnes suos Ducatus, Palatinatus etc. divisa et in lucem edita à Carolo Allard. Amsterdam [zwischen 1683 und 1706].

[Schenk, Peter:] Friderico Augusto Vere Augusto Polon., Lithuan., Borus., Pomer., Regi, Duci, Principi Saxon. Utr. Duci, S. Imp. Elect. Haec Imperii Sui Regna D. D. D. P. Schenkius. Amsterdam [ca. 1705].

[Chatelain, Henri Abraham:] Carte de Pologne avec la chronologie des rois et des ducs de Lithuanie, ainsi que des grands maitres de l'Ordre Teutonique, les evechez et archevechez, et les armes de provinces, avec une table de bailles, et de villes, les plus considerables de Pologne. [Paris 1712]. Nachdruck in: Atlas Historique, Ou Nouvelle Introduction à l'Histoire, à la Chronologie & à la Géographie Ancienne & Moderne; Représentée dans de Nouvelles Cartes, Où l'on remarque l'établissement des Etats & Eempires du Monde, leur durée, leur chûte, & leurs differens Gouvernemens. Par M. C… [sic]. Avec des dissertations sur l'histoire de chaque État, par M. Gueudeville. Tome IV. Qui comprend le Dannemarck, la Suede, la Pologne, la Moscovie, la Turque, etc. Amsterdam 1714, unpaginiert.

[Mayer, Tobias:] Magni Ducatus Lituaniae in suos Palatinatus et Districtus Divisus, [Nachdruck 1795: delineatus a Rever Patre Ioanne Nieprecki Soc. Jesu], simulque exactiore locorum positione, quantum fieri potuit correctus a Tobia Majero. Nürnberg 1749.

[Mayer, Tobias:] Mappa Geographica Regni Poloniae ex novissimis quotquot sunt mappis specialibus composita et ad LL. stereographicae projectionis revocata a Tob. Mayero. Nürnberg 1750.

Karta putešestvija Eja Imperatorskago Veličestva v Belorusskija namestničestva v 1780 godu. S.-Peterburg 1780.

Naruszewicz, Adam: Panowanie narodow slowianskich od Wolgi az do Elby i Sali od wieku VI az do IX po chrystusie. In: Ders.: Historia narodu polskiego od początku chrześcijaństwa. T. 1 z rękopisów Biblioteki Puławskiej i J. Sierakowskiego wyd. Cz. 1–2. Warszawa 1824, Cz. 1, zwischen S. 232 und 233.

Naruszewicz, Adam: Polska za pierwszych xiążąt czyli w IXym i Xym wieku chrystusie. In: Ders.: Historia narodu polskiego od początku chrześcijaństwa. T. 1 z rękopisów Biblioteki Puławskiej i J. Sierakowskiego wyd. Cz. 1–2. Warszawa 1824, zwischen S. 584 und 585.

Berghaus, Heinrich: Übersicht von Eüropa mit ethnograph. Begränzung der einzelnen Staaten und den Völker-Sitzen in der Mitte des 19ten Jahrhunderts. In: Ders.: Physikalischer Atlas. Sammlung von Karten, auf denen die hauptsächlichsten Erscheinungen der anorganischen und organischen Natur nach ihrer geographischen Verbreitung und Vertheilung bildlich dargestellt sind. Bd. I-II. Gotha 1845–1848, Bd. II, unpaginiert.

Berghaus, Heinrich: Ethnographische Karte von Eüropa. Gotha 1847.

Kiepert, Heinrich: Polen, Westrussland bis zum Dniepr, die Ostseeprovinzen und die Nieder-Donauländer nebst einer Übersicht der Theilungen von Polen. Weimar 1849.

[Keppen, Petr:] Ėtnografičeskaja karta Evropejskoj Rossii, sostavlena Petrom Keppenom. S.-Peterburg 1851.

Keppen, Petr: Ob ėtnografičeskoj karte Evropejskoj Rossii. 2-oe izd. S.-Peterburg 1853.

[Erckert, Roderich von:] Carte éthnographique de l'Empire de Russie par R. d'Erckert. Dessinées par H. Kiepert. Berlin 1862.

[Erckert, Roderich von:] Tableau Ethnographique. In: Atlas etnographique des provinces habitées en totalité ou en partie par des polonais par R. d'Erkert capitaine aux gardes, membre effectig de la societé géographique impérile de Russie. St. Petersburg 1863, Tafel I.

[Erckert, Roderich von:] Russes. In: Atlas etnographique des provinces habitées en totalité ou en partie par des polonais par R. d'Erkert capitaine aux gardes, membre effectig de la societé géographique impérile de Russie. St. Petersburg 1863, Tafel III.

[Rittich, A. F.:] Ėtnografičeskaja Karta Evropejskoj Rossii sostavil po poručeniju Imperatorskogo Russkogo Geografičeskogo Obščestva dejstvitel'nyj člen onogo A. F. Rittich pod nabljudeniem special'noj komissii iz Vice-predsedatelja Imperatorskogo Geografičeskogo Obščestva P. P. Semenova. S.-Peterburg 1875.

Die Erweiterungen des russischen Reichs seit 1462. In: F. W. Putzger's Historischer Schul-Atlas zur alten, mittleren und neuen Geschichte. Bielefeld/Leipzig 1877, Nr. 27.

Nord u. Ost-Europa im Jahre 1310. In: Historischer Schul-Atlas zur alten, mittleren und neueren Geschichte. Bearbeitet von Heinrich Kiepert und Carl Wolff. Berlin 1879, Nr. 20.

Mittel Europa im Jahre 1477. In: Historischer Schul-Atlas zur alten, mittleren und neueren Geschichte. Bearbeitet von Heinrich Kiepert und Carl Wolff. Berlin 1879, Nr. 23.

Mitteleuropa im Jahre 1650. In: Historischer Schul-Atlas zur alten, mittleren und neueren Geschichte. Bearbeitet von Heinrich Kiepert und Carl Wolff. Berlin 1879, Nr. 29.

Mitteleuropa nach dem Reichsdeputationshauptschluss im Jahre 1803. In: Historischer Schul-Atlas zur alten, mittleren und neueren Geschichte. Bearbeitet von Heinrich Kiepert und Carl Wolff. Berlin 1879, Nr. 32.

Ėtnografičeskaja karta russkogo naroda v Evropejskoj Rossii i Avstrii s pokazaniem plemennych ego podrazdelenij na velikorussov, malorussov i belorussov, a takže s pokazaniem mestožitel'stva litovskogo naroda v Rossii i Prussii i pol'skogo naroda v Rossii, Prussii i Avstrii. In: M. O. Kojalovič: Čtenija po istorii Zapadnoj Rusi. Izd. 3-'e. Priložena ėtnografičeskaja karta. S.-Peterburg 1884, Anhang.

Rittich, A. F.: Litva i Belorussija. In: Ders.: Slavjanskij mir. Istoriko-geografičeskoe i ėtnografičeskoe issledovanie. Varšava 1885, S. 24.

Karta gubernii vilenskoj, grodnenskoj, kovenskoj, vitebskoj, mogilevskoj i minskoj s pokazaniem granic Belorussii i Litvy. In: Belorussija i Litva. Istoričeskie sud'by Severo-Zapadnogo kraja. Izd. P. N. Batjuškovym. S. Peterburg 1890. Izdannaja P. N. Batjuškovym v 1890 g. kniga posvjaščena cerkovnoj, voennoj i političeskoj istorii Belarusi s drevnejšich vremen do XIX v. Minsk 2004, Anhang.

Karskij, E. F.: Ėtnografičeskaja karta belorusskogo plemeni. I. Granica belorusskoj oblasti. II. Belorusskie govory. In: Ders.: Belorussy. T. I. Vvedenie v izučenie jazyka i narodnoj slovesnosti. Varšava 1903, Anhang.

Karta verchnego podneprov'ja i Belorussii. In: Rossija. Polnoe geografičeskoe opisanie našego otečestva. Nastol'naja i dorožnaja kniga dlja russkich ljudej. Pod red. V. P. Semenova i pod obščim rukovodstvom P. P. Semenova i V. I. Lamanskogo. T. IX. Verchnee Podneprov'e i Belorussija. S.-Peterburg 1905. Nachdruck: Minsk 2006, Anhang.

[Niederle, Lubor:] Národopisná mapa Slovanstva. Sestavil Lubor Niederle. Praha 1912.

Dialektologičeskaja karta russkogo jazyka v Evrope. Sostavlena členami Moskovskoj Dialektologičeskoj Komissii, sostojaščej pri Otdelenii russkogo jazyka i slovesnosti Akademii Nauk: N. N. Durnovo, N. N. Sokolovym i D. N. Ušakovym. Ispolnena členom I.R.G. Ob-va I. P. Poddubnym. Izd. Imperatorskogo Geografičeskogo Obščestva. Petrograd 1914.

Völkerkarte von Rußland. In: Kennen Sie Rußland? Verfaßt von zwölf russischen Untertanen. Deutsche Übersetzung der schwedischen Ausgabe „Ryssland sådant det är" und der amerikanischen Ausgabe „Do you know Russia?" mit einer ethnographischen Karte Rußlands. Hrsg. v. der „Liga der Fremdvölker Rußlands". Berlin 1916, Anhang.

[Karskij, E. F.:] Ėtnografičeskaja karta belorusskago plemeni. Sostavlen v 1917 g. In: Ėtnografičeskaja karta belorusskogo plemeni. Sostavil E. F. Karskij. Petrograd 1917 (Trudy Komissii po izučeniju plemennogo sostava naselenija Rossii 2), Anhang.

Karta Belaruskaj Narodnaj Rėspubliki/Carte de la République Democratique Blanche-Ruthénienne. In: Downar-Zapolski, M.: Les bases de l'Etat de la Ruthénie Blanche. Mémoire publié par les ministère des affaires etrangères de la République Démocratique Blanche-Ruthénienne. Grodno 1919, Anhang. Nachdruck in: Jäger, Walter (Hrsg.): Weißruthenien. Land, Bewohner, Geschichte, Volkswirtschaft, Kultur, Dichtung. Berlin 1919, Anhang.

G. Freytags Völkerkarte von Europa. Bearbeitet von Arthur Haberlandt. Wien [1918].

III. Landesbeschreibungen

Aus Peter Suchenwirt, Heinrich dem Teichner und anderen deutschen Dichtern. In: Scriptores Rerum Prussicarum. Die Geschichtsquellen der preußischen Vorzeit bis zum Untergang der Ordensherrschaft. Hrsg. v. Theodor Hirsch, Max Töppen, Ernst Strehklke. Bd. II. Leipzig 1863, Beilage V, S. 155-178.

Barszczewski, Jan: Szlachcic Zawalnia, czyli Białoruś w fantastycznych opowiadaniach. T. I-IV. Petersburg 1844–1846.

[Batjuškov, P. N. (Izd.):] Belorussija i Litva. Istoričeskie sud'by Severo-Zapadnogo kraja. Izd. P. N. Batjuškovym. S. Peterburg 1890. Izdannaja P. N. Batjuškovym v 1890 g. kniga posvjaščena cerkovnoj, voennoj i političeskoj istorii Belarusi s drevnejšich vremen do XIX v. Minsk 2004.

Belaruskaja Saveckaja ėncyklapedyja. Red. kal. P. U. Broŭka i inš. T. II. Minsk 1970.

Bez-Kornilovič, M. O.: Istoričeskie svedenija primečatel'nejšich mestach v Belorussii s prisovokuplenniem i drugich svedenij k nej že otnosjaščichsja. S.-Peterburg 1855.

Bogdanovič, A. E.: Perežitki drevnego mirosozercanija u belorussov. Ėtnografičeskij očerk. Grodno 1895. Nachdruck: Bogdanovič, Adam: Perežitki drevnego mirosozercanija u belorussov belorusov. Ėtnografičeskij očerk. Moskva 2015.

Bol'šaja Ėnciklopedija. Slovar' obščedostupnych svedenij po vsem otrasljam znanija pod red. S. N. Južakova i P. N. Miljukova. T. 4-yj. Izdateli: Bibliografičeskij Institut (Mejer) v Leipzige i Vene. S. Peterburg 1901.

Bol'šaja sovetskaja ėnciklopedija. Glav. red. O. Ju. Šmidt. T. 5-yj. Moskva 1927.

Bol'šaja sovetskaja ėnciklopedija. Gl. red. S. I. Vavilov. T. 4. 2-oe izd. Leningrad 1950.

Bol'šaja sovetskaja ėnciklopedija. Gl. red. A. M. Prochorov. T. 3. 3-'e izd. Moskva 1970.

[Büsching, Anton:] D. Anton Friderich Büsching[s], ... neue Erdbeschreibung. Erster Theil welcher Dänemark, Norwegen, Schweden, das ganze rußische Kaisertum [5. Aufl.: Reich], Preussen, Polen, Hungarn und die europäische Türkey, mit denen dazu gehörigen und einverleibten Ländern [7. Aufl.: Polen, Galizien und Lodomerien, Ungarn, Siebenbürgen, die europäische Türkei, und den Krimischen Staat], enthält. Hamburg 1754. Vierte Auflage 1760. Fünfte Auflage 1764. Sechste rechtmäßige Auflage 1770. Siebente rechtmäßige Auflage 1777.

[Büsching, Anton:] D. Anton Friderich Büschings, ... Erdbeschreibung. Erster Theil, welcher Dänemark, Norwegen, Schweden, und das russische Reich, enthält. Achte rechtmäßige Aufl. Hamburg 1787. Zweyter Theil, welcher Ost- und West Preußen, Polen und Litauen, Galizien und Lodomerien, Ungarn, die denselben einverleibten Reiche und Siebenbürgen, die Republik Ragusa und das osmanische Reich, enthält. Achte rechtmäßige Aufl. Hamburg 1788.

Buraczok, Maciej [Francišak Bahuševič]: Dudka białaruskaja. Kraków 1891.

Cellarius, Andreas: Regni Poloniae, Magnique Ducatus Lituaniae. Omniumque regionum juri Polonico Subjectorum. Novissima Descriptio. Amsterdam 1659.

[Chancellor, Richard:] Noua Anglorum, ad Moscouitas nauigatio Hugone Willowbeio equite claßis praefecto, et Richardo Cancelero Nauarcho. Authore Clemento Adamo, Anglo. In: Richard Hakluyt: The Principal Navigations, Voiages and Discoveries of the English nation. London 1589, 270-279. Übersetzung: The newe Nauigation and discourserie of the kingdome of Moscouia, by the Northeast, in the yeer 1553: Enterprised by Sir Hugh Willoughbie knight, and performed by Richard Chanceler, Pilot maior of the voyage. Translated out of the former Latin into English. In: Ebd., S. 280-292.

[Chancellor, Richard:] The Voyage of Richard Chancellor. In: Rude & Barbarous Kingdom. Russia in the Accounts of Sixteenth-Century English Voyagers. Ed. by Lloyd E. Berry and Robert O. Crummey. Madison, Milwaukee/London 1968, S. 3-41.

Chronik des Konstanzer Konzils 1414–1418 von Ulrich Richental. Historisch-kritische Edition. Bd. 1: A-Version. Bd. 2: K-Version. Bd. 3: G-Version. Eingeleitet, kommentiert und hrsg. v. Martin Buck. Ostfildern 2020.

[Cromer, Martin:] Martin Cromers Bischoffs von Ermland, Beschreibung des Königreichs Polen. Mit einigen Anmerckungen herausgegeben von Andreas Schott. Dantzig 1741.

[Cromer, Martin:] Martini Cromeri de origine et rebus gestis Polonorum libri XXX. Basileae 1555.

Cromer, Martin: Polonia sive de situ, populis, moribus, magistratibus et Republica regni Polonici libri duo. Secunda editio. Cologne 1578.

[Čubinskij, P. P.:] Trudy ėtnografičesko-statističeskoj ėkspedicii v Zapadno-Russkij kraj, snarjažennoj Imperatorskim Russkim Geografičeskim Obščestvom. Jugo-Zapadnyj otdel. Materialy i issledovanija. sobrannye P. P. Čubinskim. T. I. Vyp. 1. Verovanija i sueverija. Zagadki i poslovicy. Koldovodstvo. Vyp. 2. Poslovicy, zagadki, koldovodstvo. T. II. Malorusskie skazki. T. III. Narodnyj dnevnik (obyčai i obrjady, priuročennye k vremenam goda). T. IV. Obrjady: rodiny, krestiny, svad'ba, pochorony. T. V. Pesni ljubovnye, semejnye, bytovye i šutočnye. T. VI. Narodnye juridičeskie obyčai. T. VII. Vyp. 1. Evrei. Poljaki, Plemena nemalorusskogo proischoždenija. Malorussy (statistika, sel'skij byt, jazyk). Vyp. 2. Malorussy jugo-zapadnogo kraja. S.-Peterburg 1872–1878.

Czarnowska, Marya: Zabytki mitologii słowiańskiej w zwyczajach wiejskiego ludu na Białej Rusi dochowywane. In: Dziennik Wileński (1817) Nr. 4, S. 396-408.

Danilevič, V. E.: Očerki istorii Polockoj zemli do konca XIV st. Kiev 1896.

Danilevič, V. E.: Puti soobščenija Polockoj zemli do konca XIV stoletija. Jur'ev 1898.

Das Land Ober Ost. Deutsche Arbeit in den Verwaltungsgebieten Kurland, Litauen und Bialystok-Grodno. Hrsg. im Auftrage des Oberbefehshabers Ost. Bearbeitet von der Presseabteilung Ober-Ost. Stuttgart/Berlin 1917.

Doŭnar-Zapol'ski, M. V.: Asnovy dzjaržaŭnas'ci Belarusi. Horodno 1919. Nachdruck: Minsk 1994.

Dovnar-Zapol'skij, M. V.: Belorusskoe prošloe. (Po povodu statej A. Pypina, pomeščennych v „Vestnike Evropy" prošlogo goda). In: Ders.: Issledovanija i stat'i. T. I. Kiev 1909, S. 317-345.

Dovnar-Zapol'skij, M. V.: Istorija Belorussii. Minsk 2003. 2-e izd. Minsk 2005. 3. izd., ispr. i dop. Minsk 2011.

Dovnar-Zapol'skij, M. V.: Očerk istorii Krivičskoj i Dregovičeskoj zemel' do konca XII stoletija. Kiev 1891. Moskva 2015.

Downar-Zapolski, M. W.: Die Grundlagen des Staatswesens Weißruthenien. Grodno 1919.

Downar-Zapolski, M.: Les bases de el'Etat de la Ruthénie Blanche. Mémoire publié par les ministère des affaires etrangères de la République Démocratique Blanche-Ruthénienne. Grodno 1919.

Encyclopédie, ou Dictionnaire raisonné des sciences, des arts et des métiers. Publié par Denis Diderot et Jean Le Rond d'Alembert. T. XIV. Paris 1765.

Ėnciklopedičeskij slovar'. Izd. F. A. Brokgauz, I. A. Efron. T. V. S.-Peterburg 1891.

Engelhardt, Eugen von: Weißruthenien. Volk und Land. Amsterdam/Prag/Wien 1943.

Erkert, R. F.: Vzgljad na istoriju i ėtnografiju zapadnych gubernij Rossii. (S atlasom). S.-Peterburg 1864.
Evanhelije in der Übersetzung des Vasil Tjapinski um 1580. Facsimile und Kommentare. Hrsg. v. Heorhi Halenčanka. Paderborn u.a. 2005.
[Fabri, Johann:] Ad Serenissimum Principem Ferdinandum Archiducem Austriae, Moscovitarum iuxta mare glaciale religio, à D. Ioanne Fabri aedita. Basileae 1526.
[Guagnini, Alexander:] Sarmatiae Europeae descriptio, quae regnum Poloniae, Lituaniam, Samogitiam, Russiam, Massoviam, Prussiam, Pomeraniam, Livoniam, et Moschoviae, Tartariaeque partem complectitur Alexandri Guagnini. [Krakau 1578]. Nachdruck: [Speyer] 1581.
Gwagnini, Alexander: Kronika Sármácyey Europskiey, W Ktorey Sie Zamyka krolestwo Polskie ze wszystkiemi Páństwy, Xięstwy, y Prowincyámi svwmi: tudźież też Wielkie Xięstwo Lithew: Ruskie, Pruskie, Zmudzkie, Inflantskie, Moskiewskie y część Tátárow. Kraków 1611.
Georgi, Johann Gottlieb: Geographisch-physikalische und Naturhistorische Beschreibung des Rußischen Reichs zur Uebersicht bisheriger Kenntnisse von demselben. Zweyter Theil. Beschreibung der einzelnen Gouvernements. Zweyte Abtheilung. Königsberg 1799.
Georgi, I. G.: Opisanie vsech obitajuščich v rossijskom gosudarstve narodov, ich žitejskich obrjadov, obyknovenij, odežd, žilišč, upražnenij, zabav, veroispovedanij i drugich dostopamjatnostej. T. I-IV. S.-Peterburg 1799.
Grosses vollständiges Universal-Lexicon Aller Wissenschafften und Künste. Verlegts Johann Heinrich Zedler. Bd. 31. Halle/Leipzig 1742.
Herberstein, Sigismund von: Rerum Moscoviticarum Commentarii. Synoptische Edition der lateinischen und der deutschen Fassung letzter Hand Basel 1556 und Wien 1557. Unter der Leitung von Frank Kämpfer erstellt von Eva Maurer und Andreas Fülberth. Redigiert und hrsg. v. Hermann Beyer-Thoma. München 2007.
Hruševs'kyj, Mychajlo: Das übliche Schema der „russischen" Geschichte und die Frage einer rationellen Gliederung der Geschichte des Ostslawentums. In: Jahrbuch der Ukrainekunde (1982), S. 376-383.
Hruševs'kyj, Mychajlo: Zvyčajna schema 'russkoï' istoriï i sprava racional'noho ukladu istoriï Schidn'noho Slovjanstva. In: Stat'i po slavjanovedeniju. Vyp. I. Izd. 2-oe. Pod red. V. I. Lamanskogo. S-Peterburg 1904, S. 298-304.
Jäger, Walter (Hrsg.): Weißruthenien. Land, Bewohner, Geschichte, Volkswirtschaft, Kultur, Dichtung. Berlin 1919.
Kalajdovič, K. F.: O beloruskom narečii. In: Trudy obščestva ljubitelej rossijskoj slovesnosti (1822) Nr. 1, S. 67-80.
Karskij, E. F.: Belorussy. T. I. Vvedenie v izučenie jazyka i narodnoj slovesnosti. Varšava 1903. T. II. Jazyk belorusskogo plemeni. 1. Istoričeskij očerk zvukov belorusskogo narečija. Varšava 1908. 2. Istoričeskij očerk slovoobrazovanija i slovoizmenenija v belorusskom narečii. Varšava 1911. 3. Očerki sintaksisa belorusskogo narečija. Dopolnenija i popravki. Varšava 1912. T. III. Očerki slovesnosti belorusskogo plemeni. 1. Narodnaja poėzija. Moskva 1916. 2. Staraja zapadnorusskaja literatura. Petrograd 1921. 3. Chudožestvennaja literatura na narodnom narečii. Petrograd 1922. Neudruck unter dem Haupttitel „Belorusy": Minsk 2006/2007.
[Karskij, E. F.:] Ėtnografičeskaja karta belorusskogo plemeni. Sostavil E. F. Karskij. Petrograd 1917 (Trudy Komissii po izučeniju plemennogo sostava naselenija Rossii [Vyp. 2]).
Kennen Sie Rußland? Verfaßt von zwölf russischen Untertanen. Deutsche Übersetzung der schwedischen Ausgabe „Ryssland sådant det är" und der amerikanischen Ausgabe „Do you know Russia?" mit einer ethnographischen Karte Rußlands. Hrsg. v. der „Liga der Fremdvölker Rußlands". Berlin 1916.

Kojalovič, M. O.: Lekcii po istorii Zapadnoj Rusi. Moskva 1864; ders.: Čtenija po istorii Zapadnoj Rusi. Novoe izd., pererab. i dop. s izd. 1864 g. S.-Peterburg 1884. Izd. 3-'e. Priložena ėtnografičeskaja karta. S.-Peterburg 1884.

Križanić, Juraj: Gramatično izkazanje ob ruskom jeziku. 1666. Abdruck der Erstausgabe von 1848/50 besorgt v. Gerd Freidhof. Frankfurt am Main 1976.

Križanić, Juraj: Gramatično izkazanje ob ruskom jeziku. Priredio i uvodnu raspravu napisao Josip Hamm. Zagreb 1984 (Sabrana djela 2).

Kurs Belorussovedenija. Lekcii, čitannye v Belorusskom narodnom universitete v Moskve letom 1918 goda. S bibliografičeskim ukazatelem po každomu voprous i s priloženiem ėtnografičeskoj karty belorusskogo plemeni Akad. E. F. Karskogo. Moskva 1920 (Belorusskij p/otdel otdela prosveščenija nacional'nych men'šinstv N.K.P.).

[Lastoŭski, Vaclaŭ:] Karotkaij historyja Belarusi z 40 rysunkami. Vil'nja 1910. Faksimile Minsk 1992. Lateinische Schrift: Karotkaja historyja Biełarusi z 40 rysunkami. Wilnia 1910.

[Lebedkin, Michail:] O plemennom sostave narodonaselenija Zapadnogo kraja Rossijskoj imperii. In: Vestnik Jugo-Zapadnoj i Zapadnoj Rossii. Istoriko-literaturnyj žurnal. God 1-yj. Oktjabr'. T. II. Kiev 1862, Otd. IV, S. 1-33.

Lelewel, Joachim: Dzieje Litwy i Rusi aż do unii z Polską v Lublinie 1569 zawartej. Opracował Jerzy Ochmański. Wstępek poprzedił Henryk Łowmiański. Warszawa 1969.

Lelewel, Joachim: Historyja Litwy i Rusi aż do unii z Polską v Lublinie 1569 zawartej. Paryż 1839.

Leontovič, F. I.: Očerki istorii litovsko-russkogo prava. Obrazovanie territorii Litovskogo gosudarstva. S.-Peterburg 1894.

Lexykon geograficzny, dla gruntownego poięcia gazet i historyi z różnych autorów zebrany, przetłumaczony i napisany przez x. Hilaryona Karpińskiego. Po śmierci iego, z przydatkiem odmian, które zaszły, z wykładem na początku terminów geograficznych, i słownikiem nazwisk łacińskich na końcu położonym, do druku podany. Wilna 1766.

Ljubavskij, M. K.: Oblastnoe delenie i mestnoe upravlenie Litovsko-Russkogo gosudarstva ko vremeni izdanija Pervogo Litovskogo statuta. Istoričeskie očerki. Moskva 1892.

Ljubavskij, M. K.: Očerk istorii Litovsko-Russkogo gosudarstva do Ljublinskoj unii vključitel'no. Moskva 1910. Izd. 2-oe. Moskva 1915.

Materialy dlja geografii i statistiki Rossii, sobrannye oficeram general'nogo štaba. Vilenskaja gubernija. Sost. A. Korev. S.-Peterburg 1861. Smolenskaja gubernija. Sost. M. Cebrikov. S.-Peterburg 1862. Grodnenskaja gubernija. Sost. P. Bobrovskij. Časť I-II. S.-Peterburg 1863. Minskaja gubernija. Časť I-II. Sost. I. Zelenskij. S.-Peterburg 1864. Černigovskaja gubernija. Sost. M. Domantovič. S.-Peterburg 1865.

[Mehée de la Touche:] Mémoires particuliers, extraits de la correspondance d'un voyageur avec feu M. Caron de Beauchmarchais, sur la Pologne, la Lithuanie, la Russie Blanche, Pétersbourg, Moscow, la Cimée, et., etc. Hambourg 1807.

[Mickiewicz, Adam:] Die Bücher des Polnischen Volkes und der polnischen Pilgerschaft. Aus dem Polnischen des Mickiewicz übersetzt von P.-J. B.-G..g.r. Deutschland [i.e. Paris] 1833.

[Mickiewicz, Adam:] Księgi narodu polskiego i pielgrzymstwa polskiego. Paris 1832.

Mickiewicz, Adam: Pan Tadeusz, czyli ostatni zajazd na Litwie. Historia szlachecka z roku 1811 i 1812 we dwunastu księgach wierszem. Paris 1834.

Mickiewicz, Adam: Pan Tadeusz oder Der letzte Einritt in Litauen. Versepos. Neue deutsche Versübertragung von Walter Schamschula. Stuttgart 2008.

[Miechowita, Maciej:] Tractat von baiden Sarmatien vnd andern an stossenden landen, in Asia vnd Europa, von sitten un gepräuchen der völcker so darinnen wonen. Ain anders von den landen Scithia und den inwonern des selben lands, genannt die Ciarchassi, vast wunderparlich zuhören. [Augsburg 1518].

[Miechowita, Maciej:] Tractatus de duabus Sarmatijs Asiana et Europiana et de contentis in eis. [Krakau 1517].

[Münster, Sebastian:] Cosmographia. Beschreibung aller Länder durch Sebastianum Munsterum … Basel 1544.

[Münster, Sebastian:] Cosmographia, Das ist Beschreibung der ganzen Welt, …, durch den fürtrefflichen und weitberühmbten Herrn Sebastianum Munserum an den Tag gegeben. Basel 1628.

Naruszewicz, Adam: Historia narodu polskiego od początku chrześcijaństwa. T. 2–6: Panowanie Piastów. Warszawa 1780–1785. T. 7: Panowanie Węgrów. Warszawa 1786. T. 1 z rękopisów Biblioteki Puławskiej i J. Sierakowskiego wyd. Cz. 1–2. Warszawa 1824.

[Nosovič, I. I.:] Slovar' belorusskogo narečija. Sostalvlennyj I. I. Nosovičem. S.-Peterburg 1870 (Izdanie Otdelenija Russkogo jazyka i slovesnosti Imperatorskoj Akademii Nauk). Dopolnenie k Belorusskomu slovarju. S.-Peterburg 1881 (Sbornik Otdelenija russkogo jazyka i slovesnosti Imperatorskoj Akademii Nauk 21, Nr. 6). Nachdruck und Nachwort in zwei Bänden von G. Freidhof und P. Kosta. München 1984–1986.

Olearius, Adam: Ausführliche Beschreibung der kundbaren Reyse Nach Muscow und Persien. Schleswig 1663.

Olearius, Adam: Offt begehrte Beschreibung Der Newen Orientalischen Reise. Schleswig 1647. Vermehrte Newe Beschreibung Der Muscowitischen und Persischen Reyse. Schleßwig 1656.

Pauly, T[heodor] de: Description ethnographique des peuples de la Russie. St. Peterburg 1862.

Petreius, Petrus: Historien und Bericht von dem Grossfürstenthumb Muschkow. Leipzig 1620.

Presnjakov, A. E.: Lekcii po russkoj istorii. T. II. Vyp. 1. Zapadnaja Rus' i Litovsko-Russkoe gosudarstvo. Moskva 1939.

Publicistika belorusskich narodnikov. Nelegal'nye izdanija belorusskich narodnikov (1881–1884). [Sost. i podgot. tekstov S. Ch. Aleksandrovič]. Minsk 1983.

Pypin, A. N.: Istorija russkoj ėtnografii. T. I-II. Obščij obzor izučenij narodnosti i ėtnografija velikorusskaja. T. III. Ėtnografija malorusskaja. T. IV. Belorussija i Sibir'. S.-Peterburg 1890–1892.

Razskazy na belorusskom narečii. Vil'no 1863. Nachdruck in: Dzejasłoŭ. Literaturna-mastackae i publicystyčnae vydanne (Minsk 2004) Nr. 9, S. 203-212.

Rittich, A. F.: Slavjanskij mir. Istoriko-geografičeskoe i ėtnografičeskoe issledovanie. Varšava 1885.

Rossija. Polnoe geografičeskoe opisanie našego otečestva. Nastol'naja i dorožnaja kniga dlja russkich ljudej. Pod red. V. P. Semenova i pod obščim rukovodstvom P. P. Semenova i V. I. Lamanskogo. T. IX: Verchnee Podneprov'e i Belorussija. S.-Peterburg 1905. Nachdruck: Verchnee Podneprov'e i Belorussija. Minsk 2006

[Šafařík, Pavel Josef:] Paul Joseph Schafariks Slawische Alterthümer. Hrsg. v. Heinrich Wuttke. Bd. I-II. Leipzig 1843–1844.

Šafarik, P. I.: Slavjanskoe narodopisanie. Per. O. M. Bodjanskogo. Moskva 1843.

Šafařík, Pavel Josef: Slovanské starožitnosti. Praha 1837.

Šafařík, Pavel Josef: Slovanský národopis. Praha 1842.

Sandrart, Jacob: Des Königreichs Pohlen Lands-, Staats- und Zeit-Beschreibung. Sulzbach 1687. Nachdruck: Des Königreichs Pohlen Grundrichtige Lands-, Staats- und Zeitbeschreibung. Nürnberg 1711.

Sapunov, A. P.: Belorussija i belorussy. Čitany v sasedanii Vitebskoj Učenoj Archivnoj Komissii 26-go sentjabrja. Vitebsk 1910.

Sinopsis, Kiev 1681. Facsimile mit einer Einleitung von Hans Rothe. Köln/Wien 1983.

Smolič, Arkadz': Heohrafija Belarusi. Vil'nja 1919. Vyd. 2-oe, značna peraroblenae i dapoŭnae. Vyp. I. Pryroda Belarusi (Fizyčnaja Heohrafija). Vyp. II. Nasjalen'ne Belarusi i jaho haspadarnaja dzejnas'c'. Paasobnyja kraini Belarusi. Vil'nja 1922. 3. vyd., značna peraroblenae i dapoŭnae. Vil'nja 1923. 4 vyd. Mensk 1993.

Špilevskij, P. M.: Putešestvie po Poles'ju i Belorusskomu kraju. Minsk 2004.
[Starowolski, Szymon:] Simonis Starovolsci, Polonia. Köln 1632.
[Starowolski, Szymon:] Simonis Starovolsci Polonia, nunc denuo recognita et aucta. Danzig 1652.
Strahlenberg, Philipp Johann: Das Nord- und Ostliche Theil von Europa und Asia, in so weit solches das gantze Rußische Reich mit Siberien und der grossen Tatarey in sich begriffet. Stockholm 1730.
[Stryjkowski, Maciej:] Kronika Polska, Litewska, Żmódzka i wszystkiéj Rusi Macieja Stryjkowskiego. Wydanie nowe, będące dokładném powtórzeniem wydania pierwotnego królewieckiego z roku 1582, poprzedzone wiadomością o życiu i pismach Stryjkowskiego przez Mikołaja Malinowskiego, oraz rozprawą o latopiscach ruskich przez [Ignacego] Daniłowicza, pomnożone przedrukiem dzieł pomniejszych Stryjkowskiego według pierwotnych wydań. Tom I-II. Warszawa 1846.
[Suchenwirt, Peter:] Peter Suchenwirt's Werke aus dem vierzehnten Jahrhunderte. Ein Beytrag zu Zeit- und Sittengeschichte. Zum ersten Mahle in der Ursprache aus Handschriften herausgegeben, und mit einer Einleitung, historischen Bemerkungen und einem Wörterbuche begleitet von Alois Pimisser. Wien 1827.
Topografičeskie primečanija na znatnejšie mesta putešestvija ee Imperatorskogo Veličestva v Belorusskie namestničestva. S.-Peterburg 1780.
Turčinovič, Io[sif]: Obozrenie istorii Belorussii s drevnejšich vremen. S.-Peterburg 1857.
Wasilewski, Leon: Die nationalen und kulturellen Verhältnisse im sogenannten Westrußland. Wien 1915.
Wasilewski, Leon: Die Ostprovinzen des alten Polenreichs (Lithauen u. Weissruthenien – die Landschaft Chełm – Ostgalizien – die Ukraina). Krakau 1916 [Deckblatt 1917].
Wasilewski, Leon: Kresy Wschodnie. Litwa i Białoruś. Podlasie i Chełmszczyzna. Galicya Wschodnia. Ukraina. Warszawa/Kraków 1917.
Živopisnaja Rossija. Otečestvo naše v ego zemel'nom, istoričeskom, plemennom, ėkonomiėskom i bytovom značenii. Pod obščej red. P. P. Semenova. T. III. Litovskoe i Belorusskoe Poles'e. Čast' 1-aja. Litovskoe Poles'e [Očerk I-X: A. K. Kirkor: Očerk XI: P. P. Semenov]. Čast' 2-aja. Belorusskoe Poles'e [Očerk I-VIII: A. K. Kirkor; Očerk IX: S. V. Maksimov; Očerk X: P. P. Semenov]. S.-Peterburg/Moskva 1882. Reprintnoe vosproizvedenie izdanija 1882 goda. Minsk 1994.

IV. Dokumente

Codex epistolaris Vitoldi Magni ducis Lithaniae 1376–1430. Collectus opera Antonii Prochaska. Cracoviae 1882 (Monumenta medii aevi historica. Res gestas Poloniae illustrantia VI).
Deklaration über die Gründung der Union der Sozialistischen Sowjetrepubliken und Vertrag über die Gründung der Union der Sozialistischen Sowjetrepubliken, 30. Dezember 1922. Online: 100(0) Schlüsseldokumente zur russischen und sowjetischen Geschichte, https://www.1000dokumente.de/index.html?c=dokument_ru&dokument=0004_uni&object=facsimile&trefferanzeige=&suchmodus=&suchbegriff=&t=&l=de (letzter Zugriff: 24.8.2024).
Delo o priezde v Rossiju venicianskogo poslannika Alberta Vimina v 1655–1656 godach. In: Pamjatniki diplomatičeskich snošenij drevnej Rossii s deržavami inostrannymi. T. X: Pamjatniki diplomatičeskich snošenij s papskim dvorom i s italianskimi gosudarstvami (s 1580 po 1699 god). S.-Peterburg 1871, 10, Sp. 807-930.
Die Matrikel der Universität Altdorf. Hrsg. v. Elias von Steinmeyer. Erster Teil: Text. Zweiter Teil: Register. Würzburg 1912.
Geographie, Geschichte und Bildungswesen in Rußland und Deutschland im 18. Jahrhundet. Briefwechsel Anton Friedrich Büsching – Gerhard Friedrich Müller 1751 bis 1783. Hrsg. v. Peter Hoffmann. Berlin 1995.

Kalinoŭski, Kastusʼ: Za našuju volʼno sć. Tvory, dakumenty. Uklad. Henadzja Kisjalëva. Navuk. rėd. Jazėn Januškevič. Minsk 1999.

[Kalinowski, Konstanty:] Do ludu białoruskiego. Pismo z pod szubienicy Konstantego Kalinowskiego. In: Agaton Giller: Hystorja powstania narodu polskiego v 1861–1864 r. Paryż 1867, S. 327-335

Konstitucija 1919 goda. Online: Pravo.by, https://pravo.by/pravovaya-informatsiya/pomniki-gistoryi-prava-belarusi/kanstytutsyynae-prava-belarusi/kanstytutsyi-belarusi/konstitutsiya-1919-goda/index.php#1919 (letzter Zugriff: 7.8.2024).

Konstitucija 1927 goda. Online: Pravo.by, https://pravo.by/pravovaya-informatsiya/pomniki-gistoryi-prava-belarusi/kanstytutsyynae-prava-belarusi/kanstytutsyi-belarusi/konstitutsiya-1927-goda/index.php#1927 (letzter Zugriff: 7.8.2024).

Konstitucija 1937 goda. Online: Pravo.by, https://pravo.by/pravovaya-informatsiya/pomniki-gistoryi-prava-belarusi/kanstytutsyynae-prava-belarusi/kanstytutsyi-belarusi/konstitutsiya-1937-goda/index.php#1937 (letzter Zugriff: 7.8.2024).

Mogilevskaja chronika T. R. Surty i Ju. Trubnickogo. In: Polnoe sobranie russkich letopisej. T. XXXV. Letopisi belorussko-litovskie. Otv. red. B. A. Rybakov. Sost. i red. N. N. Ulaščik. Moskva 1980, S. 239-281.

Pervaja Vseobščaja perepisʼ naselenija Rossijskoj imperii 1897 g. Pod red. N. A. Trojnickogo. T. IV, Nr. 1-3: Vilʼna. S.-Peterburg 1899–1904. T. V, Nr. 1-3: Vitebsk. S.-Peterburg 1899–1903. T. XI: Grodno. S.-Peterburg 1904. T. XXII: Minsk. S.-Peterburg 1904. T. XXIII: Mogilev. S.-Peterburg 1903. T. XL: Smolensk. S.-Peterburg 1904.

Pervaja vseobščaja perepisʼ naselenija Rossijskoj Imperii 1897 g. Raspredelenie naseleniju po rodnomu jazyku i uezdam 50 gubernij Evropejskoj Rossii. Online: Demoskop Weekly, https://www.demoscope.ru/weekly/ssp/rus_lan_97_uezd.php (letzter Zugriff: 31.7.2024).

Pisʼma Imperatricy Ekateriny II Velikomu Knjazju Pavlu Petroviču i Velikoj Knjagine Marii Feodorovne vo vremja putešestvija v 1780 godu. In: Sbornik Russkogo Istoričeskogo Obščestva 9 (1872), S. 39-63.

Polnoe sobranie zakonov Rossijskoj Imperii. Sobranie I. T. I. S 1649 po 1675. T. II. 1676–1688. T. IX. 1770–1774. T. XXIII. S 1789 po 6 Nojabrja 1796. T. XXIV. S 6 Nojabrja 1796 po 1798. T. XXVII. 1802–1803. S.-Peterburg 1830.

Polnoe sobranie zakonov Rossijskoj Imperii. Sobranie vtoroe. T. III. 1828. T. VI. 1831. Otdelenie Pervoe. T. XV. 1840. Otdelenie Pervoe. T. XVII. Otdelenie vtoroe. 1842. T. XVIII. Otdelenie pervoe. 1843. T. XXXVIII. Otdelenie pervoe. 1863. S.-Peterburg 1830–1866.

Rasprosnye reči inozemcov u russkich, vozvrativšichsja iz plena, prislannych iz Razrjada v patriaršij dvorcovyj prikaz dlja doprosov, 11 Sentjabrja 1623 – 22 Avgusta 1624. In: Russkaja istoričeskaja biblioteka. T. II. S.-Peterburg 1875, Nr. 166, Sp. 597-668.

Russko-belorusskie svjazi. Sbornik dokumentov (1570–1667 gg.). Otv. red. L. S. Abevedarskij, M. Ja. Volkov. Minsk 1963.

Russko-belorusskie svjazi vo vtoroj polovine XVII v. (1667–1686 gg.). Sbornik dokumentov. Otv. red. A. P. Ignatenko, P. G. Koroleva. Minsk 1972.

Ustaŭnyja Hramaty Rady BNR. Online: Rada BNR, http://www.radabnr.org/usthramaty/ (letzter Zugriff: 2.8.2024).

Vita b[eatae] Kingae (Kyngae, Kunigundis, Cunegundis). In: Catalogus fontium historiae hungaricae aevo ducum et regum ex stirpe arpad descentium ab anno Christi DCCC usque an annum MCCCI. Collegit Albinus Franciscus Gombos. B. III. Budapest 1938, Nr. 5025, 2452–2456.

V. Forschungen

About the Origin of the Name „White Russia". Material for Historical Research and Study of the Subject. Comp. by Wiktor Ostrowski. London 1975.

Aleksandrovič, Stanislaŭ: Kartahrafija Vjalikaha Knjastva Litoŭskaha ad XV da sjarėdziny XVIII stahoddzja. Minsk 2021.

Alexandrowicz, St.: Kartografia Wielkiego Księstwa Litewskiego od XV do połowy XVIII wieku. Cartographia Magni Ducatus Lithuaniae XV - XVIII saeculorum. Wyd. 3 popr. i uzup. Warszawa 2012.

Alexandrowicz, Stanisław/Łuczyński, Jarosław/Skryki, Jarosław: Historia kartografii ziem polskich do końca XVIII wieku. Warszawa 2017.

Bandarčyk, V. K.: Historyja belaruskaj ėtnahrafii XIX st. Minsk 1964.

Bandarčyk, V. K.: Historyja belaruskaj ėtnahrafii. Pačatak XX st. Minsk 1970.

Barinov, I. I.: Albaruthenica incognita. Neizvestnye stranicy germano-belorusskich otnošenij 1914–1944. Moskva/S.-Peterburg 2024.

Bely, Aleś: Chronika Belaj Rusi: Imahalohija Belarusi XII-XVIII stst. 2. vyd., papraŭl. i dapoŭn. Smalensk 2013.

Bohn, Thomas M./Rutz, Marion (Hrsg.): Belarus-Reisen. Empfehlungen aus der deutschen Wissenschaft. Wiesbaden 2020.

Buczek, Karol: The History of Polish Cartography from the 15th to the 18th Century. Translated by Andrzej Potocki. Wrocław/Warszawa/Kraków 1966.

Chomič, Sergej: Territorija i gosudarstvennye granicy Belarusi v XX veke: ot nezaveršennoj ėtničeskoj samoidentifikacii i vnešnepolitičeskogo proizvola k sovremennomu status quo. Minsk 2011.

Colker, Marvin: America Rediscovered in the Thirteenth Century? In: Speculum. A Survey of Medieval Studies 54 (1979) Nr. 4, S. 712-726.

[Durnovo, N. N./Sokolov, N. N./Ušakov, D. N.:] Opyt dialektologičeskoj karty russkogo jazyka v Evrope s priloženiem očerka russkoj dialektologii. Sost. D. N. Durnovo, N. N. Sokolov, D. N. Ušakov. Moskva 1915.

Falchetta, Piero: Fra Mauro's World Map. With a Commentary and Translations of the Inscriptions. Brepols 2006.

Il'inskij, G.: K voprosu o proischoždenii nazvanija „Belaja Rus". In: Slavia. Časopis pro slovanskou filologii 6 (1927/28), S. 388-393.

Imja tvaë Belaja Ruś. Uklad. H. M. Sahanovič. Minsk 1991.

Kämpfer, Frank: Herbersteins nicht eingestandene Abhängigkeit von Johann Fabri aus Leutkirch. In: Jahrbücher für Geschichte Osteuropas NF 44 (1996) Nr. 1, S. 1-27.

Kappeler, Andreas: Vom Land der Kosaken zum Land der Bauern. Die Ukraine im Horizont des Westens vom 16. bis zum 19. Jahrhundert. Wien/Köln/Weimar 2021.

Karpivin, P.: Pachodžanne nazvaŭ „Ruś", „Belaja Ruś", „Čornaja Ruś' i „Čyrvonaja Ruś". In: Vesci Akdeėmii navuk BSSR (1956) Nr. 3, S. 53-66.

Korbut, Viktar: „Belarus", „Belaruś i Litva" i proizvodnye ponjatija na stranicach pervych belorusskojazyčnych gazet. In: Jednostki języka w systemie i w tekście 5. Pod red. Andrzeja Charciarka, Anny Zych, Gabrieli Wilk. Katowice 2023, S. 133-149.

Łatyszonek, Oleg: From White Russia to Belarus. In: Annus Albaruthenicus/Hod Belaruski 5 (2004), S. 13-47

Łatyszonek, Oleg: Od Rusinów Białych do Białorusinów: u źródeł białoruskiej idei narodowej. Białystok 2006.

Lindner, Rainer: Historiker und Herrschaft. Nationsbildung und Geschichtspolitik in Weißrussland im 19. und 20. Jahrhundert. München 1999.

Martynjuk, A. V.: Do Gerberštejna: Avstrija i Vostočnaja Evropa v sisteme personal'nych svjazej i kul'turnych kontaktov (XIII – načalo XVI veka). Moskva 2019.

Martynjuk, A. V.: Kto i kogda vpervye proiznes na latyni i po-nemecki „Belaja Rus'"? In: Alba Ruscia: belorusskie zemli na perekrestke kul'tur i civilizacij (X-XVI vv.). Moskva 2015, S. 27-38.

Michow, Heinrich: Das erste Jahrhundert russischer Kartographie 1525–1631 und die Originalkarte des Anton Wied von 1542. In: Mitteilungen der Geographischen Gesellschaft in Hamburg 21 (1906), S. 1-61. Sonderdruck: Hamburg 1906.

Michow, H[einrich]: Die ältesten Karten von Russland [, ein Beitrag zur historischen Geographie]. In: Mittheilungen der Geographischen Gesellschaft in Hamburg (1882/83), H. 1, S. 100-187. Sonderdruck: Hamburg 1884 [mit Ergänzung im Titel].

Mitin, M. S.: Belaja Rus'. Chronika upotreblenija termina. Kritičeskij analiz. Riga 2017.

Nenartovič, Tomaš: Kaiserlich-russische, deutsche, polnische, litauische, belarussische und sowjetische kartographische Vorstellungen und territoriale Projekte zur Kontaktregion von Wilna 1795–1939. München 2016.

Panzer, Baldur: Quellen zur slavischen Ethnogenese. Fakten, Mythen und Legenden (Originaltexte mit Übersetzungen, Erläuterungen und Kommentaren). Frankfurt am Main u.a. 2002.

Petronis, Vytautas: Constructing Lithuania. Ethnic Mapping in Tsarist Russia, ca. 1800–1914. Stockholm 2007.

Pičeta, V. I.: Obrazovanie belorusskogo naroda. In: Voprosy istorii (1946) Nr. 5-6, S. 3-29. ND in ders.: Belorussija i Litva XV-XVI vv. (Issledovanija po istorii social'no-ėkonomičeskogo razvitija). Moskva 1961, S. 595-632.

Seegel, Steven: Mapping Europe's Borderlands. Russian Cartography in the Age of Empire. Chicago/London 2012.

Siebert, Diana: Die Territorialisierung der Belarus als BSSR 1918–1941. Politische Willkür, Geografismus oder Ethnizismus? Wiesbaden 2024.

Širjaev, E. E.: Belarus': Rus' belaja, Rus' černaja i Litva v kartach. Minsk 1991.

Solov'ev, A. V.: Belaja i Černaja Rus'. (Opyt istoriko-političeskogo analiza). In: Sbornik Russkogo Archeologičeskogo Obščestva v Korolevstve Jugoslavii 3 (1940), S. 29-66.

Solov'ev, A. V: Velikaja, Malaja i Belaja Rus'. In: Voprosy istorii (1947) Nr. 7, S. 24-38.

Solov'ev, A. V.: Weiß, Schwarz- und Rotreußen. Versuch einer historisch-politischen Analyse. In: Jahrbücher für Geschichte Osteuropas NF 7 (1959) 1, S. 1-33.

Spatkaj, Leonid Vladimirovič: Rubcy na tele Belarusi: kogda i kak izmenjalis' granicy našich gosudarstv. O.O. 2018. (UB)

Strelczyk, Jerzy: Der Prozeß der Aktualisierung Polens und Osteuropas im Verständnis der gelehrten Kreise des 13. Jahrhunderts (mit besonderer Berücksichtigung der Otia imperialia des Gervasius von Tilbury und der Ebstorfer Weltkarte). In: Hartmut Kugler (Hrsg.): Ein Weltbild vor Columbus. Die Ebstorfer Weltkarte. Interdisziplinäres Colloquium 1988. Weinheim 1991, S. 146-166.

Trepavlov, V. V.: „Belyj car'". Obraz monarcha i predstavlenija o poddanstve u narodov Rossii XV-XVIII vv. Izd. 2-oe, ispravl. i dop. S.-Peterburg 2017.

Vakar, N. P.: The Name „White Russia". In: The American Slavonic and East European Review (1949) Nr. 8, S. 201-213.

Historische Belarus-Studien
Herausgegeben von Thomas M. Bohn

8: Tatsiana Astrouskaya
Cultural Dissent in Soviet Belarus (1968–1988)
Intelligentsia, Samizdat and Nonconformist Discourses

2019. XVI, 232 pages, 12 ill., 4 diagrams, 1 map, 5 tables, pb
170x240 mm
ISBN 978-3-447-11188-1
⊙ E-Book: ISBN 978-3-447-19846-2   each € 48,– (D)

Soviet Belarus has been often referred to as the most loyal of all Soviet republics, where there was no protest and no sign of nonconformism appeared. This image persisted well into the next decades, when Socialism collapsed, the independent state of Belarus arose, and the impulse of democratic development was once again endangered by the establishment of authoritarianism. This book focuses on the dissent ideas that circulated in the milieu of the Belarusian Soviet Intelligentsia both in samizdat (uncensored) and in the officially published literature. It argues that the latter was not less crucial for the transmission of the unconventional images of culture and identity than the former. These ideas forewent the unprecedented rise of the cultural and political life in the late 1980s–early 1990s, which had been often overshadowed by the further downfall.

The timeframe of the study lies between 1968, when the events of the Prague Spring and its violent suppression altered the intellectuals' perception of themselves and of the Socialist order and 1988, when, on the eve of the Autumn of Nations in Eastern and Central Europe, the intellectual dissent in the BSSR melted into political protest.

Which were the conditions of the rise and existence of nonconformism of the intelligentsia in the generally conformist society? How and by which instruments the samizdat publishing functioned, how and to which extent the exchange of ideas took place? And finally, how the Belarusian intelligentsia responded to the challenges of writing and thinking within the Socialist system? These questions are central to the book.

9: Diana Siebert
Herrschaftstechniken im Sumpf und ihre Reichweiten
Landschaftsinterventionen und Social Engineering in Polesien von 1914 bis 1941

2019. 572 Seiten, 3 Abb., 14 Karten, 7 Tabellen, gb
170x240 mm
ISBN 978-3-447-11229-1
⊙ E-Book: ISBN 978-3-447-19864-6   je € 74,– (D)

Das belarussisch-ukrainische Übergangsgebiet Polesien war bis in die erste Hälfte des 20. Jahrhunderts das größte Sumpfgebiet Europas. Während des Ersten Weltkriegs, der anschließenden Kriege, Kleinkriege und Pogrome, während der Zeit der Polnischen Republik (1921–1939) und der sowjetischen Besatzung (1939–1941) versuchten Akteure aus Verwaltung, Politik und Militär auf unterschiedliche Weise, die als rückständig angesehenen Einheimischen zu mobilisieren. Das Verhältnis zwischen Modernisierern und Dorfbewohnern oszillierte zwischen Aufeinanderprallen und Zusammenarbeit, Terror und Normalität, Chaos und Versicherheitlichung, zwischen gegenseitiger Zuschreibung zum Anderen und zum Eigenen. Die Landschaft der Prypjat'-Sümpfe wurde zu einem diskursiven wie realen Kontinuum voller Asymmetrien: Das bald umkämpfte, bald nahezu niemanden interessierende Polesien wurde als Interventionslandschaft geografisch, politisch, militärisch, sozial und wirtschaftlich produziert, tradiert und zerstört, erinnert und vergessen.

In ihrer Studie stellt Diana Siebert erstmals die Landschaftsinterventionen in Polesien im Zeitraum von 1914 bis 1941 umfassend dar. Unter Einbeziehung bisher unveröffentlichter Archivmaterialien gibt sie Einblick in die Agrar-, Meliorations-, Siedlungs-, Infrastruktur-, Kleinhandels-, Sicherheits-, Nationalitäten-, Schul- und Religionspolitiken und stellt Annahmen und Thesen der Raum-, Territorialisierungs-, Kolonial- und Partisanentheorie auf den Prüfstand.

Diana Siebert

Die Territorialisierung der Belarus als BSSR 1918–1941

Politische Willkür, Geografismus oder Ethnizismus?

(Historische Belarus-Studien 10)

2024. 450 Seiten, 16 Abb., 6 Tabellen, 15 Karten, gb
170x240mm
ISBN 978-3-447-12201-6
⊙ E-Book: ISBN 978-3-447-39529-8   je € 78,– (D)

Ein Staat ohne Staatsgebiet war zu Anfang des 20. Jahrhunderts nicht vorstellbar. Wo würden die Grenzen einer belarusischen Republik oder wenigstens Verwaltungseinheit zu ziehen sein? Wo lag die Belarus? Eine Übereinkunft darüber war nicht möglich, weil das Territorium nicht durch Religion/Konfession, historisch, ethnisch, sprachlich, wirtschaftsgeografisch, nach der Agrarverfassung oder nach naturräumlichen Gegebenheiten bestimmbar war. Die Belarusische Volksrepublik propagierte 1918 ein großes Staatsgebiet. Doch die Territorialisierung der Belarus erfolgte 1919, 1920, 1921, 1924, 1926, 1939 und 1940 als BSSR durch Moskau.

Diana Siebert fragt in *Die Territorialisierung der Belarus als BSSR 1918–1941* nach den Argumenten und Gründen eben dieser Territorialisierung: War es Geografismus oder Ethnizismus? Warum setzte sich ein Pseudo-Föderalismus gegen einen echten Zentralstaat durch? Spielte der ethnische Faktor bei innersowjetischen Auseinandersetzungen über die belarusische Ostgrenze 1923–1929, beim Hitler-Stalin-Pakt und der Grenzziehung zu Litauen 1939–1940 eine immer größere Rolle? Und wer begriff sich als Belarusin und Belaruse? Siebert widmet sich diesen und weiteren Fragen und klärt überdies, ob ein breites belarusisches Selbstbewusstsein zur Gründung und Ausdehnung der BSSR geführt hat oder ob die Errichtung des Containers BSSR eindeutige ethnische Zuordnungen erst geschaffen hat. Handelte es sich um die Territorialisierung einer Idee oder um die Politisierung eines Territoriums?

Thomas M. Bohn, Marion Rutz (Hg.)

Belarus-Reisen

Empfehlungen aus der deutschen Wissenschaft

2020. X, 270 Seiten, br
135x200 mm
ISBN 978-3-447-11559-9
⊙ E-Book: 978-3-447-39058-3   je € 19,80 (D)

Die Präsidentenwahl vom 9. August 2020 hat ein Land aus der Lethargie gerissen und in die Aufmerksamkeit der internationalen Öffentlichkeit gerückt, dem der Stempel der „letzten Diktatur Europas" anhaftet. Über solche Negativ-Stereotype hinaus ist jedoch kaum etwas bekannt. HistorikerInnen und SlawistInnen haben beschlossen, dazu beizutragen, dass die Republik Belarus in Deutschland nicht länger eine Leerstelle bleibt. Sie haben ihre Erfahrungen und Erlebnisse zusammengetragen und laden ein, unter kundiger Führung mit auf die Reise zu gehen. Nicht nach „Weißrussland" – von diesem Begriff hat sich die Fachwissenschaft endgültig verabschiedet – sondern in belarusische Welten.